◎ 国家社会科学基金项目（16BJY009）研究成果

中国结构性改革的供需双侧联动调控研究

Research on Bilateral Linkage Regulation of Supply and Demand in China's Structural Reform

◎杜 焱 蓝彩虹 著

中国矿业大学出版社
China University of Mining and Technology Press
·徐州·

图书在版编目（CIP）数据

中国结构性改革的供需双侧联动调控研究/杜焱，蓝彩虹著.—徐州：中国矿业大学出版社，2022.7

ISBN 978-7-5646-5468-9

Ⅰ.①中… Ⅱ.①杜…②蓝… Ⅲ.①中国经济－经济改革－研究 Ⅳ.①F12

中国版本图书馆 CIP 数据核字 (2022) 第 117429 号

书　　名	中国结构性改革的供需双侧联动调控研究
	Zhongguo Jiegouxing Gaige de Gongxu Shuangce Liandong Tiaokong Yanjiu
著　　者	杜　焱　蓝彩虹
责任编辑	夏　然
出版发行	中国矿业大学出版社有限责任公司
	（江苏省徐州市解放南路　邮编 221008）
营销热线	（0516）83884103　83885105
出版服务	（0516）83995789　83884920
网　　址	http://www.cumtp.com　　E-mail：cumtpvip@cumtp.com
印　　刷	湖南省众鑫印务有限公司
开　　本	710 mm×1000 mm　1/16　印张 15　字数 260 千字
版次印次	2022 年 7 月第 1 版　2022 年 7 月第 1 次印刷
定　　价	98.00 元

（图书出现印装质量问题，本社负责调换）

杜　焱　教授，博士，硕士研究生导师，湖南省121创新人才工程人选，湖南省青年骨干教师，湖南省华夏廉洁文化研究会副会长，现任湖南工商大学研究生院院长。主持国家社会科学基金项目2项，主持湖南省社会科学基金重点项目、湖南省软科学计划重点项目、湖南省自然科学基金项目、湖南省社科评审委员会课题和湖南省教育厅科研重点项目等省级项目14项，同时作为主要研究成员参与研究国家社会科学基金重点项目、欧盟国际招标项目、湖南省社会科学基金重大项目等7项。先后在《经济社会体制比较》《经济理论与经济管理》《经济地理》《经济管理》等期刊上发表论文30余篇，其中部分文章被《新华文摘》、人大复印报刊资料全文转载和检索等；撰写出版学术专著2本，参编学术著作4本；参与获得省部级科研成果奖励2项。主要研究方向为宏观经济、国民经济、廉政经济、金融经济、风险与保险等。

蓝彩虹　重庆人，经济学硕士。发表"Research on the Mechanism of Difference in Capital Structure Promoting Regional Development Differences"《学科竞赛促进研究生创新能力提升研究述评》等学术论文；参与国家社会科学基金项目、湖南省学位与研究生教育教学改革研究项目等国家和省部级研究课题多项。

前　言

改革开放以来，我国经济持续快速发展，2010年我国成为世界第二大经济体，2019年人均国内生产总值（GDP）首次突破10 000美元。但近年来，中国经济增长速度呈现持续减速趋势，2020年GDP增长率仅为2.35%，跌至近十年来的最低点，相对2010年下跌了77.9%，这其中虽然有结构性、体制性、周期性、疫情等多重问题影响，但关键的原因还是经济结构失衡导致了中国经济增长率的快速回落。党的十八大以来，党和国家对这一问题高度关注和重视，"推进经济结构战略性调整"成为党和国家经济工作的中心任务，尤其是党的十九大以后，推进结构性改革尤其是供给侧结构性改革已经上升为中国"贯彻新发展理念，建立现代化经济体系"的重要举措和促进高质量发展的关键。然而，结构性改革"绝不是轻轻松松、敲锣打鼓就能实现的"，这既是一种顺应客观经济发展规律的调整，需要探索相关规律指导和借鉴国内外相关经验，同时也是国家经济利益格局的调整，需要统筹兼顾各方利益主体，全面系统设计最优改革策略，最大程度降低经济改革阻力和成本，实现国家经济发展利益最大化。中国是世界上最大的发展中国家，如果以人均GDP衡量，中国还处于工业化中后期发展阶段，但这也是最为关键的发展阶段，因为从国家发展历史的经验来看，西方发达国家在进入人均GDP 10 000美元以后的发展阶段，普遍开始经历了发展的转型，经济发展中的要素投入、消费、投资、外贸、产业、收入、城乡、生态、体制等结构性因素发生了深刻变化。同理，中国能否抓住这关键战略期，主动求变，科学应变，合理调控，尽快取得结构性改革成效，决定了中国是否能够一举跨越"中等收入陷阱"而进入发达国家行列，进而实现中华民族伟大复兴。

本研究从探讨经济发展与经济结构的理论关系出发，以西方发达国家经济发展经验为基础，详细揭示和刻画经济结构在长期经济发展过程中的变化趋势，并且基于中国经济发展的实际，深入剖析中国各类经济结构失衡现状以及结构失衡对中国经济持续健康发展的影响等制约性问题。进一步地，为解决中国经济结构失衡问题，本研究在深入阐述供需联动调控促进经济结构改善的作用机理与传导机制基础上，提出为推进中国结构性改革而实施供给和需求双侧联动调控的内在要求、理论基础、特点以及手段方式，并针对产业、要素、投资、收入、资源配置体制等结构性改革重点调控领域进行深入的专题实证分析。最后，本研究基于短期总量均衡和长期动态均衡的视角，系统全面地提出为推进中国结构性改革而实施供需双侧联动调控的有效对策。总之，本研究就长期经济发展过程中的经济结构演化规律，以及采取供给和需求双侧联动调控改善经济结构的机理机制进行了深入的理论阐释，对中国的经济结构失衡问题进行了详尽的统计分析和有效的经验研究，为促进中国经济高质量增长而采取供给和需求双侧联动调控经济结构改善提供了重要的理论指导、经验借鉴和对策建议。需要说明的是，由于资料缺少，本书所有全国性数据均不包含港澳台地区。本研究共分7章，其主要研究内容如下：

（1）第1章，背景与文献综述。对中国当前经济增长的结构性改革背景和意义进行阐述，引出主要研究问题，对国内外相关文献进行述评，为本研究确立理论基础和分析框架。

（2）第2章，概念与机理。通过对经济结构的定义及合理性界定，提出本研究结构性改革的重要内涵。同时，结合经济发展阶段，探寻经济结构适应经济发展的演变趋势，并从分工－专业化理论、技术创新推动理论、制度变迁理论以及综合因素推进理论揭示经济结构变化的内在机理。

（3）第3章，现状描述。对当前中国产业结构、要素投入结构、供求结构、需求结构、区域结构、城乡结构、体制结构等经济结构的现状进行描述性的统计分析。同时，结合当前经济结构现状，探究当前经济结构失衡可能引致的中国经济发展的矛盾和现实问题。

（4）第4章，理论分析。在分析供给侧和需求侧调控机制内涵的基础上，分析供给侧调控和需求侧调控在经济增长的短期和长期过程中协调配合的内在必然性。与此同时，通过分别探究供给侧、需求侧以及供需双侧联动调控促进经济结构改善的作用机理与传导机制，为供需双侧联动调控促进经济结构改善铺垫理论基础。

（5）第5章，具体方略。结合中国经济发展具体实践，从理论上分析中国结构性改革实施供需双侧联动调控方略的必然性,以及中国结构性改革实施供需双侧调控方略的学理基础。同时,结合中国特色社会主义市场经济发展的本质要求,提出中国结构性改革实施供需双侧联动调控方略的基本要求和调控方略实施的手段。

(6)第6章,调控专题。以中国经济发展领域中的产业结构、体制结构、要素结构、城乡收入结构、投资结构为分析重点,重点解读和实证分析各类经济结构对中国经济发展的影响,并从供给和需求角度提出具体结构调整对策。

(7)第7章,对策建议。针对中国结构性改革的短期和长期目标,提出短期内以化解供需暂时性矛盾为主的供需联动调控对策,以及在长期内提出要注重结构调适,重点解决经济发展内部结构的长期失衡问题以刺激经济长期向好发展的对策建议。

目 录

第1章 绪 论 ·· 1
  1.1 研究背景及意义 ·· 1
    1.1.1 研究背景 ·· 1
    1.1.2 研究意义 ·· 2
  1.2 国内外研究现状 ·· 3
    1.2.1 国内研究现状 ·· 3
    1.2.2 国外研究现状 ·· 12
    1.2.3 简要评述 ·· 15
  1.3 研究的可能创新 ·· 16

第2章 经济结构适应经济发展的演变趋势及其内在机理 ·················· 19
  2.1 经济结构的基本内涵 ·· 19
    2.1.1 经济结构的产生背景 ·· 19
    2.1.2 经济结构的定义与种类 ·· 20
    2.1.3 经济结构合理性的判定 ·· 21
    2.1.4 经济结构改革 ·· 22
  2.2 经济结构适应经济发展的一般演变趋势 ······························ 23
    2.2.1 经济发展阶段的划分 ·· 23
    2.2.2 不同经济阶段上的经济结构变化趋势 ···························· 25
    2.2.3 经济结构的演化趋势规律对中国经济结构调整的启示 ············ 49
  2.3 经济结构演变趋势的机理阐释 ·· 51
    2.3.1 分工-专业化理论 ··· 52
    2.3.2 技术创新推动理论 ·· 52

2.3.3 制度变迁理论 ………………………………………… 53
2.3.4 综合因素推进理论 …………………………………… 54

第3章 当前中国经济结构现状及其阻碍经济发展的表现 ………… 57
3.1 当前中国经济结构现状 …………………………………………… 57
3.1.1 产业结构 ……………………………………………… 57
3.1.2 要素投入结构 ………………………………………… 64
3.1.3 供求结构 ……………………………………………… 67
3.1.4 需求结构 ……………………………………………… 68
3.1.5 区域结构 ……………………………………………… 77
3.1.6 城乡结构 ……………………………………………… 79
3.1.7 体制结构 ……………………………………………… 82
3.2 当前经济结构引致中国经济发展的主要问题 ………………… 83
3.2.1 经济增长传统要素动力衰减 ………………………… 83
3.2.2 产业发展面临结构性缺陷 …………………………… 84
3.2.3 内需和外需驱动的经济双循环体系难以形成 ……… 84
3.2.4 供需错配较为凸出 …………………………………… 85
3.2.5 市场配置资源决定性作用尚未真正形成 …………… 86
3.2.6 区域和城乡差距仍然较大 …………………………… 86
3.2.7 资源环境负荷仍然较重 ……………………………… 87

第4章 供需双侧联动调控促进经济结构改善的作用机理与传导机制 ………… 89
4.1 供需双侧联动调控的内涵及其必然性 ………………………… 89
4.1.1 供给侧调控的内涵 …………………………………… 89
4.1.2 需求侧调控的内涵 …………………………………… 90
4.1.3 供给侧调控与需求侧调控的相互关系 ……………… 90
4.1.4 供需双侧联动调控的内涵及其必然性 ……………… 91
4.2 供给侧调控促进经济结构改善的作用机理与传导机制 ……… 92
4.2.1 供给侧调控促进经济结构改善的作用机理 ………… 92

目 录

  4.2.2 供给侧调控促进经济结构改善的传导机制 …………………… 92
 4.3 需求侧调控促进经济结构改善的作用机理与传导机制 ……………… 96
  4.3.1 需求侧调控促进经济结构改善的作用机理 …………………… 96
  4.3.2 需求侧调控促进经济结构改善的传导机制 …………………… 97
 4.4 供需双侧联动调控促进经济结构改善的作用机理与传导机制 …… 100
  4.4.1 供需双侧联动调控促进经济结构改善的作用机理 ………… 100
  4.4.2 供需双侧联动调控促进经济结构改善的传导机制 ………… 101
  4.4.3 供需双侧联动调控促进经济结构改善过程中搭配运用的功效 … 102

第5章 推进中国结构性改革的供需双侧联动调控方略 ……………… 105

 5.1 中国结构性改革实施供需双侧联动调控方略的必然性 …………… 106
  5.1.1 供需双侧联动调控是中国结构性改革内涵的本质要求和迫切需要
   ………………………………………………………………… 106
  5.1.2 供需双侧联动调控是中国结构性改革的平稳推进的重要保障 …… 107
 5.2 中国结构性改革实施供需双侧调控方略的理论基础 ……………… 107
  5.2.1 供给侧调控的理论基础 ………………………………………… 107
  5.2.2 需求侧调控的理论基础 ………………………………………… 108
  5.2.3 供需双侧联动调控的理论基础 ………………………………… 109
 5.3 中国结构性改革实施供需双侧联动调控方略的基本要求 ………… 110
  5.3.1 注重发挥市场决定性和政府有为性相结合 …………………… 110
  5.3.2 注重熨平经济短期波动和提升长期增长潜力相结合 ………… 113
  5.3.3 注重经济发展全局性方向性调控和结构失衡局部性阶段性调整相
   结合 ……………………………………………………………… 115
 5.4 中国结构性改革实施供需双侧联动调控方略的手段 ……………… 117
  5.4.1 专项规划调控 …………………………………………………… 117
  5.4.2 政策搭配调控 …………………………………………………… 118
  5.4.3 制度改革调控 …………………………………………………… 119
  5.4.4 政府投资调控 …………………………………………………… 120
  5.4.5 政府监管调控 …………………………………………………… 121

第6章 中国结构性改革实施供需双侧联动调控的重点领域 ……… 123

6.1 产业结构调控专题：产业结构变迁、要素效率与经济增长 ……… 123
6.1.1 引言 ……… 123
6.1.2 理论关系阐述 ……… 124
6.1.3 阈值协整模型构建 ……… 125
6.1.4 产业结构变迁视角对中国经济增长减速的解释 ……… 131
6.1.5 结论与建议 ……… 132

6.2 体制结构调控专题：市场竞争、政府干预与要素资源配置效率 ……… 133
6.2.1 引言 ……… 133
6.2.2 市场、政府与效率关系的理论文献回顾 ……… 133
6.2.3 研究设计 ……… 135
6.2.4 实证结果分析 ……… 138
6.2.5 结论与建议 ……… 142

6.3 要素结构调控专题：劳动要素结构升级、人才资本驱动与经济增长 ……… 143
6.3.1 引言 ……… 143
6.3.2 文献综述 ……… 144
6.3.3 模型构建、变量讨论与数据描述 ……… 145
6.3.4 实证分析 ……… 148
6.3.5 结论及建议 ……… 152

6.4 收入结构调控专题：城乡收入结构变化、农业人口转移与经济高质量增长 ……… 154
6.4.1 引言 ……… 154
6.4.2 机理分析与研究假设 ……… 155
6.4.3 经济增长质量指标体系的构建、测度及评价 ……… 157
6.4.4 实证分析 ……… 161
6.4.5 研究结论及建议 ……… 164

6.5 投资结构调控专题：投资主体结构、经济增长贡献率与区域发展差异 ……… 165

6.5.1 引言 ………………………………………………………………… 165
6.5.2 文献综述 ……………………………………………………………… 167
6.5.3 理论分析及假设 …………………………………………………… 168
6.5.4 投资主体结构、经济增长贡献率与区域差异形成关系的经验检验
………………………………………………………………………… 169
6.5.5 结论及建议 ………………………………………………………… 177

第7章 中国结构性改革实施供需双侧联动调控的对策 ……………… 179
7.1 短期内中国结构性改革实施供需双侧联动调控的对策 ………… 179
7.1.1 短期内中国结构性改革实施供需联动调控的供给侧对策 …… 180
7.1.2 短期内中国结构性改革实施供需联动调控的需求侧对策 …… 182
7.2 中长期内中国结构性改革实施供需双侧联动调控的对策 ……… 185
7.2.1 中长期内中国结构性改革实施供需联动调控的供给侧对策 … 186
7.2.2 中长期内中国结构性改革实施供需联动调控的需求侧对策 … 200

参考文献 ……………………………………………………………………… 207

第1章 绪　　论

1.1 研究背景及意义

1.1.1 研究背景

深层次结构性矛盾是制约一个国家经济长期发展的严重羁绊。能否有效地化解经济发展深层次结构性矛盾和问题，对于新兴发展中国家而言不仅在很大程度上决定了能否成功应对金融和经济风险，实现经济高质量发展，而且事关能否成功跨越"中等收入陷阱"，迈入经济发达国家行列。中国是世界最大的发展中国家和新兴经济体，自20世纪70年代末改革开放以来，经济持续快速发展，至2010年，经济年均增长速度达到10.1%，成为经济规模仅次于美国的世界第二大经济体。但2010年之后，中国经济增长速度由两位数增长转向个位数增长，并且呈现持续减速趋势，2020年跌至近十年来的最低点2.35%。究其原因，近年来经济增长的结构性、体制性、周期性、疫情暴发等问题相互交织，但最根本的还是要素投入结构、产业结构、市场需求结构、投资结构、区域结构、城乡结构、收入结构、体制结构等一系列经济结构失衡导致中国潜在的长期经济增长乏力。这一问题的严重性也为当前中国政府所深刻地认识。

近年来，"推进经济结构战略性调整"成为中国政府经济工作的中心任务。2012年，党的十八大报告就指出："必须以改善需求结构、优化产业结构、促进区域协调发展、推进城镇化为重点，着力解决制约经济持续健康发展的重大结构性问题。"此后，历届中央经济工作会议重点持续关注经济结构调整。2015年11月，习近平总书记在中央财经领导小组第十一次会议首次提出结构性改革的概念，指出："在适度扩大总需求的同时，着力加强供给侧结构性改革。"国务院总理李克强也强调："要实现'十三五'良好开局，必须继续从供需两端加大结构性改革力度,以创新供给带动需求扩展,以扩大有效需求倒逼供给升级,实现稳增长和调结构互为支撑、互促共进。"由此,党和国家对经济结构战略调整的重视已上升至结构性改革战略高度。2017年10月,党的十九大报告再次强调,要"深化供给侧结构性改革。坚持去产能、去库存、去杠杆、降成本、补短板,优化存量资源配置,扩大优质增量供给,实现供需动态平衡"。此后,2017—2021年连续多年中央经济工作会议将推进和深化结构性改革作为全年经济工作的重中之重。

结构性改革事关中国经济的长期增长,事关人民群众对美好生活向往的满足,事关中华民族伟大复兴进程的快慢,党和国家高度重视,极有需要也极为必要。但结构性改革是一项全新的系统性工作,其改革的逻辑基础是什么?从哪里入手改革?改革的重点内容是什么?怎样才能实现改革的目标?……这些问题都需要科学系统的回答,才能深刻理解和有效推进当前中国的供给侧结构性改革,破解党和国家亟待解决的经济难题。本研究拟从结构性改革的理论逻辑和现实逻辑入手,深入研究人类社会经济发展进程中的经济结构一般演化规律以及嵌入国家规模变量后的特殊演化趋势,同时剖析中国现阶段经济结构阻滞经济长期增长的事实基础,提出构建中国特色的供给和需求联动调控机制,以短期政策和长期政策合理搭配为基础,以改革创新为手段,精准施策,合理引导市场要素和资源流动,重点解决要素投入、产业、需求、区域、投资消费、国际收支、居民收入、体制等"结构性障碍"问题,助推经济转型提质发展,以确保当前经济稳定增长和提升长期经济增长的后劲和韧劲。

1.1.2 研究意义

学术意义:第一,进一步丰富和完善结构经济学理论。经济结构演化具有一般规律,同时中国也是一个发展中大国,本研究拟从经济发展史的视角,探求经济发展路径上经济结构的演变、决定等规律和理论,有助于进一步推进结构经济学理论的纵深研究。第二,进一步丰富宏观经济管理理论。促进国家经济发展与增长是宏观经济学研究一个永恒的主题。当前,中国的宏观经济发展实践既具有世界各国经济发展的普遍性,也极具发展个性和特殊性,总结和研究中国宏观经济发展调控的普遍经验并加以理论提升,必然丰富宏观经济学研究内容,促进宏观经济学学科的发展。

应用价值：第一，可以为当前中国实施结构性改革提供相关理论依据。本研究通过对经济发展进程中经济结构的演变、供需联动调控对经济结构的影响等相关理论和规律的研究，可以为中国当前经济结构性改革方向、方式方法等提供相应的理论支撑和指导。第二，可以为中国当前调整和优化经济结构提供宏观政策指引。针对当前产业、要素投入、供需、投资、内外需求、区域、城乡、生态保护与发展、资源配置体制等经济结构性障碍问题，本研究基于系统方法论提出的宏观对策和政策，综合考虑了现实多种因素的联系变化，具有实际操作的可行性，可以为有关政府经济调控部门制定和实施相关政策提供借鉴和参考。

1.2 国内外研究现状

1.2.1 国内研究现状

2015年11月，习近平总书记在中央财经领导小组第十一次会议首次提出供给侧结构性改革的新战略，国内学者们也从理论渊源、影响因素、实施路径、现实对策等角度对结构性改革进行了大量研究，并且逐渐认识到供给和需求作为市场博弈的两个基本力量，是不可偏废、存在动态依赖关系的。邓磊等和肖林等认为，只有供需双侧调控同时发力、有效协同，才是促进经济稳定发展的良策[1-2]。林毅夫认为，在调整经济结构的过程中，应该把需求侧与供给侧统一考虑[3]。周志太等认为，要实现经济可持续发展，就应建立供给侧为主、需求侧为辅的经济发展动力体系[4]。供给与需求的关系是辩证统一、动态一致的，在中国结构性改革过程中，只有供需双侧联动调控才能化解经济结构性矛盾，助推经济质量提升，经济发展转型。本研究现就关于中国结构性改革的供需双侧联动调控研究的脉络进行梳理，以期为开展系统而深入的后期研究奠定基础。

1.2.1.1 中国结构性改革的供需双侧联动调控研究的发展阶段

结构性改革是当前中国为解决结构性矛盾，促进经济持续健康发展而确立的新的改革目标，供需双侧调控是实现目标的改革手段。而供给和需求调控作为宏观经济管理手段，在不同时期、不同历史条件下具有不同的侧重点。学者对中国的供需双侧调控研究，按照研究内容和取得进展，可大致划分为三个阶段：

（1）供给管理为主，需求管理为辅的阶段（1949—1997年）

1949年中华人民共和国成立以后，经济发展百废待兴。基于当时的国情，中国采取优先发展重工业和实行计划经济体制的改革，宏观经济运行管理的政策主要以扩大和改善供给、促使重工业发展和满足人民基本生活需要为目标。1978年实施改革开放政策以后，中国开始实行由政府主导的市场经济体制，虽然商品短缺的局面仍未得到根本转变，但国家的工业化战略重点开始调整，由优先发展重工业向轻工业、农业、能源、交通等基础产业逐步转变，由此，中国的供给侧管理政策的着力点也逐步发生转移。随着改革开放政策的实施，人们收入大幅增长，对满足基本生活的商品需求急剧上升，但国家投资体制和银行体制改革导致地方政府"投资饥渴症"爆发，20世纪80年代中期以后，国民经济出现了严重的通货膨胀和三次大的抢购风潮，导致国民经济被迫进行新一轮的调整，宏观经济政策在这一时期第一次转向以抑制投资和消费需求为主的需求管理。1992年邓小平同志南方谈话之后，国民经济发展再次加速，1994年出现过热现象，经济管理政策再度由发展供给转向抑制需求，以期实现经济的"软着陆"。

总之这一时期，供给是社会生产的主要矛盾，需求膨胀是发展供给路径上的暂时现象。从国家宏观经济管理政策来看，以扩大和改善供给的供给侧管理是这一时期的主要基调，而需求管理则以短期配合供给管理的需要而出现。理论界研究主要关注市场化改革如何提高供给能力、短期需求变化调整如何适应供给等相关问题。这一时期代表性学者主要有董辅礽、高尚全、张军、尹伯成等。

（2）需求管理阶段（1998—2012年）

20世纪90年代末期，中国经济供求关系发生重要转折，开始从供给不足走向需求不足，主要体现在工业消费品产能过剩。在这期间，中国经济出现两次明显的经济不景气时期，政府对此分别实行了两次积极的需求侧管理：第一次是1998—2003年。1997年亚洲金融危机爆发，产能过剩与内外需不足交织，经济下行严重。1998年6月，中国政府第一次提出积极的财政政策和稳健的货币政策，以刺激需求、稳定增长。2003年以后，中国经济逐步走出低迷阴影，进入到2003—2007年的高速增长期。第二次是2008—2013年。2008年，工业消费品和工业投资品过剩，叠加金融危机的影响，中国经济受到衰退性冲击，政府实行了规模空前的财政支出政策和货币政策，大规模增加基础设施和福利支出投入，以刺激总需求。从2010年7月开始,中国发生了中度通货膨胀,政府实行了高强度的收缩性的货币政策,到2011年年底共12次提高法定准备金率,4次提高基准利率,这意味着从2010年下半年起,宏观经济需求扩张调控转为需求抑制调控。

总之这一时期,供给持续增长,买方市场已然出现,围绕总供求平衡,中国政府不断通过调整总需求来保持宏观经济的稳定。学者们针对这一时期的研究主要集中在三个方面:一是需求成为调整宏观经济管理手段的考虑重心;二是通过改善需求结构扩大国内需求特别是有效需求;三是着力调整制约经济发展的结构性问题。这一时期代表性学者有林毅夫、李永军、林云、李扬等。

(3) 供给管理为主,供需联动调控阶段(2012年至今)

2012年以后,中国经济进入新常态,需求端的"羊群效应"消失,供给端的核心竞争力发生变化,"滞胀"风险出现。成本推动的需求疲软、新旧动能转换不充分的经济下行,中国经济面临双重失衡的困境。2013年,党中央指出中国经济进入"三期叠加"的经济发展新阶段。2015年11月,习近平总书记首次提出对应经济发展新形势的"供给侧结构性改革"新政策。2015年12月,国务院总理李克强强调:"要实现'十三五'良好开局,必须继续从供需两端加大结构性改革力度,以创新供给带动需求扩展,以扩大有效需求倒逼供给升级,实现稳增长和调结构互为支撑、互促共进。"2016年"十三五"规划强调在经济转型的结构性改革攻坚时期要正确认识和处理需求与供给的结构性矛盾。党的十九大报告提出"深化供给侧结构性改革,提高供给体系质量,实现供需动态平衡"。

总之这一时期,供给质量不高,有效供给不足,供需结构错位,加强供给侧管理以适应新需求变化已成为实践中的重大问题。国内学者对供需双侧联动调控助推中国结构性改革研究持续深入:一是研究国内宏观经济调控的重心由需求管理转向供给管理的必然性;二是研究通过加强需求管理和供给管理相结合的方式来化解当前供需结构性矛盾;三是研究供给侧管理和需求侧管理的具体领域与措施。这一时期的代表性学者有林毅夫、迟福林、任保平、肖林等。

1.2.1.2 中国结构性改革与供需双侧联动调控研究的理论观点

当前,中国经济发展正处于结构深入持续调整的关键期。国内学者就中国结构性改革尤其是供给侧调控、供需双侧联动调控实现结构性改革进行了详细阐述。

（1）中国经济结构性改革的内涵研究

国内学者对经济结构改革内涵的研究有狭义和广义之分。就狭义视角分析，部分学者比较关注经济发展中某一个或几个单一经济结构失衡问题的调整和改革。如刘世锦等认为，结构性改革就是通过放开要素市场，促进要素流通，合理化资源配置，最终提高全要素生产率[5]。吴敬琏认为结构性改革是在市场经济的总框架下对某些政府制度组织架构和社会经济架构进行改革[6]。迟福林和王一鸣等认为结构性改革主要是用改革的办法矫正供需结构错配和要素配置扭曲，使得供给和需求实现动态平衡[7-8]。就广义视角而言，部分学者认为结构改革是包括产业、要素投入、区域、城乡、需求动力、收入分配、市场体制等全方位的结构性改革。如李佐军认为经济结构优化升级在长期政策实施的层面讲，主要通过推进生产要素投入结构、排放结构、产业结构、区域结构、经济增长动力结构、财富分配结构、发展目标结构等七大经济结构转型来实现[9]。胡鞍钢等认为，结构性变革是能解决经济、文化、社会、生态等影响人民美好生活的各个方面发展不平衡的改革[10]。李月等认为，结构性改革是指当经济面临衰退或者外部冲击时，以提高经济的潜在增长率为目的而实施的一系列以增强政府有效监管和创造良好市场环境的政策改革[11]。

（2）结构性改革与中国经济发展关系的研究

①当前中国经济发展趋缓下行的结构性原因阐释。国内学者大多认为结构性因素抑制了当前中国经济的发展。吕健和李扬认为工业化和城市化进程的不断加深，使生产要素结构和产业结构再次调整，劳动力资源从传统工业部门逐步转向劳动生产率增速较低的第三产业部门，导致中国经济增长速度减缓[12-13]。刘尚希等认为促使当前宏观经济趋缓下行的主要原因不是总需求不足，而是"结构性收缩"引致的国内外结构调整变化所叠加的影响[14]。简新华等认为导致经济下行的原因包括供求两个方面的结构性因素[15]。

②促进中国经济发展的结构性对策。面对当前中国经济增速趋缓下行，许多学者认为只有调结构，才能够促增长。李扬等认为只有调结构，才能从根本上推进经济"转方式"和"保增长"[16]。更有学者提出从产业结构、需求结构或者产业结构与其他结构均衡协调的角度进行调整，以期实现经济的持续增长。项俊波指出外需下滑、有效内需不足是阻碍经济增长的重要因素，中国经济的结构性失衡要通过结构改革来解决，这是保持经济增长的必要举措[17]。林毅夫从新结构经

济学的视角揭示了经济增长、平均收入水平、劳动生产率与产业技术创新和产业结构升级的内在逻辑,指出产业结构调整是未来转型发展的关键[18]。迟福林认为中国的消费需求已经由工业主导向服务业主导转变,并着重指出形成以服务业为主体的产业结构是未来经济形成新结构的新趋势[19]。刘燕妮等认为在未来发展中,应通过产业结构与投资消费结构、金融结构、区域经济结构、国际收支结构的协调、有序和均衡调整,实现经济增长质量的稳定和可持续发展[20]。

③世界其他国家结构性改革的经验与启示。为对中国结构性改革提供经验启示,部分国内学者对世界其他国家实施的结构性改革进行了研究。主要包括两个方面:一是发达国家的结构性改革实践。贾康等对美国里根经济学和英国撒切尔主义的实践经验进行了比较研究,认为二者的共同点是简政放权、减税、激发私人部门的生产积极性,这对中国供给侧结构性改革提供了重要的借鉴作用[21]。谢世清等总结了日本的供给侧结构性改革经验,认为中国在推进结构性改革的过程中不能完全依靠市场功能,要结合政府、企业和社会三者的力量,尤其是以政府为主线的制度性改革一定要当机立断,不能犹豫拖延[22]。李稻葵等对2018年特朗普在美国实施的新一轮减税政策进行分析,认为其短期内虽然对经济产生提振作用,但这是立足于需求侧的改革措施,从长期来看无益于美国的经济结构调整,而由此引致的贸易摩擦将对促进以我国为代表的发展中国家的内部结构性改革具有倒逼作用[23]。二是发展中国家的结构性改革实践经验。李计广等认为,新兴经济体国家在需求层面过度对外依赖,而且受"供给约束"比较明显。中国的宏观经济管理政策也应从总需求管理向总供给管理转变[24]。吕洋总结了拉美国家在20世纪80年代债务危机爆发后推行的以市场化为目标的结构性改革经验对中国当前结构性改革的启示和意义[25]。程文君对拉丁美洲不同国家的结构性改革过程进行变量组的控制比较和过程追踪,认为拉美国家结构性改革的可持续性需要一定程度的政治妥协及利益协商,对于发展中国家而言,其借鉴性在于进行结构性改革需要立足本国国情,在协调多方关系的过程中才能实现改革的渐进式发展[26]。

(3)中国经济结构性改革的供需调控研究

①强调供给调控对结构性改革的作用。

供给管理的思想起源于19世纪的萨伊定律。而后形成的供给学派强调市场机制的自我调节功能,鼓励智力投资,主张通过减税刺激企业投资来增加有效供给,减少政府开支和实现预算平衡，认同供给在市场经济运行过程中是居于首要和决定地位的。伴随中国经济进入"新常态"，部分学者认为中国的结构性失衡问题主要出在供给端，从供给侧入手加以调整是推进当前中国结构性改革的关键。吴敬琏和李翀认为当前中国经济衰退的结构性问题其主因是供给动力不足，所以只依靠需求管理不能消除，必须进行供给侧结构性改革[27-28]。沈坤荣认为中国经济正处于结构性减速阶段，2008年以后实施的将潜在经济增长率维持在一个较高水平时使用的需求管理政策难以为继，需要回到供给管理为主的结构性改革[29]。

基于以上认识，部分学者进一步深入分析了结构性改革供给侧的主要矛盾和问题。一是要素和产品有效供给缺乏。滕泰等认为中国在人口、资源、资本、技术、制度五大财富增长源泉中，普遍存在着"供给抑制"的状况，且抑制越严重，要素供给价格越高，供给质量和效率越低。要想提高经济的长期潜在增长率，就必须解除"供给抑制"因素[30]。李稻葵认为现在我们的生产、供给领域没有生产出社会真正需要的产品[31]。二是行业产能过剩。许小年认为持续多年的凯恩斯主义有效需求理论压低了资金成本，扭曲了需求结构，使得一些行业和领域出现产能过剩。若不改变原有需求管理政策，会导致产能过剩问题愈发严重[32]。李扬等认为随着中国工业化步入后期发展阶段，产能过剩和库存积压导致原有的需求管理政策已无法维持经济持续高速增长[33]。三是产能过剩和高质量供给不足同时并存。邵宇、陈小亮等认为中低端产品供给过剩，高品质、高端的消费品供给不足，中国居民消费向国外转移的现象说明"供需错配"是中国目前经济发展的最大障碍[34-35]。

针对上述问题，国内学者分别从中国供给侧结构性改革的全局视角、区域视角以及行业视角提出对策建议。一是对供给侧结构性改革的全局思考。主要是从整体上把握供给侧结构性改革的具体实践方法。沈坤荣认为要特别通过推动科技创新、发展实体经济、保障和改善人民生活等三方面的政策措施来解决中国经济供给侧存在的问题[29]。王海军等认为供给侧结构性改革需通过技术创新、结构性调整和全要素生产率的提高来调整供给端，实现经济长期均衡增长的目标[36]。袁富华提出在人力资源开发、生产机制分割、制度存量调整等方面采取供给改革[37]。二是对供给侧结构性改革的区域思考。主要是联系区域发展实际，因地制宜提出区域经济结构性改革的供给侧调控对策。胡若痴认为湖南在进行供给侧结构性改革时要以提高全要素生产率、推进市场化改革、增加创新驱动为手段，优化制度体制安排改革、完善现代市场体制、加快有效制度供给[38]。喻颖杰等认为广西作为后发展欠发达地区，产业基础相对薄弱，传统资源型产业比重高，战略性新兴产业比重低，创新驱动成为推动"三去一降一补"的关键环节[39]。三是供给侧结构性改革的行业思考。主要集中研究农业、工业、房地产、金融等重点行业产能过剩和产业结构重组等问题的对策。陈锡文认为在当前的新形势下，中国农业的主要矛盾已经由总量不足转变为结构性矛盾，主要表现为阶段性的供过于求和供不应求并存。农业供给侧结构性改革，要从根本上提高农业的综合效益，增强农产品的竞争力[40]。杨蕾等认为农村金融的改革重点应着力培育新型农业经营主体，致力于打好协同战，重点做好增产能、降成本、去库存、补短板、去风险[41]。赵瑾璐等认为中国汽车产业发展最严重的问题就是核心技术的研发短板。这需要从供给的源头处深化改革，加强对核心技术的研发，增强"产学研"的结合程度，提高产业效率，以技术创新来提升产业整体竞争力[42]。董藩等认为对于中国房价上涨压力较大的一、二线城市，应当落实地方政府主体责任，合理增加土地供应，加大住宅用地比例，提高建设用地效率。针对部分地区商业地产过剩现状，应将部分过剩的商业地产改造为目前相对短缺的地产形态，使房地产市场供给侧的结构得到进一步优化[43]。李建强等认为进一步深化金融供给侧结构性改革，要以调整优化融资结构为重点[44]。郑志来认为虽然供给侧结构性改革"去产能、去库存""去杠杆、降成本、补短板"的"三去一降一补"这些任务都跟金融领域改革息息相关，但金融供给侧结构性改革具有其特殊性，不能简单套用供给侧结构性改革在其他领域的做法[45]。

②强调结构性改革的供需双侧联动调控。

供给管理和需求管理是实现宏观经济调控目标的有效手段，针对当前中国结构性改革的特点，国内部分学者主张供给和需求手段联动调控来实现改革目标，促进经济稳中向好发展。简新华等认为中国经济下行的原因包括供给和需求两方面，因此同时进行供给侧和需求侧两端的改革势在必行[15]。贾康等认为，在经济下行曲线陡峭时，合理范围内的需求管理政策是必要的；在采取需求刺激政策时，要综合考虑供给侧效果，实现供需调控的有效结合和动态平衡[46]。李平等认为由供给侧入手的改革与由需求侧入手的凯恩斯有效需求理论二者互为动态依赖关系。运用好需求管理政策能够促进供给侧结构性改革的效果，扭转供求错配[47]。在主张供需联动调控的前提下，国内相关研究主要侧重于以下三个方面：

第一，供需联动调控的理论基础。供给侧与需求侧都是社会经济发展中不可或缺的组成部分，供需双侧的协同管理与有效耦合是未来经济稳步发展的重要引擎。相关学者对结构性改革的供需双侧联动调控相关理论进行了研究，为供需双侧联动调控结构性改革提供了坚实的理论基础。一是以西方供给学派经济学为导向。部分学者认为当前中国经济连续下行的根本原因是"供给结构老化"，从而提出中国结构性改革应该以西方供给学派理论为基础。王海军等采用了 AD-AS 及其扩展模型分析了当前中国宏观经济的主要症结，对供给侧结构性改革进行理论解读，认为中国结构性改革应该采用供给学派的观点作为理论基础[36]。贾康等为代表的新供给学派认为，应该用新供给经济学来指导中国的供给侧结构性改革[46]。滕泰等以新供给主义经济学理论为基础，阐释并指出"供给结构老化"是当前中国经济连续下行的根本原因，从而形成"结构性改革推动产业升级"以及"新旧动能转换"的理论基础[48]。二是以马克思主义政治经济学为导向。部分学者在考虑中国社会性质和供给侧结构性矛盾的基础上，认为中国供给侧结构性改革的理论依据主要源于马克思主义政治经济学。邱海平认为从社会主义生产力与生产关系的辩证统一视角，中国必须坚持以马克思主义政治经济学作为结构性改革的指导[49]。刘伟等认为，适度扩大总需求的同时，也要加强供给侧的结构性改革，坚持以生产、分配、交换、消费关系为主要内容的马克思主义政治经济学为指导[50]。丁任重等认为供给侧结构性改革的提出超越并丰富了西方供给理论，是基于马克思主义供给与需求的辩证关系，即需求决定供给和供给创造需求而提出的[51]。三是以习近平新时代中国特色社会主义经济思想为导向。新时期，部分学者立足于中国特色社会性质，提出供给侧结构性改革是习近平新时代中国特色社会主义经济思想的重要内容和有机构成。邱乘光认为，习近平新时代中国特色社会主义经济思想在党的十八届五中全会以后得到了完善和确立，提出了一系列新的理念和政策主张，其中就包括供给侧结构性改革理念。所以中国供给侧结构性改革应该遵循习近平新时代中国特色社会主义经济思想的理论内涵[52]。周跃辉认为以供给侧结构性改革为主线的经济发展思路和形成稳中求进的经济工作方法论是习近平新时代中国特色社会主义经济思想的理论特征和逻辑框架的充分体现[53]。罗润东等认为供给侧结构性改革的提出完善了习近平新时代中国特色社会主义经济思想的内在逻辑，促使学界深入探讨供给侧结构性改革的深层次内涵与理论价值[54]。

第二，供需联动调控的有效组合模式。在当前的结构性改革中，学者们因观点主张不同，对宏观调控中的供给管理或需求管理运用着力点所有差异。部分学者主张供给和需求同时发力，调控宏观经济发展。刘伟等指出中国现阶段宏观经济政策的组合是加快市场化改革、供给结构调整和需求扩张，实现供给管理和需求管理双扩张[55]。同时，苏剑建议中国从过去仅存在需求管理的一维政策体系升级为同时包括需求管理和供给管理的二维政策体系[56]。然而，也有部分学者认为当前的结构性改革主要是供给端的问题，在宏观调控上供给管理为主、需求管理为辅。任保平等、刘伟等认为当前中国经济发展方式转变需要把供给管理和需求管理相结合，更加重视供给的改善[57-58]。周文认为中国经济宏观调控要注重供给侧，也不能忽略需求侧，但要以供给侧结构性改革为主线[59]。

第三，供需联动调控的政策主张。围绕结构性改革的供需双侧联动调控，学者们提出了大量的政策主张，主要围绕三个方面展开：一是供需调控的重点和方向。孙大鹏等指出，政府与市场的关系问题是我国从供需双侧管理经济增长亟待解决的问题[60]。贺娜认为，在供需管理结合时，需要积极调整需求管理政策方向，使政策重心从强调总量、短期量化管理的传统思路向结构性、长期化管理机制确立的方向转变，实施有效的双重管理，提高政策管理绩效[61]。刘立峰认为宏观调控重心要着重应对潜在产出下滑，注重需求管理与供给管理的合理运用，重点突出供给管理在宏观调控中的作用[62]。二是供需调控的具体领域和措施。吕冰洋认为，中国经济进入新常态后，中国的财政政策主要通过降低企业成本和提高资源配置效率，实现以供给管理为主、需求管理为辅的政策[63]。李翀认为在具体实践过程中，可以在坚持供给侧结构性改革的同时，考虑实行三项短期需求管理政策：适度增加政府支出，适度降低政府税率以及实行适度宽松的货币政策[28]。苏剑等认为中国目前的宏观调控体系可分为需求管理、供给管理和市场环境管理三个部分，其中需求管理主要包括凯恩斯的需求管理政策、需求型创新、需求侧改革，供给管理主要包括要素价格政策、财政政策、供给型创新、供给侧结构性改革[64]。三是供需调控政策运用面临的挑战。王海军等指出，供给侧结构性改革的政策工具难免与需求侧管理工具雷同，要想达到所谓的"供给侧管理为主、需求侧管理协调配合"的政策效果，在难度上非常大[36]。徐策等指出，在协调配合运用需求管理和供给管理政策的同时要避免出现政策间效应抵消导致政策力度不足，或效应叠加导致政策力度过度等情况[65]。

1.2.2 国外研究现状

国外学者对经济发展中的结构性调整或结构性的改革关注由来已久，其主要研究成果可归纳为三个方面。

1.2.2.1 结构性改革内涵以及对中国结构性改革认识的研究

关于结构性改革的研究始于国际市场上有关经济危机与衰退的探讨，其内涵界定来自学者和国际经济组织，目前并未有一个标准的经济学定义。国际货币基金组织（IMF）于1993年首次对"结构性改革"进行解释，指出"结构性改革是一个宽泛的概念，是指旨在改善市场功能的政策"[66]。2004年亚太经合组织（APEC）指出，结构性改革包括市场管制、法律基础设施、公共部门治理、企业公司治理、自由竞争政策等方面的内容改革。2008年全球性的金融危机爆发之后，2010年G20首尔峰会上结构性改革成为会议的重点内容之一，指出改革的重点领域包括产品市场改革、人力资源市场改革、税收改革、教育和培训改革、绿色与创新发展、平衡经常账户、基础设施投资等七个方面[67]。2016年欧盟委员会（European Commission，EC）指出，结构性改革主要是以劳动力、产品和服务市场自由化，鼓励劳动创造和自由投资，改善社会生产率，以实现克服经济增长的主要困难。同年，G20杭州峰会上，结构性改革首次作为会议的核心议题，中国指出结构性改革是与财政政策和货币政策并列的维持经济增长的"新三驾马车"[68]。Rodrik指出，结构改革是劳动力和产品市场的变化，以及旨在提高劳动力和资本在经济中分配效率的更广泛的体制改革。综合上述观点可知，结构性改革的重要性愈发凸显，结构性改革是针对结构性问题的一系列的政策调整措施[69]。

而对中国结构性改革的认识和探讨，国外学者主要基于中国改革实践展开研究，Putterman认为中国的经济改革与制度边界和结构变化关系紧密，在1978年以前，中国的经济发展与发达国家存在巨大差异，其主要障碍是产出和就业的结构性停滞，而在1978年后中国开始放开市场，促进要素流动，带来经济增长[70]。Garnaut等指出，中国经济正在经历着在政策和结构上的深刻变化，这种变化对于增加中国经济增长的价值，并维持对未来的增长是必要的[71]。Molnar指出，随着中国赶上更发达的经济体，以及快速老龄化，中国经济进一步崛起将失去一些动力，但仍然可以通过加强产品市场竞争的改革，优化结构来获得"改革红利"，提高经济效率[72]。

1.2.2.2 结构性改革与经济增长或发展关系的研究

结构性改革是经济增长或发展的重要手段。结构性改革通过重新配置供给侧的劳动力和资本及企业层面的重建发挥出对经济增长的促进作用（Cacciatore 等）[73]，可以显著地增加实际 GDP（Anderson 等）[74]，尤其是对于一个国家或地区长期的经济发展而言，结构性改革可以更好地体现出显著的促进效果（Varga 等）[75]，或对处于不同发展阶段的经济体，虽然实施结构性改革的具体措施不同，但结构性改革对其生产率增长进而提升宏观经济表现也可发挥出不同程度的积极作用（Dabla-Norris 等）[76]。一个国家结构性改革要取得成功，应该是因地制宜、因时制宜展开的，成功的改革需要多部门协调合作，既要适应不同的经济发展阶段，也要适应不同的国家或区域特点（Dabla-Norris 等）[77]。

具体而言，国外探讨经济结构与经济发展关系主要沿着两条思路开展：一是以跨国样本为基础，探讨经济结构与经济增长的客观关系，较少涉及价值判断，这一类研究以 Simon Kuznets、Hollis Chenery、Moshe Syrquin、Sherman Robinson 等为代表。如 Rostow 等通过对发达国家和欠发达国家的考察，发现经济的高增长必然伴随着生产结构的快速变化，而生产结构的快速变化对于经济高增长也不可少[78]。Syrquin 等分析和比较了1950—1983年期间101个国家和地区包括生产、需求、贸易、资源使用、人口、城市化和收入分配等在内的经济结构转变的全过程，以及影响结构变化的因素，并且认为经济发展需要进行全面的结构转变[79]。Chenery 等分析了第二次世界大战后发展中国家特别是准工业化国家结构转变同经济增长的一般关系、结构转变的基本特征和工业化的各个方面[80]。Valli 等分析了中国和印度两个国家经济结构变化、全球化与经济增长的过程[81]。Tello 以拉丁美洲12国为例，分析了结构变化与不平等及经济增长的关系[82]。Tregenna 探讨过早工业化、结构变化与经济可持续增长的问题[83]。二是以发展中国家为研究对象，从结构的视角探讨发展中国家的经济发展问题，这一类研究以新旧结构主义发展经济学流派为代表。早期的结构主义发展经济学流派通过对发展中国家的研究，认为发展中国家在经济增长过程中存在结构刚性和协调失灵，从而导致现代重工业无法有效发展，政府需要强有力的干预来推动重工业和经济的增长（Furtado；Furtado 等；Taylor；Darity；Justman 等）[84-88]。20世纪70—80年代，随着结构主义理论指导下的政府经济发展战略在拉美国家和前社会主义国家的失败，早期的结构主义经济理论逐渐淡出人们的视野。随着出口导向战略的新兴工业化经济体的成功，Lin、Berglof 等为代表的新结构主义学者重新对发展中国家的经济结构问题进行了审视，认为发展中国家的结构刚性是由其要素禀赋结构内生决定的，产业结构的升级必须与禀赋结构保持一致，否则难以保证新产业中的企业的自生能力，这也是发展中国家起初难以建立起资本密集型产业从而导致经济失败的原因[89-91]。

1.2.2.3 经济结构性改革的供需管理研究

经济结构失衡主要产生于社会生产供给侧内部或需求侧内部，进而导致社会生产的供给和需求总体结构失衡，经济增长和发展受到严重影响。从经济发展的历史来看，西方学者较早关注从需求侧或供给侧调控经济结构改善，进而促进经济发展。

（1）基于需求侧的调控管理

18世纪以来，以斯密、穆勒、凯恩斯、库兹涅茨、格罗斯曼等等为代表的一批国外著名学者深入分析了消费、投资、政府支出以及出口等需求与经济增长的作用机理[92-96]。其中，以凯恩斯及其随后的追随者所形成的有效需求理论最具有代表性和系统性，基于有效需求理论所形成的需求管理现已成为世界各国政府宏观经济政策的重要选择。另外，部分学者开展了大量的需求实证分析，如 Crespi 等、Tsen、Cheung 等、Mah、Lorentz 等分别以不同国家作为经验研究对象，量化研究了消费、投资、出口需求或需求结构失衡对经济增长的作用及影响[97-101]。

（2）基于供给侧的调控管理

供给管理的思想源于19世纪的萨伊定律，其后，罗伯特·蒙代尔（Robert Mundell）、阿瑟·拉弗阿瑟·拉弗（Arthur Betz Laffer）、乔治·吉尔德（George Gilder）等为代表的供给学派将这一思想继续肯定并加以发扬，他们认同供给是居于首要和决定地位的；强调市场机制的自我调节功能；以减税刺激投资增加有效供给；压缩和减少政府开支实现财政预算平衡。随后的供给学派学者也对以上观点给予了大量的理论和实证研究（Canto 等；Ireland；Hungerford 等；Ferede 等；Oluwaseyi）[102-106]。总之，供给学派的供给管理宏观政策主张为解决20世纪七八十年代美、英等国家出现的"滞胀"现象提供了一剂良方，取得了较好的效果。此后，供给管理作为宏观经济政策调控的选择不时体现在各国政府不同时期的施政纲领中。

在具体的各国经济结构性改革讨论中，国外学者根据不同国家的实际情况，有针对性地从供给、需求或供给需求联合管理的角度分析问题的存在并提出有效宏观政策或对策。Dekle 等通过一般均衡模型分析，指出推动中国1978—2003年的经济结构性改革背后的关键驱动因素是私营非农业部门的全要素增长率、公共投资以及农业部门的劳动力转移[107]。Boulter 对中国2008年金融危机前后的经济政策进行对比，指出中国结构性改革最初的重点是解决煤炭和钢铁行业的产能过剩、解决"僵尸"企业和减少房地产库存，之后创新也作为重要主题加入其中[108]。Yoshino 等指出当前日本正面临长期通货紧缩、快速的老龄化以及社会福利开支迅速扩大等影响经济发展的结构性问题，而解决这一系列问题必须要实施积极的货币政策、巩固财政以及转换增长战略以适应国内需求和供给的需要[109]。Agrawal 等指出自1980年代中期以来，澳大利亚一直面临着改组其经济结构的巨大压力，但这种结构调整对于澳大利亚是必要的，因为需要通过经济结构调整使其外贸账户中产生盈余，以满足其外债利息的不断增长。为了促进这一重组过程，澳大利亚联邦政府使用了两种具有预期结构效果的宏观政策，即"工资适度"和"财政管理"[110]。Smith 指出，1998年亚洲金融危机成为韩国经济发展的分水岭，韩国希望在短时间内实现结构性转型发展，而实现结构性改革的主要手段包括实现银行业重构、开放资本市场、公司部门重组以及劳动市场改革等方式[111]。

1.2.3 简要评述

综上所述，理论界学者在运用供给管理和需求管理力促结构性改革并以此促进经济高质量发展领域进行了大量的研究，并在以下四个方面基本达成了共识：第一，供给和需求调控作为宏观经济管理的两个重要手段，由于所处历史阶段和基本国情的不同，我国的供给和需求调控可大致划分为"供给管理为主、需求管理为辅，需求管理，供给管理为主、供需联动调控"三个阶段。第二，对经济结构性改革的相关内涵进行了厘清和丰富，认为适应各国国情的结构性改革是面向全要素和多要素而非单一要素的，单一要素的改革只是结构性改革的某个方面，不能直接概括为结构性改革。第三，结构性因素是抑制当前中国经济发展的主要矛盾，结合他国结构性改革与经济发展关系的经验，中国市场机制和政府手段同时作用的结构性改革才是具有现实意义的。第四，新常态下要解决中国结构性问题，在实施供给侧结构性改革的同时，应该辅以需求侧管理，以供给带动需求，以需求助推供给，使得经济增长和结构升级齐头并进。

通过梳理也可发现，虽然学者们在开展结构性改革的供需双侧联动调控研究方面存在一定的广度和深度，但是在以下四个方面还可以进一步拓展和丰富研究：第一，经济结构演化规律的系统研究。现有研究较多地关注了经济结构在工业化阶段的演变，较少立足于经济史的长视角对要素投入结构、产业结构、需求结构、区位结构、发展与生态环境、政府与市场经济调控体制等的演变进行全面系统的梳理，并提炼形成经济发展过程中的一般性经验规律。第二，供需联动调控经济结构转变的机理机制系统性研究。目前理论界学者比较关注研究供给调控或需求调控对经济结构改善的作用，但对二者联动调控的机理和机制研究却较少，缺乏供给需求整体调控的宏观框架。第三，结构性改革的供需双侧联动调控的实践研究。目前国内大多集中于从供给管理的角度研究如何化解经济运行的结构性矛盾，需求如何配合供给侧的调控仅停留在理论的探讨而无实际的对策付诸实践，实践中难以有效指导供需双侧联动调控中国结构性改革。第四，结构性改革的供需双侧联动调控的创新性研究。关于供给调控和需求调控促进经济发展的相关研究，目前还主要集中于对以往实践的梳理以及对西方相关理论的实际应用效果的研究，而对新常态、新形势下的社会主义市场经济供需管理的新理论探索还不够，没有形成中国特色的能够对社会主义宏观经济实践加以有效指导的供需调控新理论体系。

1.3 研究的可能创新

本书围绕供需联动调控实现结构性改革目标而开展深入研究，其可能的创新性主要体现在以下四个方面。

（1）揭示经济发展进程中经济结构演化的一般规律

人类经济发展进程中，经济结构始终存在并一直处于变化发展之中，但在不同的经济发展阶段以及受特殊国情的影响,经济结构可能完全表现不同,其最终作用于经济发展的效应也各有差异。本研究拟从经济史的视角,探寻人类经济社会发展不同阶段的各类经济结构表现,试图总结经济结构在不同经济发展阶段演化的一般规律。

(2) 探究结构性改革的供需双侧联动调控机制

结构性改革的目的是促进经济短期和长期平稳健康发展,而供给调控和需求调控是结构性改革手段的方向性选择,其依托的手段必然是各种经济政策组合和制度改革创新。要实现好从调控手段的实施到良好效果的取得,其中的作用机理和运行机制必须深入探究,这样才能在改革中做到精准施策和精准发力,实现改革的目标和成效。本研究拟将经济发展的短期目标和长期目标结合起来,深入探讨结构性改革与长短期经济发展的关系、供需双侧联动调控影响经济结构变化的内在机理、供需双侧联动调控的政策手段和改革举措、改革和政策实施对微观经济主体的影响与行为反馈、微观经济主体行为作用经济结构变化的影响等问题,系统梳理供需双侧联动调控改善经济结构进而实现经济高质量发展的机理机制,为供需双侧联动调控推进中国结构性改革实践做出有价值的理论探索。

(3) 探索基于中国实践的经济结构变化对经济发展的效应影响

解决中国经济发展中的结构性问题,首先要全面和充分了解诸如影响经济发展的产业、要素投入、供求、区位、投资、消费、进出口、生态、体制等结构因素的发展现状,以及当前存在的结构现状对经济发展或增长的影响程度。本研究拟通过构建各类经济结构的度量指标体系,采用计量建模等多种实证方法分析经济结构变化对经济发展的效应影响,为供给侧和需求侧精准联动调控提供定量分析决策依据。

(4) 提出中国结构性改革供需双侧联动调控的系统对策分析

根据供给需求双侧联动调控推进结构性改革的机制理论,应用系统全局的观点,从供给与需求视域对影响中国经济短期与长期发展的产业、要素投入、供求、区位、投资、消费、进出口、资源环境、市场体制等结构性问题提出微观和宏观联合调控的政策、对策以及改革措施,为破解中国经济发展结构性难题提供有效的决策参考。

第2章 经济结构适应经济发展的演变趋势及其内在机理

人类经济的发展过程必然伴随着深刻的结构变化。美国著名的经济学家西蒙·库兹涅茨曾指出,"在现代经济增长过程中,人口和产值的高速增长总是伴随着各种产业比重在总产出和所使用的生产性资源方面的明显变动"。① 与此同时,"经济结构转变与经济增长之间具有明显的密切的关系,特别是非均衡条件下的结构转变,能够加速经济增长",② 而且"社会的基本经济结构以及它的社会、政治结构都发生了改变而使稳定的成长率可以在以后经常地保持下去"。③ 因此,研究西蒙·库兹涅茨所指出的包括产业结构在内的各种经济结构的"明显变动"趋势以及变动趋势背后的推动力量具有十分重要的意义。

2.1 经济结构的基本内涵

2.1.1 经济结构的产生背景

在人类社会的早期发展阶段即德国国民经济学家历史学派学者F.李斯特所谓的狩猎状态、游牧状态、农耕状态时期,经济结构并不存在或几乎没有人关注,因为早期的人类社会生产力低下,国家的产业形态单一;直至进入封建社会,农牧业才真正成为国家唯一产业,国家的要素资源也全部集中于农牧业的发展。经济结构真正走入人们视线或者引起学者们关注是人类社会进入资本主义时期。随

---

① 库兹涅茨.现代经济增长:速度、结构与扩展[M].戴睿,易诚,译.北京:北京经济学院出版社,1989。
② 钱纳里,鲁宾逊,赛尔奎因.工业化和经济增长的比较研究[M].吴奇,王松宝,等,译.上海:上海三联书店,1988。
③ 罗斯托.经济成长的阶段:非共产党宣言[M].国际关系研究所编译室,译.北京:商务印书馆,1962。

着新技术的发展，人类的社会生产力迎来飞跃性发展，尤其是第一次科技革命后，现代意义的工业生产首次进入人类的社会生产体系，社会产品供应开始大规模出现，人类的生产生活需求得到了极大满足。但在资本主义的早期时代，随着资本主义国家自身需求的释放以及挟带着"坚船利炮"对世界市场的开拓，发挥自然资源优势的资本主义工业生产表现为一种无限扩张的趋势，生产结构还没有受到特别关注。随着资本主义社会的第二次科技革命的发生，人类社会生产力进一步提升，机器大生产所提供的物质文明进一步丰富，但资本主义社会大生产发展的同时不可避免地造成了社会贫富两极分化，资本主义国家大部分劳动阶层收入低下，社会产品相对地进入了"过剩"时代，经济危机大爆发也成为资本主义社会的常态。由此，在资本主义社会，卖方市场向买方市场的转变改变了人们对结构的漠视，产业结构调整、需求结构调整、收入结构调整等经济结构调整内容逐步纳入各国宏观调控的范畴和视野。

2.1.2 经济结构的定义与种类

2.1.2.1 经济结构的定义

经济结构（Economic Structure），在《辞海》（第七版）中定义为：①一定社会形态下生产关系的总和。②从各种角度考察的国民经济构成。如生产资料所有制结构、产业结构、产品结构、地区结构和城乡结构等。在广义上还包括各种生产要素的结构，如技术结构、劳动力结构、能源结构等。刘易斯在分析部分具有无限劳动力供给的发展中国家经济发展时就提出存在"资本主义"部门和"维持生计"部门概念，构成了最初国家经济结构定义的雏形[112]。钱纳里等将经济结构定义为不同部门中劳动、资本和自然资源等生产要素的供给及使用[113]。Buckley等将经济结构定义为资源在可替代用途之间的分配方式[114]。国内学者孙尚清认为经济结构既包括国民经济的各种比例，反映经济结构的"量"的关系，同时也包括国民经济各部门、各产业、各领域、各地区之间的相互联系和制约程度，即经济结构"质"的关系[115]。张曙光将经济结构定义为国民经济各个因素的构成及其相互关系[116]。综上所述，经济结构应是指整个国民经济中相互联系、相互依赖、相互制约的各种因素的构成及其数量对比关系的综合。

2.1.2.2 经济结构的种类

根据不同的标准或视角，经济结构的内涵可理解为以下单一结构或多种结构的组合：

①从国民经济各部门或行业的组成来理解。可理解为一、二、三次产业结构，或农业、轻工业、重工业、服务业产业结构。

②从一定社会生产关系的总和即不同的生产资料所有制经济成分来理解。可理解为国有（企业）经济、集体（企业）经济、外国投资（企业）经济、私营（企业）经济结构。

③从国民收入的初次分配对象来理解。可理解为国家财政收入、企业收入、劳动者个人收入结构。

④从国民收入分配再使用的视角来理解。可理解为积累和消费结构，或储蓄（投资）与消费结构。

⑤从国内生产总值最终使用视角来理解。可理解为最终消费、投资、净出口结构。

⑥从经济区位的视角来理解。可理解为农村经济和城市经济结构，东部、中部、西部经济结构等。

⑦从生产要素投入的视角来理解。可理解为劳动、资本、技术、土地、信息数据、管理等要素结构。

⑧从要素资源配置的视角来理解。可理解为政府和市场配置结构。

⑨从不同角度进行专门研究的需要来理解。可理解为经济组织结构、产品结构、人员结构、就业结构、投资结构、能源结构、材料结构，等等。

总之，经济结构客观上是经济系统各种因素的构成事实，而对于它的分类和理解则是根据现实世界的研究、统计或其他需要而加以区别和界定的。

2.1.3 经济结构合理性的判定

经济结构既是经济发展进程一定阶段的客观反映，也是引领时代经济发展的标准和要求，通过判定该时期的经济结构是否与当期的政治、经济、社会、技术等条件相适应，即可揭示经济结构的合理性。国家竞争优势理论认为，一国竞争优势的形成和发展很大程度上取决于一国的产业创新和产业升级能力，是一个经济体内部要素配置的结果，构成了评价经济结构合理性的重要指标。基于上述对经济结构定义和种类的分析，同时，面对国内大循环为主体、国内国际双循环相互促进的新发展格局，考虑到"创新、协调、绿色、开放、共享"的新发展理念，本书认为判断经济结构是否合理主要有以下标准：

①是否切合当期本国经济发展实际情况，包括经济体制、经济政策、资源禀赋等；

②是否适应现阶段国内外发展环境，充分利用了国内外一切有利因素；

③是否充分有效地利用了一切生产资源，最大限度地提高了经济增长效率；

④是否促进了国民经济各部门、各区域协调发展；

⑤是否有力地推动了经济和生态环境的和谐相处；

⑥是否促进了经济的持续、健康、稳定、安全发展；

⑦是否最大限度地满足人民需要，促使人民的生活水平逐年提高。

2.1.4 经济结构改革

2.1.4.1 经济结构改革的含义

经济结构性改革是经济结构调整的深层次立意表达，体现了经济发展中的不合理结构问题成为当前经济发展的主要障碍，需要尽快解决的迫切意愿。其本质含意就是根据当前国家经济发展的形势和需要，对国民经济中存在的行业、部门、地区、经济成分、发展领域以及各种经济关系进行合理调整，借以改善经济运行系统中的有机联系和比例关系，以进一步促使和推动整个国民经济持续健康稳定安全发展。

2.1.4.2 经济结构改革的原则

①结构性改革必须坚持以人民为中心。改革是为了促进发展，而发展是为了更好地改善人民的生活。当结构性改革偏离改善人民生活水平这一最终目标时，结构性改革就不是一种最优的选择，尽管有时在其他国家认为是最好的结果。

②结构性改革必须坚持处理好当期与长远的关系。处理好当期与长远的关系其实质就是处理好生存与发展的关系，说到底就是一种利益均衡关系的处理。结构性改革不只是着眼于当前问题的解决，同时也是谋划未来发展的一种格局和思路的调整，只有兼顾好长远的发展需要，才能在统筹协调每一个阶段时满足眼前的生存。

③结构性改革必须坚持以现有资源禀赋为基础。结构性改革脱离人口、技术、

体制、政策、区域、资源、管理等本国资源禀赋而将目标定位在不切实际的区位，往往现实与目标并不能同步，带来改革的失败，甚至不切实际的改革成为经济进一步发展的阻碍。

④结构性改革必须注重量与质的结合。不可否认，着力调整国民经济发展中的行业、部门、地区、经济成分、发展领域的数量关系是结构性改革的关键，但片面和过分注重经济结构的数量对比，而忽视经济结构质的对比往往导致改革的目标偏离甚至改革失败。例如所有制结构、投资结构等，如果过分注重表面的数量关系，而不去分析所有制、投资等结构背后的机制问题就会得出片面的结论，而以片面的结论去分析、调整这些结构必然带来新的问题。

2.2 经济结构适应经济发展的一般演变趋势

经济结构是经济发展过程中各种经济要素、组织、市场以及区域等所呈现出来的一种状态，这种状态既是社会生产力推动经济发展呈现出来的结果，也是各种要素、组织、市场以及区域等对社会生产力的一种适应性转变，并且随着社会生产力的不断进步，这种适应性转变持续发生。如果以不同的经济发展阶段代表不同的社会生产力发展水平，那么经济结构的变化必然是随经济发展阶段的不同而呈现出不同的状态。

2.2.1 经济发展阶段的划分

经济发展阶段是人们根据某些标准或指标对社会经济发展的历史进程所进行的一种划分。不同的学者基于不同的标准，对人类社会经济历史进程的划分各不相同。人均GNI（即国民总收入，Gross National Income，简称GNI）或GDP是判断经济发展阶段的重要指标，其指标具有总体性和概括性特征，如世界银行采用人均GNI指标而著名学者钱纳里采用人均GDP指标作为区分国家所处经济发展阶段的主要依据[①]。但也有学者基于历史主义的方法论、对现代经济史发展的观察，将经济发展的过程归纳于五个阶段甚至更多的阶段，如弗里德里希·李斯特的经济发展阶段论、华尔特·惠特曼·罗斯托的经济成长阶段论，等等。

---

① 参见世界银行网站和钱纳里等著《工业化和经济增长的比较研究》一书。

2.2.1.1 基于人均 GNI 或 GDP 的划分标准

（1）世界银行标准

人均 GNI 是20世纪后半叶以来经济学家研究经济发展进程的重要依据。20世纪70年代中期，世界银行在其年度发展报告中开始将国家按照人均 GNI 进行分类（GNI = GDP - 外国公民在本国生产的最终产品的价值总和 + 本国公民在国外生产的最终产品的价值总和）。目前，主要根据人均收入水平将国家或经济实体划分为四个档次，分别为低收入经济体、中等偏下收入经济体、中等偏上收入经济体、高收入经济体。这一分类标准非常明确且每年调整一次，2019年的分类标准为：人均 GNI 低于1 025美元为低收入经济体；人均 GNI 在1 026~3 995美元之间为中等偏下收入经济体；人均 GDP 在3 996~12 375美元之间为中等偏上收入经济体；人均 GNI 在12 375美元以上为高收入经济体。世界银行根据人均 GNI 的水平将国家或经济体划分为四种类型，也即意味着人类社会经济发展的历史进程可区分为四个阶段，即低收入阶段、中等偏下收入阶段、中等偏上收入阶段和高收入阶段。

（2）钱纳里标准

钱纳里在研究各国工业化过程中经济结构转变类型时，将模拟经济结构的转变问题所涉及的从不发达经济到成熟的工业经济这一整个转变时期的收入水平假定为7个时期，按照1970年不变化美元标准，其中人均 GDP 100~140美元时期为工业化前早期阶段，140~280美元时期为工业化前准备阶段，280~560美元时期为工业化初期阶段，560~1 120美元时期为工业化中前期阶段，1 120~2 100美元时期为工业化中后期阶段，2 100~5 040美元时期为工业化后期阶段，5 040美元以上时期则称为后工业化阶段（见表2-1）。

表2-1　钱纳里标准的经济发展七阶段

	工业化前早期阶段	工业化前准备阶段	工业化阶段				后工业化阶段
			初期阶段	中前期阶段	中后期阶段	后期阶段	
人均 GDP（1970年美元）	100~140	140~280	280~560	560~1 120	1 120~2 100	2 100~5 040	5 040 以上
人均 GDP（2019年美元）	658~921	921~142	1 842~3 685	3 685~7 370	7 370~13 818	13 818~33 163	33 163 以上

注：钱纳里对经济各阶段的划分标准（1970年美元标准）来源于纳里等著《工业化和经济增长的比较研究》一书。同时，根据美国公布的消费物价指数 (CPI) 变动情况，2019年美元与1970年美元的换算值为6.58。

2.2.1.2 基于对现代经济史的观察标准

（1）弗里德里希·李斯特标准

弗里德里希·李斯特是德国国民经济学的创始人，历史学派的先驱。他认为在国民经济发展过程中，农业、工业和商业发展相互协调和均衡，才能使一个国家由不发达状态有保障地过渡到正常的国民经济的发展状态。基于自身理论观点，他提出了经济发展的五阶段论，即原始未开化状态、畜牧状态、农业状态、农工业状态、农工商业状态等五个阶段。同时，他也指出19世纪40年代只有英国处于第五阶段，而德国则处于第四阶段，必须要快速地向"正常国民经济秩序"的第五阶段发展。

（2）华尔特·惠特曼·罗斯托标准

华尔特·惠特曼·罗斯托是美国著名经济学家，1960年在《经济成长的阶段》一文中，提出一个国家经济成长的五阶段理论，即传统社会阶段、准备起飞阶段、起飞阶段、向成熟推进阶段和大众消费阶段。1971年，他在《政治和成长阶段》一文中，又增加了经济成长的第六个阶段，即超越大众消费或者叫追求生活质量阶段。

2.2.2 不同经济阶段上的经济结构变化趋势

2.2.2.1 人均GDP 1 000~3 000美元（2019年标准）阶段经济结构的变化趋势

当一个国家的人均GDP达到1 000~3 000美元左右，对照钱纳里人均收入标准，意味着该国开始进入工业化初期阶段；或者对照罗斯托经济成长标准，意味着该国进入起飞前准备阶段。在这一时期，该国的产业结构、投资等要素投入结构、城乡结构均会发生显著的变化。

（1）产业结构方面

这一时期，农业仍然可能成为该国的主要产业，但在农业发展的同时，手工业、轻工业等利用新方法的现代制造业也开始飞速发展，工厂劳动者数量快速增加，但从国家的产业体系结构或创造的附加价值占比来看仍处于从属地位，附加价值中的农业高比重也是这一时期经济增长速度相对较慢的主要原因。

（2）投资等要素投入结构方面

大量劳动力聚集于农业地区，但社会储蓄率开始提高，银行和其他筹集资本的组织开始出现，社会投资开始增加，特别是对交通、运输、水利等经济发展所需的基础设施、基础原料的投资加大。在这一阶段，要素投入的总体特点是资本在积累中低速增长，劳动力向城市地区流动加速，供给增加较快，全要素生产率增长极为缓慢。

（3）城乡结构方面

随着产业结构逐步变化，城乡人口开始发生较大的地区间移动，很多以前从事农林牧业的农村劳动人口在被剥夺土地后开始在以城市为中心的工厂等劳动密集型场所工作，农村人口逐步向城市加快流动，大城市居住的人数逐步增多。由于城市开始加速发展现代工业，农村和城市的发展差距开始产生。

2.2.2.2 人均GDP 3 000~10 000美元（2019年标准）阶段经济结构的变化趋势

经济学界普遍认为，人均GDP 3 000~10 000美元是一个重要的发展阶段，也是国家或地区发展的关键时期。当一个国家的人均GDP进入3 000~10 000美元阶段，对照钱纳里人均收入标准，意味着该国进入工业化阶段发展；或者对照罗斯托经济成长标准，意味着该国已经进入起飞阶段、向成熟推进阶段发展。它不仅标志着国家或地区经济已达到中等收入国家的水平，而且也预示着国家或地区的发展开始进入经济结构急剧变化期。为更好地认识和把握此阶段经济结构的变化趋势，借助国际经验，梳理出一些基本特征。

（1）产业结构

随着经济发展阶段的推移，西方发达国家产业结构在人均GDP 3 000~10 000美元阶段，明显呈现出第一产业产值持续下降、第二产业产值较快提升、第三产业产值缓慢上升的趋势。同时在第二产业内部，产业发展由纺织、服装、食品、农产品加工、造纸等轻工业逐步向钢铁、煤炭、机械设备制造、化学品、能源、电气设备，再到微电子、半导体、航空航天、核工业、新材料等发展过渡，工业产业沿着劳动密集向资本密集、再向资本技术密集、最后向知识技术密集型演化。西蒙·库兹涅茨（1971）通过对13个发达经济体和4个欠发达经济体的统计研究，发现在人均产值约150~1 000美元（1958年价格）的范围内，农业部门的份额显著下降，约从40%或以上下降到10%或以下；工业部门份额显著上升，从进入现代经济增长前的22%~25%上升到47%~60%左右，尤其是工业部门中的制造业和运输业这个细分产业份额明显上升；服务业部门份额很少变动，而且呈现不规则趋

第2章 经济结构适应经济发展的演变趋势及其内在机理

势。与此同时，钱纳里通过多国模型对社会附加价值的模拟，发现在工业化阶段，即人均GDP 280~2 100美元（1970年价格）时期，初级产业（农业）占附加价值的比重由最初的40%左右持续下降至工业化阶段末期的10%左右；制造业（工业）占附加价值的比重由最初的12%左右持续上升至工业化阶段末期的35%左右；社会基础设施产业占比由最初的10%左右保持小幅上扬；服务业占比由最初的38%左右保持小幅度上升至40%左右（具体参见图2-1）。

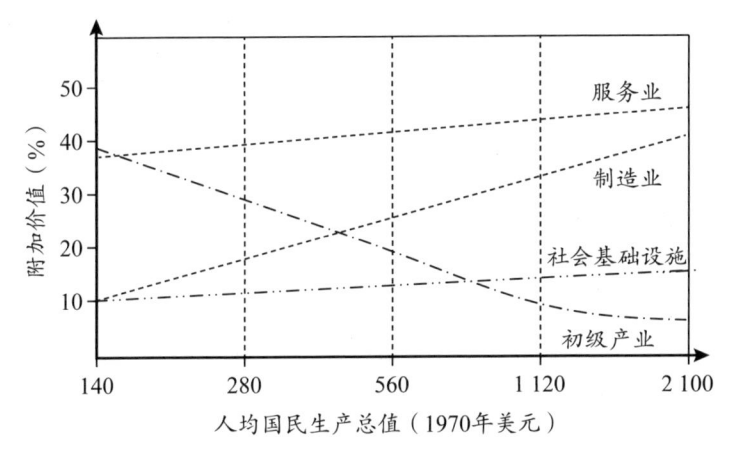

图2-1 多国模型对社会附加价值的模拟

资料来源：钱纳里等著《工业化和经济增长的比较研究》。

进一步地，通过多国动态模型估算模拟，发现初级产业即农业对经济增长的贡献呈现出持续下降趋势，社会基础设施呈现持续上升的态势，制造业呈现快速上升态势，服务业则呈现出缓慢上升态势（具体参见图2-2）。

（2）要素投入结构

社会生产的要素投入包括资本、劳动、全要素生产率或技术等。在人均GDP为3 000~10 000美元阶段，不同的生产要素投入不一样，这种不同的趋势既反映在经济发展的总体进程上，也反映在经济发展的不同产业部门中。就资本要素投入而言，资本要素在经济进程中的总体投入是逐步增加的，罗斯托指出，"在进入起飞阶段后，有效的储蓄和投资可能从国民收入的5%大致增加到10%或者10%以上，在进入向成熟推进阶段，国民收入的10%~20%经常作为投资之用"。但具体到国民经济发展的各个行业或产业，又呈现出不同的态势，根据钱纳里多国模型对这一时期的存量资本的模拟，发现在初级产业中资本存量由20%左右下降至10%左右，呈现较为缓慢的下降趋势；在制造业中资本存量由10%左右上升至30%左右，呈现较快的上升趋势；服务业资本存量由30%左右开始呈现轻微下降发展态势；社会基础设施资本存量由40%左右开始呈现轻微下降发展态势图（见图2-3）。就劳动要素投入而言，总体上可能会随着这一时期人口的增长而增加，但其结构变化主要反映在产业部门的变化中，罗斯托指出："劳动力在起飞阶段之前，可能有75%的劳动力从事农业，依靠很低的收入甚至是仅能维持生存的实际工资过活；在起飞阶段结束时，从事农业的人数可能降低到40%；到了成熟阶段，在很多情形下可能下降到20%。"而钱纳里通过多国模型对劳动就业的模拟，发现在初级产业中劳动就业由65%左右下降至20%左右，呈现较为较快的下降趋势；在制造业中劳动就业由10%左右上升至20%左右，呈现出上升趋势；服务业劳动就业由18%左右上升至45%左右，呈现较快上升态势；社会基础设施产业劳动就业由8%左右小幅上升至10%左右（见图2-4）。就全要素生产率或技术要素投入而言，随着现代科学技术的发展，技术要素参与整个社会生产的程度越来越紧密，发挥的作用越来越大。罗斯托指出，人类经济社会发展到成熟阶段，已是一个社会已经把（当时的）现代技术有效地应用于它的大部分资源的时期。钱纳里指出，在工业化阶段，各国的生产结构变得比以前更"迂回"了，也即商品中间使用份额有不断增加的趋势，这种趋势是由于部门内部的技术变化带来。

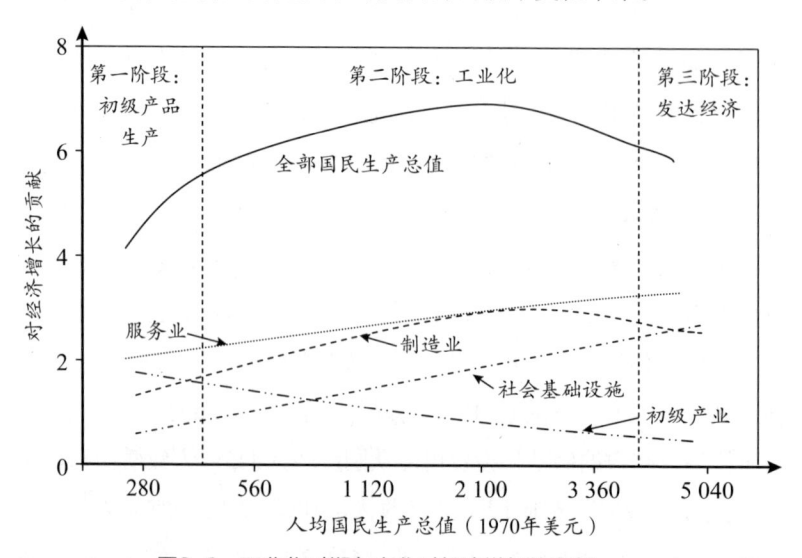

图2-2 工业化时期各产业对经济增长的贡献

资料来源：钱纳里等著《工业化和经济增长的比较研究》。

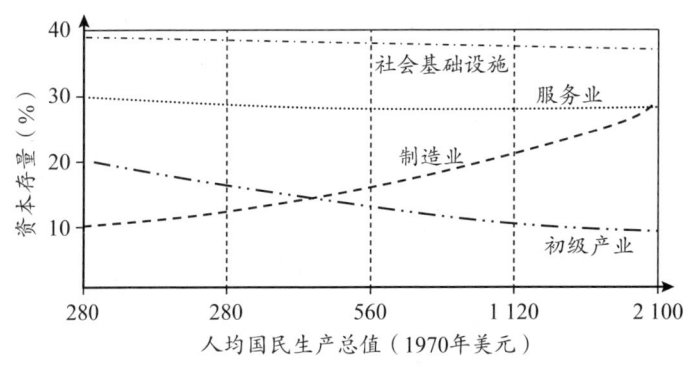

·第2章 经济结构适应经济发展的演变趋势及其内在机理·

图2-3 多国模型对资本存量的模拟

资料来源：钱纳里等著《工业化和经济增长的比较研究》。

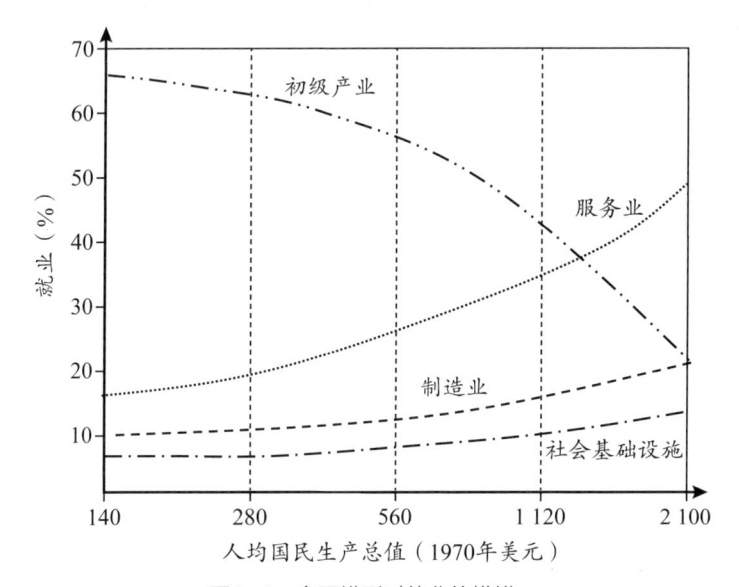

图2-4 多国模型对就业的模拟

资料来源：钱纳里等著《工业化和经济增长的比较研究》。

然而，考察分析生产要素投入数量的发展态势固然重要，但进一步研究各种要素在人均GDP为3 000~10 000美元阶段对经济增长的贡献度或要素投入的边际效率意义更为深刻和重要，因为发现和研究各种生产要素投入变化规律，其根本目的是更好地节约要素资源、更有效率地促进经济增长。因此，本研究在揭示各种生产要素投入变化趋势的同时，进一步分析各种生产要素对经济增长的贡献度趋势。在人均GDP为3 000~10 000美元阶段，由于工业化的发展，对资本和劳动的投入需求增加，资本和劳动投入数量快速增加，但随着边际递减效应和工业化进程的加速，对经济增长的促进作用必然越来越小，呈现出先升后降的发展趋势。然而，技术要素由于在一定范围内可以改变边际递减现象的发生，随着技术要素投入的增长，对经济增长的作用会呈现出逐步加大的态势。钱纳里的多国动态模型对经济增长的模拟显示，在工业化阶段即人均GDP 280美元至2 100美元（1970年价格），资本对经济增长的贡献呈现小幅度先升后降的发展态势，劳动则呈现小幅下降态势，而全要素生产率则呈现较为明显的上升态势（见图2-5）。

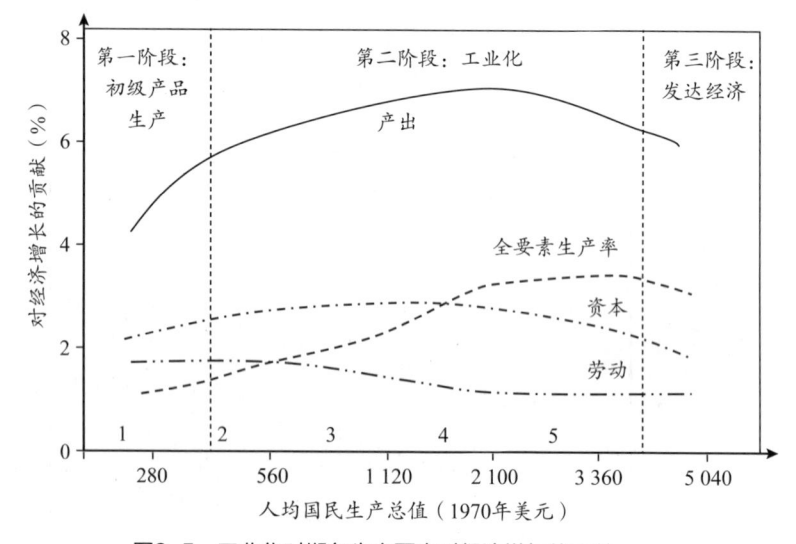

图2-5 工业化时期各生产要素对经济增长的贡献

资料来源：钱纳里等著《工业化和经济增长的比较研究》。

（3）需求结构

需求结构主要是指消费（包括私人消费和政府消费）、投资以及净出口的数量变化和对比关系。在人均GDP 3 000～10 000美元增长路径上，国内私人消费占比会随着人均GDP的增长而逐步降低，而政府消费、投资、进出口会随着人均GDP增长而逐步提升，其主要原因是在工业化进程中，各国的经济主体包括政府均有可能采取压缩消费的政策，从而保证工业化的大规模投资需要。与此同时，随着各国工业化能力加强和经济贸易一体化趋势的发展，各国产品进出口均会不断增加，但至于是出超还是入超则取决于各国的发展和贸易战略决策。钱纳里和赛尔奎因（1989）在考察世界各国发展模式的时候，发现各国国内消费需求、投资、进出口变化就呈现出以上的规律变化（见表2-2）。

表2-2 两千万人口规模国家工业化进程中的需求结构变化

	142美元以下	142美元	226美元	471美元	943美元	1 887美元	2 358美元以上
私人消费占GDP比重	0.79	0.733	0.702	0.664	0.631	0.603	0.60
政府消费占GDP比重	0.12	0.136	0.135	0.137	0.144	0.154	0.14
投资占GDP比重	0.14	0.184	0.208	0.233	0.250	0.259	0.26
出口占GDP比重	0.16	0.193	0.207	0.226	0.245	0.264	0.23
进口占GDP比重	0.21	0.246	0.252	0.260	0.270	0.280	0.23

注：资料来源于钱纳里和赛尔奎因著《发展的型式1950—1970》。表格中1980年人均GDP美元标准按照美国物价指数折算为1970年标准，二者换算指数为2.12。

（4）收入分配结构

从国际国内经验看，一个国家或地区人均GDP在3 000~10 000美元期间，经济快速发展，但同时又是各种社会矛盾的凸显期，呈现出收入差距拉大、社会贫富悬殊。世界银行统计资料显示，当前中国、印度、印度尼西亚、阿根廷等世界几个主要人口大国在工业化进程中无论是从基尼系数（GINI指数）来看，还是从最低和最高10%的人占有国民收入的比例差距来看，均有扩大的趋势。当然，随着工业化进入后期阶段，各国政府有意识地加强收入分配的干预，国民收入分配差距逐步缓和（见表2-3、表2-4、表2-5和表2-6）。

表2-3 中国的收入分配结构趋势

年份	人均国民收入（美元）	GINI指数	最低10%的人占有的国民收入份额（%）	最高10%的人占有的国民收入份额（%）
1990	317.88	32.2	3.5	25.8
1996	709.41	35.2	3.1	27.3
1999	873.29	38.7	2.7	29.4
2002	1 148.51	42.0	2.3	31.3
2005	1 753.42	40.9	2.4	30.8
2008	3 468.30	43.0	2.1	32.0
2010	4 550.45	43.7	2.0	32.6
2015	8 016.43	38.6	2.6	29.4

续表2-3

年份	人均国民收入（美元）	GINI 指数	最低 10% 的人占有的国民收入份额（%）	最高 10% 的人占有的国民收入份额（%）
2016	8 094.36	38.5	2.7	29.3
2019	10 143.84	38.2	2.8	29.5

注：数据来源于世界银行统计数据库。

表2-4 印度的收入分配结构趋势

年份	人均国民收入（美元）	GINI 指数	最低 10% 的人占有的国民收入份额（%）	最高 10% 的人占有的国民收入份额（%）
1983	291.24	32.1	3.6	26.4
1987	340.42	32.6	3.8	27.4
1993	301.16	32.7	3.7	27.4
2004	627.77	36.8	3.4	30.9
2009	1 101.96	37.5	3.4	31.6
2011	1 458.10	35.7	3.5	30.1

注：数据来源于世界银行统计数据库。

表2-5 印度尼西亚的收入分配结构趋势

年份	人均国民收入（美元）	GINI 指数	最低 10% 的人占有的国民收入份额（%）	最高 10% 的人占有的国民收入份额（%）
1984	525.33	32.4	3.5	26.3
1987	442.22	30.6	4.0	25.6
1990	585.08	31.2	4.0	26.2
1993	827.91	32.0	3.9	27.0
2002	900.18	33.8	3.7	28.2
2007	1 860.00	37.5	3.1	30.1
2010	3 122.36	37.9	3.1	30.0
2013	3 623.93	41.5	3.0	33.5
2017	3 837.58	39.4	2.8	30.7
2020	3 870.56	37.0	3.0	29.0

注：数据来源于世界银行统计数据库。

表2-6 阿根廷的收入分配结构趋势

年份	人均国民收入（美元）	GINI 指数	最低 10% 的人占有的国民收入份额（%）	最高 10% 的人占有的国民收入份额（%）
1980	2 758.83	40.8	2	30.2
1986	3 613.62	42.8	2	32.4
1991	5 735.36	46.8	1.7	36.6
1995	7 408.81	48.9	1.1	37.0
2000	7 708.10	51.1	0.9	37.7
2008	9 020.87	45.3	1.3	32.5
2010	10 385.96	44.5	1.3	32.0
2014	12 334.80	41.7	1.8	29.9
2017	14 613.04	41.2	1.8	29.7

注：数据来源于世界银行统计数据库。

（5）城乡区域结构

进入人均 GDP 在 3 000~10 000 美元时期，各国工业化加速了城市化进程，反过来，城市化的发展又进一步加剧了工业集聚发展，资源不断向城市和发达地区集中，导致城市化率水平和城市经济发展水平不断提升，致使城乡、发达地区和不发达地区二元经济结构趋势不断强化。究其原因，刘易斯（1989）曾对过去20年来不发达国家现代部门（城市工业部门）的迅速扩张却没有通过"利润渗透"带动传统部门（农村农业部门）的繁荣做出过深刻的阐释，他指出"没有理由期望传统部门总是从现代部门的扩张中获益，经济系统中既有使传统部门利益的力量，也有使其受到损害的因素。因而最后的结果，在不同的情况下大相径庭"[112]。事实上，统计资料显示，现有工业化国家在此阶段发展的进行中的确导致了城市和农村经济发展的差异，社会人口逐步迁移至城市区域集中，城市区域经济创造了社会的绝大部分价值，城市人口创造的平均社会价值与农村人口平均创造的社会价值仍然存在巨大的鸿沟（见表2-7~表2-10）。

表2-7 中国城市和农村区域发展差异

年份	人均国民收入（美元）	城市和农村人口占比的差值（%）	工业和服务业占GDP比例与广义农业占GDP比例的差值（%）	占总人口百分之一的城市人口创造的价值占全社会总价值（%）	占总人口百分之一的农村人口创造的价值占全社会总价值（%）
1970	113.16	-65.2	30.4	3.75	0.42
1980	194.80	-61.3	40.7	3.63	0.37
1990	317.88	-47.1	46.8	2.78	0.36
2000	959.37	-28.2	70.6	2.38	0.23
2010	4 550.45	-1.6	81.3	1.84	0.18
2018	9 905.34	18.3	85.9	1.57	0.17

注：根据世界银行统计数据库相关指标数据计算得出。

表2-8 印度城市和农村区域发展差异

年份	人均国民收入（美元）	城市和农村人口占比的差值（%）	工业和服务业占GDP比例与广义农业占GDP比例的差值（%）	占总人口百分之一的城市人口创造的价值占全社会总价值（%）	占总人口百分之一的农村人口创造的价值占全社会总价值（%）
1970	112.43	-60.5	20.1	3.04	0.50
1980	266.58	-53.8	33.9	2.90	0.43
1990	367.56	-48.9	46.2	2.86	0.36
2000	443.31	-44.7	56.8	2.83	0.30
2010	1 357.56	-38.1	65.9	2.68	0.25
2018	1 998.26	-31.9	69.2	2.49	0.23

注：根据世界银行统计数据库相关指标数据计算得出。

表2-9 印度尼西亚城市和农村区域发展差异

年份	人均国民收入（美元）	城市和农村人口占比的差值（%）	工业和服务业占GDP比例与广义农业占GDP比例的差值（%）	占总人口百分之一的城市人口创造的价值占全社会总价值（%）	占总人口百分之一的农村人口创造的价值占全社会总价值（%）
1983	512.96	-51.2	50.8	3.11	0.32
1990	585.08	-38.8	56.9	2.57	0.31
2000	780.19	-16.0	68.6	2.01	0.27
2010	3 122.36	-0.17	72.1	1.72	0.28
2018	3 893.86	10.65	74.38	1.58	0.28

注：根据世界银行统计数据库相关指标数据计算得出。

表2-10 阿根廷城市和农村区域发展差异

年份	人均国民收入（美元）	城市和农村人口占比的差值（%）	工业和服务业占GDP比例与广义农业占GDP比例的差值（%）	占总人口百分之一的城市人口创造的价值占全社会总价值（%）	占总人口百分之一的农村人口创造的价值占全社会总价值（%）
1970	1 322.59	57.8	80.7	1.15	0.46
1980	2 758.83	65.8	87.3	1.13	0.37
1990	4 333.48	74.0	83.8	1.06	0.62
2000	7 708.10	78.3	90.6	1.07	0.43
2010	10 385.96	81.7	85.7	1.02	0.78
2018	11 795.16	83.7	87.8	1.02	0.75

注：根据世界银行统计数据库相关指标数据计算得出。

（6）生态环保与经济发展

人均GDP 3 000~10 000美元时期，往往是一个国家经济发展的快速增长期，但同时也是本国资源环境的急剧恶化期。在此阶段，人们为了改善自身的物质生活水平，持续加大物质资本投入，不断耗费自然资源和能源，这一方面带来了经济的快速发展，另一方面，不可再生资源和能源逐步耗竭，环境承载压力持续加大，大气污染、水污染、固体废弃物污染以及土地重金属污染等持续增长。由表2-11~表2-14可见，中国、印度、印度尼西亚、阿根廷等新兴工业化国家在人均GDP增长路径上能源消费和二氧化碳排放量均呈现上升趋势。

表2-11 中国经济发展与能源消耗和温室气体排放

年份	人均国民收入（美元）	人均能源消耗（公斤石油当量）	二氧化碳排放总量（千吨）
1971	118.65	464.93	—
1981	197.07	597.15	—
1991	333.14	736.85	2 302 190
2001	1 053.11	928.81	3 526 750
2010	4 550.45	1 954.72	8 470 570
2012	6 300.62	2 155.17	9 533 210
2014	7 636.12	2 224.40	9 894 940
2018	9 905.34	—	10 313 460

注：资料来源于世界银行统计数据库。

表2-12　印度经济发展与能源消耗和温室气体排放

年份	人均国民收入（美元）	人均能源消耗（公斤石油当量）	二氧化碳排放总量（千吨）
1971	118.60	267.35	—
1981	270.47	293.74	—
1991	303.06	357.37	607 340
2001	451.57	416.01	953 880
2010	1 357.56	561.65	1 665 310
2014	1 573.89	636.57	2 136 870
2018	1 998.26	—	2 434 520

注：资料来源于世界银行统计数据库。

表2-13　印度尼西亚经济发展与能源消耗和温室气体排放

年份	人均国民收入（美元）	人均能源消耗（公斤石油当量）	二氧化碳排放总量（千吨）
1971	79.18	297.31	—
1981	566.58	388.39	—
1991	631.78	560.59	161 840
2001	748.26	742.97	301 830
2010	3 122.36	877.08	416 940
2012	3 694.36	883.92	490 050
2018	3 893.86	—	583 110

注：资料来源于世界银行统计数据库。

表2-14　阿根廷经济发展与能源消耗和温室气体排放

年份	人均国民收入（美元）	人均能源消耗（公斤石油当量）	二氧化碳排放总量（千吨）
1971	1 372.37	1 387.01	—
1981	2 776.32	1 440.78	—
1991	5 735.36	1 435.48	105 320
2001	7 208.37	1 570.90	124 870
2010	10 385.96	1 928.65	168 140
2014	12 334.80	2 029.92	179 910
2018	11 795.16	—	177 410

注：资料来源于世界银行统计数据库。

（7）政府与市场的关系

政府与市场的关系问题是现代经济发展过程中面临的一个核心和关键问题。现代经济发展起源于资本主义经济发展，在早期的资本主义经济发展过程中，著名的经济理论学家亚当·斯密就提出了"看不见的手"理论——市场机制会调配经济社会一切秩序。他指出，经济社会中"每个人并不企图增进公共福利，他所追求的仅仅是他个人的利益，正如在许多其他场合一样，他被一只看不见的手引导到去促进一种目标，而这种目标绝不是他所追求的东西。由于追逐他自己的利益，他经常促进了社会利益，其效果要比他真正想促进社会利益时所得到的效果大得多"。此后，李嘉图、约翰·穆勒、巴斯夏等后古典学派以及19世纪70年代兴起的边际学派（marginalism）和马歇尔为代表的新古典学派对亚当·斯密经济放任思想的继承和发挥，经济自由主义思想最终成为资本主义经济早期发展正统的主流思想。由于古典经济自由主义主张自由竞争，认为自由市场竞争能够实现经济秩序的协调和稳定增长，因此，反对政府宏观调控，认为政府只需当好为自由竞争市场经济创造良好外部条件的"守夜人"即可。在这种经济思想支配下，在实践中，英国、美国、法国、德国等发达资本主义国家在工业化进程中即在人均GDP 3 000~10 000美元时期都大多遵循了"小政府""大市场"规则来协调和处理经济事务。

2.2.2.3 人均GDP超过10 000美元（2019年标准）以后阶段经济结构的趋势

人均GDP超过10 000美元以后，对标钱纳里经济发展阶段标准或罗斯托经济成长阶段理论标准，意味着国家的经济发展进程已经处于钱纳里的工业化后期阶段，或罗斯托的大众消费阶段。如果以2019年美元价格计算，20世纪50—70年代，西方主要发达国家人均GDP基本达到10 000美元，80—90年代则进入人均GDP 30 000美元发展阶段（见表2-15）。西方发达国家普遍进入人均GDP 10 000美元发展阶段后，通过研究发现，国家的社会经济结构发展呈现与工业化初中期不同的特征。

表2-15 世界主要发达国家和中国人均GDP1万美元和3万美元的起始年份

国别	人均GDP（GNP）		国别	人均GDP（GNP）	
	10 000美元（2019年标准）	30 000美元（2019年标准）		10 000美元（2019年标准）	30 000美元（2019年标准）
美国	1950年	1984年	法国	1962年	1990年
日本	1972年	1987年	德国	1969年	1990年
英国	1969年	1995年	中国	2019年	—

注：数据来源于世界银行数据库。

（1）产业结构

① 产业结构由第二产业主导转由向第三产业主导转变。在进入人均GDP 10 000美元发展阶段后，金融、批发和零售、酒店餐饮、旅游会展、文化教育、信息咨询和服务、健康养老等第三产业迅速发展，占GDP的比重明显超过第二产业占GDP比重，第三产业开始成为国民经济的主导产业。根据对世界主要发达国家第三产业发展的统计，1970年美国第三产业产值占比达到64.0%，到1997年上升到71.7%；1970年日本第三产业产值占比为47.2%，1993年上升到57.6%；1970年英国第三产业产值占比分为52.4%，2004年上升到72.7%；1970年德国第三产业产值占比为40.6%，2004年上升到69.8%；1980年法国第三产业产值占比达到62.0%，2004年上升到75.8%[①]。

② 第二产业中由重化产业主导逐步转向由高新技术产业为主导。进入人均GDP 10 000美元发展阶段后，也即20世纪50年代以后，以信息技术为引领的第三次科技革命推动发达国家迅速进入信息化时代，工业产业迅速实现升级换代，一方面制造业部门不断采用先进技术和工艺，提高科技含量和技术集约度，先进制造业和智能制造业逐步替代传统制造业，另一方面新技术催生新产业，以技术密集为特征的新兴产业特别是高新技术产业的比重不断上升。

（2）要素投入结构

进入人均GDP 10 000美元发展阶段后，人类工业化进程已进入后期阶段，大量的资源能源投入人类的生产活动，用于满足人们对于美好生活的追求，但是地

---

① 邬晓霞，祝尔娟. 人均GDP 10 000美元后经济社会发展特征的国际经验借鉴及对北京的启示 [J]. 开发研究，2011（1）：20-21。

球的资源能源总是有限的，尤其是不可再生资源能源的大量消耗必然带来人类可持续发展的危机，许多工业化国家在后期发展阶段开始意识到这一点。与此同时，时代技术的创新与工业化应用普遍给各国带来更高的生产效率，因此在工业化后期，世界主要发达工业化国家开始力推集约化生产方式，加快技术创新步伐，改变以往依靠资源要素大量投入的粗放式生产方式，要素的投入结构逐步将由劳动、资源、能源、土地等稀缺要素投入而向全要素生产率、技术、信息等要素投入转变。钱纳里预测的工业化时期各生产要素对经济增长的贡献趋势（见图2-5）也表明了资本和劳动要素在工业化后期逐步下降，而全要素生产率则呈现逐步上升的态势，并逐步成为主导经济增长的重要因素。

（3）需求结构

进入人均GDP 10 000美元的发展阶段后，由于工业化已基本完成，投资需求已经开始处于下降态势，国内消费需求在经历漫长的工业化过程因积累需要而被有意识的抑制后，迎来了消费需求的真正解放，呈现出显著的提升趋势。由表2-16可知，美国从1978年开始进入人均GDP 10 000美元以后发展时期，最终消费需求占GDP的比重从76%左右持续上升至2018年82%左右，资本形成占GDP的比例却由25%左右下降至21%左右，进口和出口比重保持同步增长态势，但出口在大多数年份始终大于进口而处于出超的状态。由表2-17可知，日本从1981年开始进入人均GDP 10 000美元以后发展时期，最终消费需求占GDP的比重从67%左右持续上升至2018年75%左右，资本形成占GDP的比例却由33%左右下降至24%左右，进口和出口比重保持同步增长态势，但进口始终大于出口而处于入超的状态。由表2-18可知，英国从1980年开始进入人均GDP 10 000美元以后发展时期，但最终消费需求占GDP的比重在进入人均GDP 10 000美元之前就提升到86%以上，在后续的人均GDP增长过程中，最终消费需求占GDP比重虽有波动，但始终保持在84%左右的高位比重，资本形成占GDP比重由21%左右波动下降至17%左右，进口和出口比重保持同步增长态势，但进口逐步超越出口而处于入超状态。进一步地，就最终消费需求内部结构来看，发达资本主义国家进入人均GDP 10 000美元后，居民消费结构不断升级，食品消费支出不断下降，而发展享乐型消费却逐步占据主导地位，尤其是汽车、住房、旅游、娱乐休闲、教育培训、养老健康等方面的消费大幅提升。

表2-16 美国人均GDP 10 000美元以后最终消费、资本形成和进出口占GDP比重

年份	人均国民收入（美元）	最终消费占GDP的比重（%）	资本形成占GDP的比重（%）	出口占GDP的比重（%）	进口占GDP的比重（%）
1978	10 564.95	76.25	24.83	7.95	9.03
1979	11 674.18	75.75	25.11	8.76	9.62
1980	12 574.79	77.15	23.31	9.83	10.28
1981	13 976.11	76.11	24.28	9.52	9.91
1982	14 433.79	78.53	22.07	8.47	9.07
1983	15 543.89	79.17	22.25	7.62	9.04
1984	17 121.23	77.45	25.10	7.49	10.03
1985	18 236.83	78.44	24.19	6.99	9.62
1986	19 071.23	79.14	23.74	7.01	9.89
1987	20 038.94	79.36	23.62	7.50	10.48
1988	21 417.01	79.26	22.83	8.49	10.58
1989	22 857.15	79.02	22.51	8.94	10.48
1990	23 888.60	79.78	21.53	9.25	10.56
1991	24 342.26	80.35	20.11	9.66	10.13
1992	25 418.99	80.46	20.08	9.71	10.24
1993	26 387.29	80.56	20.39	9.55	10.50
1994	27 694.85	79.99	21.28	9.89	11.16
1995	28 690.88	79.90	21.27	10.64	11.81
1996	29 967.71	79.49	21.70	10.75	11.94
1997	31 459.14	78.78	22.41	11.12	12.31
1998	32 853.68	78.84	22.96	10.52	12.31
1999	34 515.39	79.24	23.42	10.31	12.96
2000	36 329.96	79.98	23.68	10.69	14.35
2001	37 133.62	81.30	22.18	9.68	13.16
2002	37 997.76	82.18	21.71	9.13	13.02
2003	39 490.27	82.65	21.74	9.04	13.43
2004	41 724.63	82.41	22.66	9.64	14.71
2005	44 123.41	82.15	23.38	10.01	15.54
2006	46 302.00	82.04	23.54	10.66	16.24

续表2-16

年份	人均国民收入（美元）	最终消费占GDP的比重（%）	资本形成占GDP的比重（%）	出口占GDP的比重（%）	进口占GDP的比重（%）
2007	48 050.22	82.38	22.59	11.49	16.46
2008	48 570.05	83.80	21.12	12.49	17.40
2009	47 194.94	84.94	17.80	10.95	13.69
2010	48 650.64	84.68	18.74	12.32	15.74
2011	50 065.97	84.62	19.10	13.53	17.26
2012	51 784.42	83.49	20.02	13.53	17.04
2013	53 291.13	82.51	20.41	13.54	16.47
2014	55 123.85	82.12	20.81	13.54	16.43
2015	56 762.73	81.78	21.10	12.44	15.30
2016	57 866.74	82.43	20.39	11.87	14.64
2017	59 914.78	82.47	20.66	12.09	15.05
2018	62 805.25	82.34	21.02	12.23	15.34
2019	65 094.80	—	—	11.72	14.67

注：资料来源于世界银行统计数据库。

表2-17 日本人均GDP 10 000美元以后最终消费、资本形成和进出口占GDP比重

年份	人均国民收入（美元）	最终消费占GDP的比重（%）	资本形成占GDP的比重（%）	出口占GDP的比重（%）	进口占GDP的比重（%）
1981	10 360.18	66.63	32.76	14.12	13.51
1982	9 575.61	67.86	31.60	13.92	13.37
1983	10 421.21	68.34	30.12	13.30	11.76
1984	10 978.92	67.49	30.06	14.39	11.95
1985	11 576.69	66.80	30.01	13.89	10.70
1986	17 113.26	66.36	29.97	10.91	7.24
1987	20 748.99	66.29	30.94	9.94	7.17
1988	25 059.01	64.99	33.05	9.57	7.61
1989	24 822.78	64.79	33.86	10.11	8.76
1990	25 371.46	64.71	34.51	10.22	9.44
1991	28 915.01	64.28	34.22	9.79	8.29
1992	31 414.98	65.46	32.49	9.69	7.64

续表2-17

年份	人均国民收入（美元）	最终消费占GDP的比重（%）	资本形成占GDP的比重（%）	出口占GDP的比重（%）	进口占GDP的比重（%）
1993	35 681.96	67.18	30.68	9.08	6.94
1994	39 933.52	68.55	29.54	9.00	7.10
1995	44 197.62	68.85	29.88	8.97	7.71
1996	39 150.04	68.70	30.87	9.48	9.05
1997	35 638.23	68.99	29.95	10.55	9.49
1998	32 423.76	69.67	28.52	10.52	8.71
1999	36 610.17	71.33	27.12	9.95	8.40
2000	39 169.36	71.26	27.31	10.62	9.20
2001	34 406.18	72.78	26.56	10.23	9.57
2002	32 820.79	73.99	24.66	11.02	9.67
2003	35 387.04	73.91	24.40	11.64	9.94
2004	38 298.98	73.63	24.35	12.97	10.95
2005	37 812.90	73.74	24.75	14.01	12.50
2006	35 991.55	73.84	24.75	15.87	14.46
2007	35 779.02	73.62	24.48	17.49	15.60
2008	39 876.30	75.00	24.55	17.42	16.97
2009	41 309.00	78.13	21.32	12.52	11.97
2010	44 968.16	77.24	21.30	15.04	13.58
2011	48 760.08	78.44	22.10	14.92	15.47
2012	49 145.28	78.89	22.65	14.54	16.09
2013	40 898.65	79.13	23.19	15.92	18.23
2014	38 475.40	78.55	23.92	17.54	20.01
2015	34 960.64	76.40	24.02	17.61	18.03
2016	39 375.47	75.59	23.42	16.27	15.28
2017	38 834.05	75.06	24.01	17.75	16.82
2018	39 727.12	75.44	24.32	18.52	18.29
2019	40 458.00	—	—	—	—

注：资料来源于世界银行统计数据库。

第 2 章 经济结构适应经济发展的演变趋势及其内在机理

表2-18 英国人均GDP 10 000美元以后最终消费、资本形成和进出口占GDP比重

年份	人均国民收入（美元）	最终消费占GDP的比重（%）	资本形成占GDP的比重（%）	出口占GDP的比重（%）	进口占GDP的比重（%）
1980	10 032.06	86.26	21.27	26.60	24.42
1981	9 599.31	87.09	19.19	25.96	23.15
1982	9 146.08	86.98	19.98	25.62	23.72
1983	8 691.52	86.87	20.90	25.75	24.79
1984	8 179.19	86.65	22.00	27.52	27.59
1985	8 652.22	85.58	21.81	27.88	26.77
1986	10 611.11	87.52	21.57	24.83	25.43
1987	13 118.59	86.13	22.51	24.35	25.29
1988	15 987.17	85.74	25.20	21.93	25.20
1989	16 239.28	84.69	25.84	22.39	26.04
1990	19 095.47	85.36	22.96	23.07	24.93
1991	19 900.73	86.93	19.59	22.35	22.73
1992	20 487.17	88.50	18.83	22.67	23.39
1993	18 389.02	88.67	18.38	24.56	24.92
1994	19 709.24	88.25	19.38	25.79	25.82
1995	23 206.57	81.18	18.55	25.56	25.28
1996	24 438.53	81.08	18.75	26.15	25.98
1997	26 742.98	81.72	17.79	25.55	25.05
1998	28 269.32	82.40	18.21	24.17	24.79
1999	28 726.86	83.19	18.20	23.92	25.31
2000	28 223.07	83.28	18.45	25.20	26.93
2001	27 806.45	83.83	18.37	25.04	27.24
2002	30 049.90	84.19	18.39	24.11	26.69
2003	34 487.47	84.34	17.87	23.86	26.06
2004	40 371.71	84.91	17.64	23.71	26.26
2005	42 132.09	84.57	17.83	24.97	27.38
2006	44 654.10	83.86	18.20	27.10	29.15
2007	50 653.26	83.43	18.55	25.24	27.22
2008	47 549.35	84.68	17.47	26.99	29.14

续表2-18

年份	人均国民收入（美元）	最终消费占GDP的比重（%）	资本形成占GDP的比重（%）	出口占GDP的比重（%）	进口占GDP的比重（%）
2009	38 952.21	86.66	14.95	26.37	27.98
2010	39 688.61	85.91	16.09	28.28	30.27
2011	42 284.88	85.25	15.66	30.70	31.60
2012	42 686.80	85.33	15.84	29.98	31.15
2013	43 713.81	84.98	16.30	29.95	31.23
2014	47 787.24	84.28	17.11	28.50	29.90
2015	45 404.57	83.97	17.41	27.65	29.03
2016	41 499.56	84.22	17.40	28.44	30.06
2017	40 857.76	83.68	17.52	30.37	31.58
2018	43 646.95	83.95	17.20	30.61	32.00
2019	43 070.50	83.79	17.39	31.54	32.71

注：资料来源于世界银行统计数据库。

（4）城乡结构

进入人均GDP 10 000美元的发展阶段后，农村人口仍然保持向城市进一步流动，城镇化水平仍然逐步提升。由于农业科技化和机械化水平的提升，农业生产率大幅度提升，农村人口的人均产值与城镇人口的人均产值进一步缩小，公共服务进一步向农村地区延伸，城乡发展差距逐步呈现缩小的趋势（见表2-19~表2-21）。就城市内部发展而言，各国大都市空间结构均从"单中心"向"多中心"转变。20世纪50年代以后，西方各国工业化与城市化高度融合发展，人口密集、交通拥堵、生态环境恶化成为世界主要工业城市发展的特点，大量城市中产阶级为追求更好的生活质量而迁移到郊区，形成城市外围最初的"卧城"。但后来随着"卧城"居住人数的增加，"卧城"的基础设施、社会配套服务、生活性服务产业等逐步发展起来，形成了一种社会功能相对齐全的全新城区。城市外围全新城区即"新城"的发展在很大程度地纾解了城市中心所承受的人口、交通和环境压力，东京、巴黎、伦敦等为代表的世界主要工业城市在工业化后期均形成了"中心城+新城"空间发展模式，反映了工业化后期城市发展由"单中心"向"多中心"

的演变趋势[①]。

表2-19 美国城市和农村区域发展差异

年份	人均国民收入（美元）	城镇化率（%）	占总人口百分之一的农村人口创造的价值占全社会总价值(%)	占总人口百分之一的城市人口创造的价值占全社会总价值(%)	城市与农村地区每百分之一的人口创造价值的差值
1980	12 574.79	73.74	—	—	—
1991	24 342.26	75.70	—	—	—
2000	36 329.96	79.07	0.055	1.250	1.195
2007	48 050.22	80.27	0.054	1.233	1.179
2017	59 957.73	82.06	0.051	1.207	1.156

注：根据世界银行统计数据库相关指标数据计算得出。

表2-20 日本城市和农村区域发展差异

年份	人均国民收入（美元）	城镇化率（%）	占总人口百分之一的农村人口创造的价值占全社会总价值(%)	占总人口百分之一的城市人口创造的价值占全社会总价值(%)	城市与农村地区每百分之一的人口创造价值的差值
1986	17 111.85	76.84	—	—	—
1988	25 051.85	77.01	—	—	—
1994	39 268.57	77.88	0.088	1.259	1.171
2012	48 603.48	91.15	0.129	1.085	0.956

注：根据世界银行统计数据库相关指标数据计算得出。

表2-21 英国城市和农村区域发展差异

年份	人均国民收入（美元）	城镇化率（%）	占总人口百分之一的农村人口创造的价值占全社会总价值(%)	占总人口百分之一的城市人口创造的价值占全社会总价值(%)	城市与农村地区每百分之一的人口创造价值的差值
1987	13 118.59	78.29	—	—	—
1996	24 332.70	78.41	0.055	1.260	1.205
2004	40 290.31	79.63	0.040	1.246	1.206
2007	50 566.83	80.48	0.029	1.235	1.206

注：根据世界银行统计数据库相关指标数据计算得出。

[①] 邬晓霞，祝尔娟.人均GDP 10 000美元后经济社会发展特征的国际经验借鉴及对北京的启示[J].开发研究，2011（1）：20-21。

（5）分配结构方面

进入人均 GDP 10 000 美元的发展阶段后，工业化国家积累的财富相对丰裕，为了缓和阶级矛盾或为追求国民共同富裕目标，相对于工业化阶段，政府在此阶段可能会更加关注民生、提高居民的福利水平和注重社会保障制度的完善，加大收入分配转移力度，进而缩小国民之间的贫富差距。如20世纪80年代末，英国形成了包括养老保险、医疗保险、失业保险等在内的一系列相对完善的社会保障制度。日本在20世纪五六十年代建立覆盖全民的社会保险制度，社会成员缴纳和接受保险的金额依据职业和收入情况而定。美国建立针对特定对象（贫困者）设计的公共补助、社会救济等制度，如实施医疗补助和发放食品券等。从世界银行的统计数据来看，虽然美国等一些发展达国家在进入人均 GDP 10 000 美元后，基尼系数和最高与最低10%的人所占有的国民收入份额仍有扩大的趋势（见表2-22），但在部分工业化后期国家如英国、法国已经开始出现基尼系数、最高与最低10%的人所占有的国民收入份额的差额等指标均呈现先升后降或持续降低的态势。

表2-22　美国的收入分配结构趋势

年份	人均国民收入（美元）	GINI 指数	最低 10% 的人占有的国民收入份额（%）	最高 10% 的人占有的国民收入份额（%）
1979	11 674.19	34.6	2.3	25.3
1986	19 071.23	37.5	1.9	26.8
1991	24 342.26	38.2	1.9	27.6
1994	27 694.85	40.2	1.8	29.7
2004	41 712.80	40.5	1.7	30.2
2016	57 927.52	41.4	1.7	30.5

注：数据来源于世界银行统计数据库。

表2-23　英国的收入分配结构趋势

年份	人均国民收入（美元）	GINI 指数	最低 10% 的人占有的国民收入份额（%）	最高 10% 的人占有的国民收入份额（%）
1986	10 611.11	31.9	2.8	24.4
1991	19 900.73	35.9	2.6	27.1
1999	28 669.54	37.0	2.6	28.4
2005	42 030.29	34.3	2.6	26.1

续表2-23

年份	人均国民收入（美元）	GINI 指数	最低 10% 的人占有的国民收入份额（%）	最高 10% 的人占有的国民收入份额（%）
2011	42 284.88	33.2	2.9	25.3
2015	45 404.57	33.2	2.9	25.4

注：数据来源于世界银行统计数据库。

表2-24 法国的收入分配结构趋势

年份	人均国民收入（美元）	GINI 指数	最低 10% 的人占有的国民收入份额（%）	最高 10% 的人占有的国民收入份额（%）
1978	9 264.78	35.2	2.5	27.2
1989	17 694.31	32.2	2.8	24.7
1994	23 496.52	32.3	3.2	25.6
2004	33 803.31	30.6	3.4	24.5
2017	38 781.05	31.6	3.2	25.8

注：数据来源于世界银行统计数据库。

（6）生态环境与经济发展

进入人均GDP 10 000美元发展阶段后，人们对好的生态环境的需求日益突出，各国政府开始注重生态环境保护，崇尚人与自然和谐相处。如英国伦敦城市建设规划明确要求限制都市扩张，保护农业和农田，保存自然环境的美丽和人们休闲的权利，大力植树造林，形成城市绿色化发展。1969年，伦敦绿化带达到31万公顷，绿地总面积达到800公顷。德国科恩城市注重利用森林和水边地形等天然的自然景观形成城市的绿化系统[①]。根据世界银行对美国、英国、法国等工业化后期国家人均能源消费量、温室气体排放量等指标的统计显示，这些国家均出现了人均能源消费和温室气体排放下降的态势（见表2-25～表2-27）。总之，工业化后期一些发达国家通过生态保护和环境治理，开始走上一条注重经济与生态和谐并进的发展之路。

---

① 邬晓霞，祝尔娟.人均GDP 10 000美元后经济社会发展特征的国际经验借鉴及对北京的启示[J].开发研究，2011（1）：20-21.

表2-25 美国经济发展与能源消耗和温室气体排放

年份	人均国民收入（美元）	人均能源消耗（公斤石油当量）	二氧化碳排放总量（千吨）
1978	10 564.95	8 438.403	—
1987	20 038.94	7 622.173	—
1996	29 967.71	7 844.468	5 283 110
2004	41 712.80	7 881.579	5 740 030
2011	49 886.82	7 029.955	5 172 100
2017	59 957.73	—	4 813 720

注：数据来源于世界银行统计数据库。

表2-26 英国经济发展与能源消耗和温室气体排放

年份	人均国民收入（美元）	人均能源消耗（公斤石油当量）	二氧化碳排放总量（千吨）
1980	10 032.06	3 523.649	—
1992	20 487.17	3 684.725	552 980
2002	30 049.90	3 685.869	530 230
2004	40 371.71	3 694.479	542 320
2007	50 653.26	3 441.640	529 160

注：数据来源于世界银行统计数据库。

表2-27 法国经济发展与能源消耗和温室气体排放

年份	人均国民收入（美元）	人均能源消耗（公斤石油当量）	二氧化碳排放总量（千吨）
1979	11 179.63	3 495.897	—
1990	21 793.84	3 846.625	356 540
2003	29 633.68	4 270.950	376 840
2007	41 561.20	4 115.527	362 910

注：数据来源于世界银行统计数据库。

（7）政府与市场的关系

西方资本主义国家阵营工业化进程中长期尊崇的亚当·斯密古典经济自由主义因经济大危机的发生而受到质疑，以推行国家干预经济发展的凯恩斯主义在20世纪50年代开始成为西方国家的主流政策主张。经过二三十年的发展，西方主要资本主义国家普遍跨入人均GDP 10 000美元发展时期，但进入20世纪70年代中后期这些国家又普遍发生了严重的滞胀现象，主张国家干预的凯恩斯主义遭到抛弃，以推崇贸易自由化、价格市场化和私有化为主要特征的新自由主义又重新成为西方主要资本主义国家的政策主张。而与此同时，部分社会主义国家在20世纪80年代末期经历政治变革后，经济上也实施了以市场化为主导的"激进式"改革，而另外部分社会主义国家也选择了"渐进式"的市场经济体制改革，建立社会主义市场经济发展体制，经济上取得巨大的成功。总之，实践证明，市场是一种有效的资源配置方式，随着工业化进程的推进，市场机制体制必将进一步完善和市场配置资源的核心作用不断加强，政府也必将进一步厘清角色定位，实现好职能转型，逐步减少对微观经济的直接干预，强化企业、市场的主体地位，把工作重心转到社会管理和公共服务上来，努力为各类市场主体创造良好的发展环境。

2.2.3 经济结构的演化趋势规律对中国经济结构调整的启示

2019年中国人均GDP达到10 261美元，突破人均GDP万元大关，按照世行标准，这意味着中国即将进入高收入国家行列，经济发展面临进入一个新的关键时期。中国从1978年改革开放之初人均GDP 156美元成长到2019年的人均GDP 10 261美元，短短的四十余年发展超越了部分西方国家近百年的发展历程，但是，中国与世界工业发达国家仍存在较大差距，2019年中国的人均GDP世界排名仅为66位，约为美国的1/6，德国、英国、法国、日本的1/4左右，更是远远低于北欧各国的人均GDP值。由此可见，中国的经济发展还有较长的路要走，部分西方工业发达国家尤其是与中国具有相似国情和类似资源禀赋的大国所经历的现代经济增长及其结构演化趋势对中国今后一段时期的经济发展仍具有重要的经验借鉴和启示作用。

（1）产业结构方面

①加快发展服务业尤其是生产性服务业。从发达国家的工业化经验来看，当人均GDP超过10 000美元大关时，服务业逐步成为引领国家经济增长的主导产业，但服务业要成为牵引经济增长的引擎，必须加快发展软件、电讯、金融服务、数据、信息、法律、会计审计、物流等多个生产性服务行业，积极丰富生活性服务产业，全面提高整个服务行业生产效率，带动经济持续发展。

②加快发展先进制造业和高新技术产业。在工业化进程中，产业因技术创新

而不断升级是必然规律。世界主要工业化国家在突破人均 GDP 10 000 美元后，从工业转型的角度看，普遍结合了当时先进的科学技术，发展出一批技术领先、效率领先并引领世界工业发展方向的产业群体。因此，中国的制造业亟须全面升级换代，不断探索新技术，力争在信息技术、生物生命技术、航空航天技术、材料技术等领域不断形成新应用，发展出一批引领世界发展潮流的新产业方向。

（2）生产要素结构方面

随着工业化进程的加速，一方面地球的自然资源和能源越来越有限，另一方面随着人的解放意识的唤醒，劳动力资源也越来越稀缺。从发达工业化国家生产要素投入对产出的贡献来看，全要素生产率或者说技术要素对经济增长的贡献越来越大。因此，加强技术研发，以技术投入替代资本、劳动、资源等要素在生产中的权重以提高产出效率，这必然是后工业化时期一条必由之路，也是契合中国现实国情的可行之路。

（3）需求结构方面

从工业化进程来看，发达工业化国家普遍经历了消费先下降后上升、投资先上升后下降、进出口同比例上升但规模上大体持平的发展经验规律，这一规律契合了人类社会经济发展的客观需要，具有一定的普适性。中国已经开始进入工业化后期发展阶段，扩大消费内需既是经济发展规律的客观要求，同时也是当今时代国际大环境变化的客观需要，这必将为中国谋篇发展以国内大循环为主体、国内国际双循环相互促进的新发展格局奠定重要基础。

（4）城乡结构方面

世界主要发达工业化国家目前普遍走的是以工业化促进城镇化、城镇化带动工业化、工业化和城镇化反哺农村农业发展的路子。实践证明，这是一条缩小城乡发展差距的有效之路。通过积极发展工业化，有效提升城市吸收人口和扩容空间能力，为城镇化发展奠定核心基础；通过稳妥推进城镇化，完善城市作为产业发展的有效空间载体，有利于促进产业之间的合理分工和规模聚集，提高产业发展的质量和效益，也为加快农村人口向城镇地区转移提供就业手段；通过城镇化和工业化的相互推动，充分吸纳农村富余劳动力就业，减少农村贫困人口，为现代农村农业的发展营造空间。同时，城市经济的进一步做大做强，必将对农村地区形成协同和反哺作用，共同推进区域经济的协调发展。

（5）生态环境与经济发展方面

生态环境与经济发展是每一个国家经济发展进程上所面临的一个突出矛盾。从世界主要发达工业国家的经验看，普遍是先发展后治理，尤其是美国，在人均GDP 3万~4万美元时期，温室气体排放总量才开始呈现出下降趋势。这对于发展中国家尤其是中国而言，绝对不是可取之路。一方面，先发展后治理，成本极其昂贵，部分生态破坏将形成不可逆转趋势，从长远来测算，发展带来的收益远不及治理带来的成本，得不偿失；另一方面，随着人们思想觉悟的提高以及对美好生活包括对高质量自然环境生存条件的追求，过分强调发展而恣意破坏生态环境，必然引起人们的不满，违背了发展是为了满足人们对美好生活的需要这一根本目的。当前，中国刚刚进入人均GDP 10 000美元这一关键时期，也是人们追求美好生活和全面开启建设现代化的关键时期，必须要处理好发展与生态环境保护的关系，树立并实践"绿水青山就是金山银山"的理念。

（6）政府与市场有效配置资源方面

政府与市场的关系处理伴随着整个西方资本主义国家现代经济增长过程。从实践来看，西方资本主义国家对经济发展的调控经历了古典自由主义到凯恩斯主义再到新自由主义的转换，但从目前趋势看，以国家利益至上意识对经济自由主义进行强力排斥又在某些西方国家得到了强化，尤以美国为盛。毫无疑问，政府和市场均是市场配置资源的手段，但实践证明完全依赖政府手段调控资源配置、发展国家经济是一种存在若干重大弊端的体制，而完全依赖市场机制调配、政府充当"守夜人"角色的自由经济发展也被西方国家经济大危机证明行不通，由此，构建新型的政府与市场关系，厘清现代市场与政府职能边界，充分发挥市场在资源配置中的决定性作用和更好发挥政府作用必将成为中国在工业化后期阶段进一步高质量发展的关键问题。

2.3 经济结构演变趋势的机理阐释

导致经济（生产）结构不断演变的动因是什么？本研究通过归纳和比较分析各种因素在经济结构演变中的作用，试图从分工-专业化理论、技术创新推进理论、制度变迁理论以及综合因素影响理论等四个理论层面阐释导致经济（生产）结构不断演变的原因。

2.3.1 分工-专业化理论

分工-专业化理论的出现最早可以追溯到斯密的《国富论》。斯密指出，劳动是国民财富即社会商品生产总量的源泉，为了增加国民财富，就必须提高就业工人的劳动生产率，由于劳动分工会提高劳动生产效率，因而劳动分工会促使社会生产不断分化以及经济不断增长[92]。马克思在斯密的基础，区分了社会分工和企业内部分工，指出"工场手工业的分工要求社会内部的分工要达到一定的发展程度。相反地，工场手工业分工又会发生反作用，发展并增加社会分工。随着劳动工具的分化，生产这些工具的行业也日益分化"，"一旦工场手工业的生产扩展到某种商品的一个特殊的生产阶段，该商品的各个生产阶段就变成了各种独立的行业"[117]。Youno 延续并发展了斯密的观点，指出：产业间的不断分工和专业化是报酬递增得以实现的一个基本组成部分；分工体现了一种迂回生产方法的经济，即产业链条的延伸拉长和拓展，反过来这种迂回生产方法的经济又使分工过程进一步发展[118]。杨小凯等等在斯密和杨格的分工理论基础上，进一步考察了专业化分工和交易成本之间关系，认为随着分工的发展，交易成本也将越来越高，但只要克服交易成本所带来的困难，不断提高交易效率，分工水平也将会随之提高，两者将会形成良性互动循环，这将会导致更多企业或产业内部的活动不断地分工独立出去，产业活动也会变得更加复杂、深化和多样化，生产结构也将不断演化[119]。

总之，分工-专业化理论认为，分工和专业化是收益递增的源泉，这也是分工和专业化持续深化的动力。但随着分工和专业的发展，其最终结果和表现就是整个社会劳动工种体系越来越细化、专业化、复杂化和多元化，在这一过程中，由劳动分工所形成的行业之间的中间需求力量也不断扩张和变动，导致了产业链的延伸和拓展，从而带动了整个社会生产结构的变动和调整。

2.3.2 技术创新推动理论

技术创新是指一种全新的技术开发或以现有技术为基础开发一种产品或新服务的应用创新。熊彼特认为，经济发展是一种伴随结构性的或质的变化的增长，这种经济发展只能靠创新来推动。创新通过"创造性的破坏"经济循环的惯行轨道，推动经济结构从内部进行革命性的破坏，才形成所谓的经济发展。在没有创新的情况下，经济只能处于一种他所称谓的"循环流转"的均衡状态。熊彼特的这一观点已经得到理论界许多学者的认同[120]。库兹涅茨在探讨世界各国的产业结构转变的原因时认为，技术进步是影响产业结构转变的重要原因，其理由是随着实用知识的增加，从而开发新产品、新工艺、或使用新材料的新方法出现，必然导致一种新产业。新产业的出现意味着产业在国家总产量中的所占比重和物质资源的分布发生改变，同时随着新产业的成长快于传统产业，因此产业结构或生产结构随之进一步持续改变。并且，随着技术变化加快，产业结构或生产结构转变愈快[95]。Baksi指出技术创新供给对经济变迁与产业演化具有驱动效应[121]。周彬认为从长期来看，科技进步会造成整个社会生产率提高，提高整个社会产出水平，带来经济结构的变化[122]。邢菁华等认为科技的进步有利于产业结构的持续升级和重构[123]。

从人类经济发展的实践来看，其发展过程就是一部"技术创新创造性破坏的产业升级发展过程"。18世纪60年代（第一次科技革命），蒸汽机被发明并被广泛地应用于工厂成为几乎所有机器的动力，改变了人们的工作生产方式，极大地推动了社会生产力，拉开了现代工业革命的序幕，初步形成了以纺织业为主导的轻工业产业体系。19世纪70年代的第二次科技革命，以电力、内燃机和通信技术的发明和应用为标志，极大促进了生产力的突飞猛进，使欧美主要资本主义国家产业结构发生变化，重工业部门成为国民经济的主导力量。20世纪四五十年代的第三次科技革命，以原子能的应用、生物工程、电子计算机、航空航天等技术的发展和应用为代表，进一步提升了生产效率，形成了一批核能利用、生物制药、航空航天、"互联网+"等新兴技术产业，加速了产业结构非物质化和生产过程智能化的趋势，引起了世界各国加速结构调整和产业重新布局。由此可见，经济结构（产业结构）的升级换代，都必须依靠重大的技术创新推动，没有技术创新的实现过程，就不会有产业产品的更新换代和新产业的出现。

2.3.3 制度变迁理论

制度变迁理论是指一种制度对另外一种制度的替代，其发展演变方向有两个：一种是收益低的制度向收益较高的制度演化，另一种是收益较高的制度向收益低的制度演化。在制度变迁理论关于推进经济发展和结构关系的理论研究中，其代表人物经济学史学家道格拉斯·诺思（Douglass C. North），诺思曾指出，制度是理解政治和经济之间关系以及这种相互关系对经济成长（或停滞、衰退）之影响的关系[124]。具体到经济结构的演变或转变上，钱纳里等在《工业化和经济增长的比较研究》中指出，与各国工业化的初始条件相联系的贸易战略和政策即国家贸易制度和经济政策的差异，是各国的结构转变不同的主要原因。同时，在谈及"生产自持增长的成功的程度"的度量方式时，指出"观察使经济结构发生转变的激励机制"是有效的方式[113]。钱纳里等上述这些论断，无不表明着一个国家的制度安排能有效地影响经济结构转换。库兹涅茨在谈及不发达国家的非经济特征整合程度时指出："我所说的整合是指不发达国家不久以前或目前的制度和精神条件，鼓励不同集团和地区之间的团结、合作与联合。它直接和间接地影响着经济结构，所谓直接是指它对劳动分工和市场的影响；所谓间接是指它影响着负责一国经济增长中重大问题决策的机构。"[95]库兹涅茨在《各国的经济增长》一书中也多次提及制度及制度变迁对产业结构变动的影响，指出"经济结构的变化则是因人口结构，与法律和政治制度与社会意识形态的变化紧密地联系在一起的，而且也是的确需要的"[125]。沃尔特·尼科尔森指出："为了适应变化了的环境而发生经济结构向着更高水平的效率和生产率转变，并不是市场力量的自发结果，相反，这是支配着制度的变化及实验的法律和政策结构作用的结果"。路易斯·德阿莱希认为"不同的经济制度体现了不同的财产权结构，它们使决策者面临不同的获得机会，从而影响了他们有条不紊地做出选择。例如，财产权制度影响了对这样一些经济方面的考虑：如产品的数量、质量和价格；……；产业结构……"[126]。林毅夫等在分析银行业的结构决定时指出，"随着要素禀赋结构和发展战略的变化，经济结构不断变化，银行业结构也必然发生相应的变化"，这意味着经济结构是内生于经济体的要素禀赋结构和发展战略制度因素的。总之，制度因素决定论者认为制度对经济结构的决定和变迁起到了关键性作用[127]。

2.3.4 综合因素推进理论

综合因素推进理论强调在经济发展的进程中，经济结构的变化并不取决于某一个具体因素，而是多个因素相互作用、相互推进的结果。库兹涅茨在《各国的经济增长》中指出，各国的现代经济增长形式中存在一长串的连锁影响，即是从有用知识和科学的累积到技术创新、到生产率的增长、到生产结构的变化、到经

第 2 章 经济结构适应经济发展的演变趋势及其内在机理

济结构的其他方面的变化、到政治和社会结构以及信仰的变化,以及随着它们对需求的影响又返回到改变生活和工作条件[125]。库兹涅茨的这一论断深刻揭示了科学技术、经济结构以及政治、社会、信仰等隐含制度因素的循环往复相互影响关系。诺思在《经济史中的结构与变迁》中指出,"产权制度的完备改善要素和产品市场,并由此带来了市场规模的扩大,而这引起更大的专业化和分工,从而增加了交易费用。为了降低交易费用而设计了组织变革,结果不仅大大降低了创新成本,而且,同时扩大的市场规模和对发明规定完善的所有权还提高了创新的收益率。而这一系列发展为真正的技术革命——第二次经济革命(它将科学和技术结合起来)——铺平了道路"[124]。诺思的这一论断虽然未将制度、专业化和分工、技术创新等因素必然导致经济结构变化直接联系起来,但正如他所描述的"在西方社会,农业不再是主导的经济活动,在经济中,工业和服务部门在重要性上取代了它"。"在美国,百分之五的人口从事农业,可以供养其他百分之九十五的人口。而在殖民时代,人口在产业中的分布比例则相反。""结果,西方世界变成了一个城市社会,其含义为专业化扩大,分工,相互依赖和不可避免的外在效应"[124]。由此可见,制度变革、专业化和分工、技术创新等因素导致第二经济革命而引发的现实经济生活中产业、人口、城市化等经济结构的调整是显而易见的。杨小凯等利用超边际分析方法建立了一个新的经济学研究理论框架,利用这个新的理论框架发展了大量的模型来分析制度安排与交易效率、分工和专业化、新技术和新产业的演变关系,其基本结论可以表述为:一个国家的制度安排在很大程度上影响着日常经济活动的交易费用,交易费用的高低决定着交易效率,当交易效率足够高时将通过更高的分工水平产生新的中间产品和新的技术,并诞生新的产业和工业化过程,因此,专业化水平的提高和经济结构多样化的改进都是分工的结果[119]。这一分析结论直接将制度、交易效率、分工和专业化、新技术以及经济结构演变等有机联系起来。李传健认为产业结构的变迁本质上是分工深化的结果,而分工的深化本身是技术创新作用的结果,并进一步促进了技术创新[128]。

第3章　当前中国经济结构现状及其阻碍经济发展的表现

3.1 当前中国经济结构现状

全面了解和掌握当前中国经济结构现状是深入分析和判断中国经济能否持续和健康稳定发展的基础，也是后续深入推进结构性改革并实现中国经济高质量发展的关键。本研究主要从产业、要素投入、供求、需求、区域、城乡、体制七个方面来揭示当前中国经济结构的发展现状。

3.1.1 产业结构

进入21世纪以来，中国三次产业结构总体演变表现为第一产业比重直线下滑，第二产业比重缓慢下降，第三产业比重迅速上升，"经济结构服务化"趋势变动明显。2021年年底，第一产业增加值占GDP比重仅为7.3%，第二产业增加值占GDP比重为39.4%，第三产业增加值占GDP比重达到53.3%（见图3-1）。反观发达国家的GDP构成，其第一产业占比一般不超过5%，第二产业占比一般不超过30%，而第三产业占比一般在65%以上。以世界经济强国美国为例，2019年年底，美国三次产业增加值占GDP比重分别为0.79%、18.21%、81%。由此可见，与发达国家相比，中国国民经济还比较依赖农业和工业，产业结构还有较大的优化空间。

由全球经济发展规律和发展经验可知，当经济发展到一定程度，农业和工业的资源要素会不断向服务业转移。图3-2是根据干春晖等[129]重新定义的"泰尔指数"计算结果绘制的三次产业泰尔指数时序图，可以看到，虽然中国三次产业结构的泰尔指数在1984—2003年的近20年间存在着一定程度的波动性上升，但其整体发展态势还是以下降为主。2003年后下降趋势尤为明显，于2020年首次降到了0.1以下，说明经历多年的产业结构转型升级，中国产业结构相对于均衡状态偏移幅度减小，产业结构趋于合理化态势较好。尽管中国产业结构变迁符合全球经济发展规律，产业结构的合理化程度也在不断提升，但三次产业之间以及各产业内部比例失调的问题仍然存在。

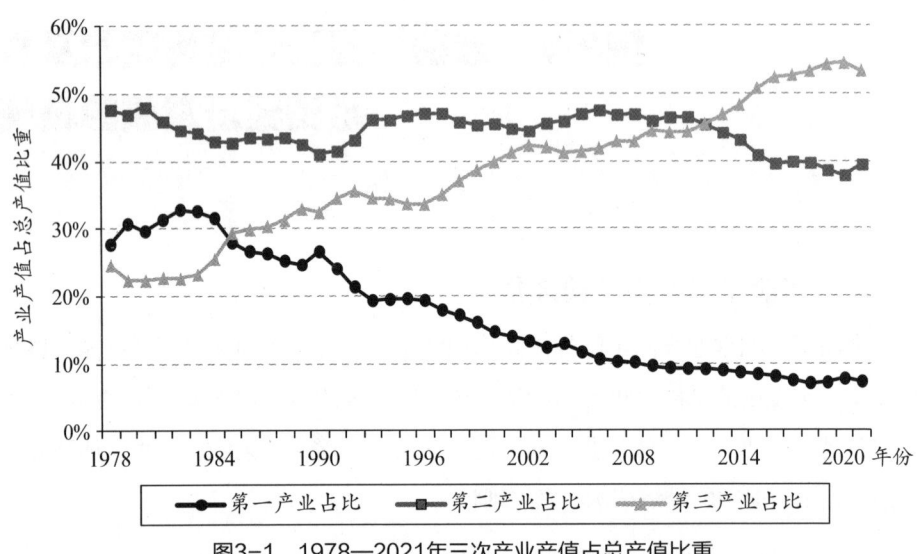

图3-1 1978—2021年三次产业产值占总产值比重

数据来源：根据中国统计年鉴整理。

图3-2 1978—2020年泰尔指数

数据来源：根据干春晖等在《经济研究》2011年第5期发表《中国产业结构变迁对经济增长和波动的影响》一文中的方法重新计算绘制得出。

3.1.1.1 农业基础依然薄弱

目前中国农业经济增长主要依靠农产品收入和乡镇企业提供的就业收入，农业发展整体水平较低，劳动生产率不高，农产品竞争力不强。虽然"三农"问题一直是国家聚焦的重要议题，政府支农扶农的力度也在不断加大，但中国农业基础依然薄弱，农业产业结构仍存在不少问题。

（1）农产品竞争力缺乏，农业基础设施不够完善

农业经济发展滞后归根结底还是农产品本身存在问题。从整体上看，中国生产的农产品优质率较低，品种并不丰富。尽管中国生产的部分肉类产品、花卉产品以及瓜果新鲜蔬菜在国际市场上具有一定的价格优势，但仍然存在品质量不佳、农药残留物超标等问题，达不到出口欧盟、日本等国家或地区标准，出口数量受到一定限制，甚至连部分本土高档餐饮企业和居民消费的需求都得不到满足，大量优质初级农产品的获得仍需依赖国际市场。中国农产品加工比例失调，初级产品加工比重较高，深加工不足，包装、储运、保鲜、冷冻以及销售体系尚不完善，各地未能形成具有鲜明特色的农产品区域布局结构，农产品区域布局不合理，农业发展同质化问题较为严峻。除农产品本身外，中国农业基础设施仍然薄弱，供水、供电、交通以及通信等基础设施不尽完善。在中国南方，大部分地区地形以山地和丘陵为主，地势崎岖，交通不便，农机使用率极低，农业生产只能保持传统的小农经济生产模式，经济效益较低。西北、华北等地区仍然存在严重缺水问题，农业生产和人民生活受到极大影响。

（2）农业发展资金来源不足，农机使用率较低，农民文化程度普遍偏低

由于中国农业经济效益不高且劳动生产率普遍低于二、三产业，因而用于农田基础设施建设的投资资金也就相对有限。数据显示，2021年用于第一产业的固定资产投资额为14 275亿元，仅为第三产业投资额的4%和第二产业投资额的9%，在国民关注度和招商引资上处于劣势。农业生产机械化水平不高和农民普遍受教育程度低是中国农业发展过程中的又一大突出问题。尤其是在偏远的西部地区，大型农用机械难以启用，绝大部分地区采取人工劳作的传统生产方式，农产品产量低下、质量不佳。农民整体文化水平较低，第三次全国农业普查主要数据公报（第五号）文件披露，2016年全国农业生产经营人员中受教育程度在初中及以下的人口比重达到了91.8%，很多农民依旧保持着靠天吃饭的观念，对于高附加值的经

济作物不认可、不接受,更加无法形成种植规模。

(3)智慧农业发展受阻,基层生产合作社缺乏科学指导

近年来,国家大力提倡智慧农业和农业生产合作社发展,以期促进农业产业化经营和农民增收,但其中仍然存在不少问题。首先,中国农民收入普遍偏低,建设智慧农业需要消耗大量信息化成本,绝大部分农民无法承担如此高昂的费用。其次,发展智慧农业需要引进精通现代农业生产技术以及信息技术、农业经营与管理的综合性人才,而农村医疗、教育和基础设施建设水平较低,难以吸引高层次人才入驻,而培训本地农民成效不佳,更加阻碍了智慧农业的发展。最后,农业生产经营组织化程度低,虽然各级政府在一定程度上为地方农业生产合作社提供了部分资金支持,但对其关注度还不够,很多偏远地区农业生产组织的产业规划缺乏合理的科学指导,盲目效仿其他地区生产经营模式,农业生产未能因地制宜,农民被动参与,生产积极性不高。

3.1.1.2 工业"大"而不"强",转型升级困难

第二产业关系到一个国家的命脉,在整个国民经济中通常占据着较高比例。当前,中国工业已进入发展中后期,主要工业品生产总量优势明显,但因其结构瓶颈限制,转型升级困难,工业发展整体质量不高,主要表现在:

(1)低水平过剩与产业衰退并存

中国是当之无愧的制造大国,在全球500多种主要工业品中,中国有220多种产品产量位居世界第一,中国钢铁、煤炭、水泥以及有色金属等工业品甚至已经接近或超过全球产量的一半。但在总体上,中国实际产出与潜在产能比例较低,工业总体产能利用率长期低于79%,按照国际通行标准,中国工业正面临着严重的产能过剩。据有关统计显示,当前中国有19个制造业行业的产能利用率都在79%以下,有7个行业的产能利用率不足70%,处于严重产能过剩状态。当前,中国的产能过剩已经从钢铁、煤炭、水泥、电解铝等传统行业扩展到光伏、多晶硅以及风电等新兴产业,由于这些行业地域分布较广,产能过剩问题也不止局限于一省一地,而逐渐演化成了全国性的重大问题。与产能过剩问题同时并存的还有严重的产业衰退问题,面对国内外市场的激烈竞争,传统的纺织、煤炭和食品加工等行业经过一段时间的快速增长,已进入衰退阶段,传统的劳动密集型企业从

业人数也在不断缩减。

（2）基础研究投入不足，工业核心关键技术发展不充分

近年来，中国科研力度不断加大，科技产出量质齐升。《中国工业发展报告2021：建党百年与中国工业》中提到，2021年中国研发经费总体规模达到27 864亿元，科研强度提升至2.44%，超过欧盟15国水平，研发经费规模位居世界第二。然而，中国该年的基础研究投入占比仅有6.1%，但美国、法国的基础研究投入占比早在2010年就已经达到了19.0%和26.3%，科技创新链基础环节的欠缺从根本上制约了中国产业科技水平的提升。此外，中国核心及关键技术创新还有待提高，高新技术产业占全部工业总产值的比重远低于发达国家。关键性技术领域对国外的依赖性较高，拥有核心技术的节能环保、新一代信息技术、生物、高端装备制造、新能源、新材料等战略性新兴产业严重稀缺，核心零部件性能和可靠性较低。以应用于精密仪表、低噪声电机等的深沟球轴承为例，瑞典、日本等生产的产品寿命能够达到计算寿命的8~30倍，可靠性超过98%，而中国生产的产品寿命仅为计算寿命的3~5倍，可靠性不足95%。

（3）工业生产处于全球价值链底端，难以摆脱比较优势陷阱

改革开放以来，特别是中国加入世界贸易组织（WTO）以后，中国经济凭借批量生产的成本优势和出口导向型经济发展模式取得了跨越式发展，中国企业也成了全球产品生产链条中的关键供应者和不可或缺的一环。但中国的比较优势是长期依托人口优势集中在劳动密集的装配环节和附加值较低的非核心部件制造中形成，也即人口红利形成的竞争优势，长此以往，中国低附加值、高能耗、高污染、高排放产业逐步壮大，在整个产业结构中占比偏高，"比较优势陷阱"成为当前中国产业结构转型升级所要面临的重大问题。在长期形成的国际分工中，中国仍有大量本土企业从事加工贸易的生产活动，严重依赖国际订单，其国际市场的开拓源于低廉的加工制造费用而非靠自主研发和自有产品所获得，一旦国外市场出现疲软，这部分中国企业的生死存亡将面临巨大挑战。

3.1.1.3 第三产业结构不合理且发展不足

中国第三产业发展十分迅速，在带动经济增长和吸纳就业人员中已经发挥了主渠道的作用。虽然中国第三产业一直呈平稳态势增长，在国内生产总值中的比重也在不断上升，但其发展水平与发达国家比较而言还存在一定的滞后性，内部结构还需进一步完善。

(1) 总量偏小，内部结构有待改善

改革开放以来，随着国民收入的不断提高，人们对服务的需求也愈发强烈，中国也越来越重视服务业的发展。第四次全国经济普查系列报告显示，近年来，中国第三产业经营规模不断扩大，企业主体不断涌现，对全部新增从业人员的贡献率高达110.3%，在国民经济发展中占据主导地位，但其仍然存在规模总量偏小和行业结构不合理问题。首先在规模总量上，中国第三产业总产值不具备明显优势，第三产业增加值占GDP比重明显偏低。以美国为例，2020年美国第三产业总产值达到17.065万亿美元，占GDP比重达到81.5%，而中国2020年第三产业总产值仅有8.031万亿美元，占GDP比重仅为54.5%，总量上尚未达到美国产值的一半。目前，大部分发达国家第三产业附加值占GDP比重均在70%左右，而中国的第三产业产值比重还未达到55%，其比重甚至比菲律宾和泰国等东南亚国家还低。

从第三产业内部结构看，批发和零售业、金融业、房地产业增加值在第三产业总产值中所占比重位居前三。在2014—2019年，第三产业共14类行业中，除住宿和餐饮业，交通运输、仓储和邮政业以及批发和零售业这三个行业以外，其余11个行业的年均增长率均高于10%，其中信息传输、软件和信息技术服务业增速最快，其年均增速为17.8%，科学研究和技术服务业、金融业以及教育行业均保持着稳定的增长态势（见图3-3）。说明"十三五"规划以来，中国科研、卫生以及教育等公共服务行业整体发展状况较好。但从整体来看，中国商业餐饮、交通运输等传统服务业仍然占据着较高的比重，信息传输、软件、科学研究和技术服务业虽然发展较快，但其总量规模还比较小，在第三产业增加之中占比仍然不高，研发服务、金融服务、技术服务等技术含量高且附加值高的现代服务业的总体发展水平比较低。

(2) 低层次服务业畸形繁荣与低生产效率并存

当前，中国服务业占国民经济比例不断上升，但其整体发展水平仍然较低。究其原因，还是中国服务业名义价格上涨而劳动生产率却未显著提升。在当前农业市场低迷和工业行业产能过剩的情形下，越来越多的年轻人不愿从事制造业工作，而是热衷于投身那些只需提供简单劳力的低层次服务行业中。据相关资料显

第3章 当前中国经济结构现状及其阻碍经济发展的表现

示,中国有大量劳动力从农业部门转移出来,其中2/3以上劳动力进入了第三产业部门,但绝大多数均从事低层次劳动服务业。低层次服务业的畸形繁荣与低劳动生产率并存,由此造成了一种"逆库兹涅兹化"现象,即经济结构高级化趋势明显,但效率反而降低。进入21世纪以来,虽然中国服务业劳动生产率有所提升,但其总体水平仍然低于世界平均水平,也低于中国同期工业的劳动生产率。2019年,中国服务业劳动生产率为20 501美元,为世界平均水平的59.03%和美国服务业劳动生产率的15.48%。在与美国、日本、德国、法国等发达国家的比较中,中国服务业劳动生产率远远落后于大部分发达国家。2019年,中国工业劳动生产率为25 120.73美元,服务业劳动生产率为20 501美元,中国服务业的生产水平与工业生产水平之间还存在较大差距。

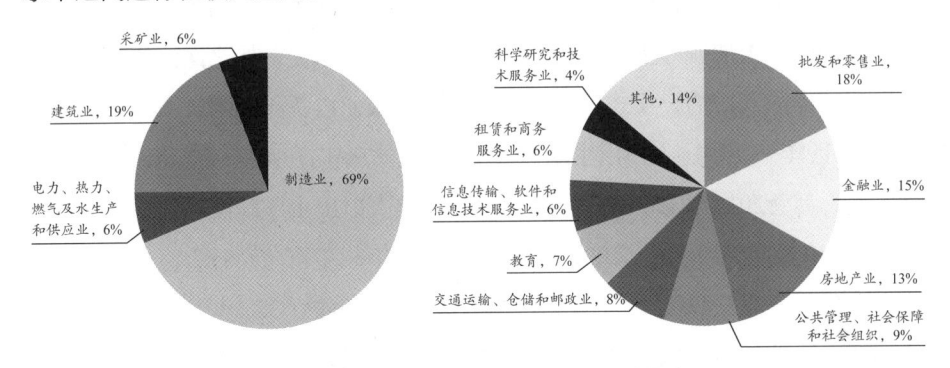

图3-3 2019年中国二、三产业产值构成

数据来源:根据中国统计年鉴整理。

表3-1 中国服务业劳动生产率国际比较

(单位:美元)

区域	2000年	2005年	2010年	2015年	2017年	2019年
世界	30 833	31 158	31 558	31 715	31 801	34 732
中国	5 085	7 052	10 197	12 690	14 082	20 501
美国	89 812	97 660	102 067	105 554	106 064	132 407
日本	90 716	92 858	90 084	93 105	88 333	72 867
德国	79 641	80 252	77 235	79 484	80 310	88 406
法国	93 196	90 674	91 757	93 105	88 333	93 981

数据来源:由世界银行WDI数据库相关数据计算。

3.1.2 要素投入结构

要素投入结构是社会生产中的不同生产要素投入之间的一种动态比例关系。社会生产经营活动离不开各种社会资源要素的投入,一个经济体的经济结构内生于它的要素结构[130],且要素结构会随着发展阶段的不同而不断演化。广义的生产要素包括土地、物质资本、人力资本、技术进步和信息等。本研究主要从劳动力、自然资源、资本投入、技术进步和数据信息等五个涉及社会生产的关键要素展示中国当前要素投入结构现状。

3.1.2.1 劳动适龄人口比重下滑,就业分布严重失调

当前,中国已步入工业发展后期,传统的农业自然经济逐渐解体,人口流动和城市化进程加快,生育抚养子女的直接成本和机会成本趋于昂贵。妇女受教育程度显著提高,更加偏好于自我实现、闲暇和非亲情享受,加之医疗科学技术的显著发展,中国人口增长模式已迈入低生育率、低死亡率和低增长率的人口收缩阶段[131]。近年来,中国人口出生率和人口自然增长率均开始呈现出不同程度的趋势性下降,尽管2016年国家已开放二孩政策,但人口出生率却没有显著提高,反而从2016年的13.57%降到了2021年的7.52%,五年间下降了6.05个百分点。2021年人口自然增长率只有0.34%,仅为1978年自然增长率的1/35(见图3-4)。特别是2010年以后,"刘易斯拐点"迹象在中国初步显现,劳动年龄人口连续五年出现负增长,占总人口的比重也呈现出趋势性下降,少儿抚养比、老年抚养比持续上升,出现了劳动年龄人口增长率下滑而老年抚养比上扬并存现象。这意味着中国投入生产的劳动力规模在不断缩减,企业用工难问题将进一步升级。

在劳动力有效供给不足的情形下,当下的劳动力主要流向了哪些生产领域?从就业分布情况来看,2020年年末三次产业就业人数分别为17 715万人、21 543万人和35 806万人,分别占据全国就业总量的23.60%、28.70%和47.70%,形成了"三二一"的分配格局,与三次产业结构增长格局相呼应。从各产业就业人数的变动和增量来看,劳动年龄人口转移"服务化"趋势明显,各产业部门间就业结构失衡。农业生产部门劳动力流失最为严重,就业人数比重由1978年的70.53%骤降到2020年的23.60%,2003年以后更是连续18年出现负增长,年均流失就业人数达1 027.17万人。受产能过剩影响,传统工业发展乏力,第二产业劳动力占比于2012

年达到峰顶后开始向第三产业转移，生产率增速开始放缓。而第三产业则因国家大力推进产业结构转型升级而吸引了大量的劳动力流入，就业人数占比一路攀升，近年内的年均劳动力人口增量长期保持在800万左右，为第三产业的转型发展创造了不少价值。但值得注意的是，当前中国服务业的生产率并没有显著高于工业，技术含量较低且提升进步缓慢，大量资源要素的流入不过是在重复以往的粗放型发展模式，单位劳动力创造的价值较低，经济效益不高。

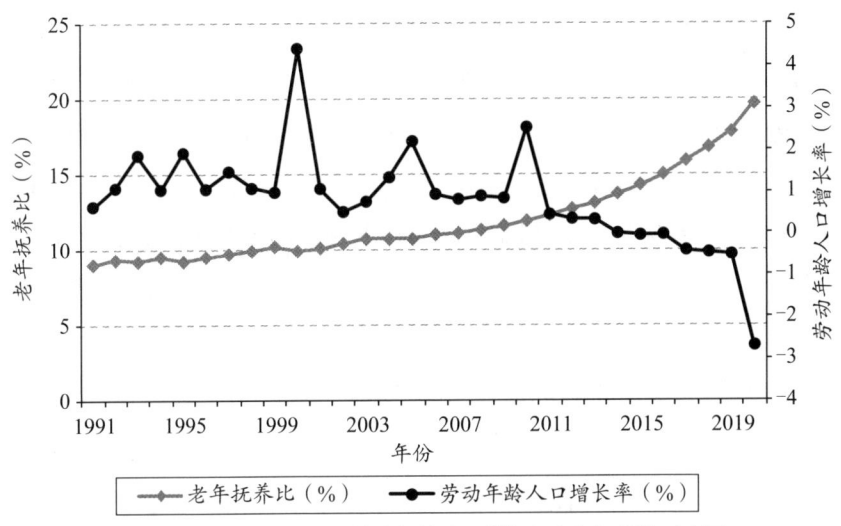

图3-4　1991—2020年劳动年龄人口增长和老年抚养比时序图

数据来源：根据中国统计年鉴整理。

3.1.2.2　自然要素削减，资源环境恶化

中国拥有丰富的自然资源，在国土面积、耕地面积和水资源总量等方面均位居世界前列。但与此同时，中国还是一个人口大国，在强大的人口基数面前，尽管许多资源的总量很大，但人均占有量却很低。有关数据显示，中国已探明矿产资源中，大多数矿产资源人均占有量不及世界平均水平的一半。除资源人均占有量较低以外，中国还面临着严重的资源紧缺，其中包含石油、铁、锰、铝土矿、铜和钾盐等关系到国家经济和军事战略安全的大宗矿产。在土地资源方面，历年来，由于建设占用、灾毁、生态退耕和农业结构调整等因素的影响，中国耕地面积在不断缩减。据《2016年中国国土资源公报》显示，2011—2015年全国耕地面积减少23.99万公顷，全国耕地面积中，有70.5%的耕地仍然处于中低等级，优质

耕地面积稀少。为提高耕地质量、治理早期盲目发展污染的土地，每年需要花费大量的财力和物力来予以整治，仅2016年用于土地整治项目的投资金额就达到了618.75亿元。在海洋资源方面，中国海洋生态环境状况基本稳定，但近岸局部海域污染情况仍然严峻，入海排污口邻近海域海洋环境质量状况总体较差。2016年监测的河口、海湾、珊瑚礁等生态系统中有76%处于亚健康或不健康状态，环境承载力遭遇巨大挑战。

3.1.2.3 资本投入增速放缓，外商投资意愿降低

改革开放以来，中国全社会固定资产投资总量不断扩大，由1980年的910.9亿元逐步扩大到2021年的552 884亿元，41年间增长了600倍以上，年均增速高达16.9%，其规模和总量遥遥领先于全球其他国家。然而值得注意的是，2012年以来，中国投资增长开始放缓，由18%的增速一路下滑到4.9%，投资规模曲线出现了新的拐点，不免有持续下降的可能（见图3-5）。在资金构成上，全社会固定资产投资中利用外资占比逐年下降，这表明中国的营商环境和引资政策亟须改善，本土企业在国际市场上的竞争力在逐渐削减，外商企业在华投资意愿降低。

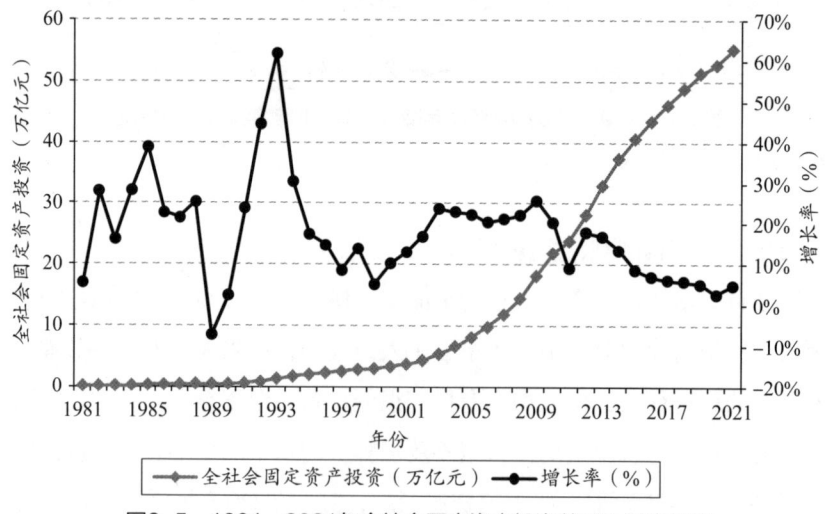

图3-5 1981—2021年全社会固定资产投资总量及其增长率

资料来源：根据中国统计年鉴整理。

3.1.2.4 技术进步稳健发展，核心技术仍需突破

《2021年国民经济和社会发展统计公报》中明确，2021年中国研究与试验发展（R&D）经费支出超2.7万亿元，较上年增长14.2%，占国内生产总值比重为2.44%，基础研究、应用研究和试验发展经费支出均保持稳定增长态势。在总量上，中国 R&D 经费支出超欧盟15国平均水平，研发人员总量居世界首位，发明专利申请量和授权量也领先全球。在技术产出方面，2020年中国技术市场成交额超过2.8万亿元，高新技术产品出口额达到7 762.55亿美元，比上年增长6.2%，超同期高新技术产品进口额941.54亿美元，中国科技实力和主要科技创新指标稳步提升。但中国科技研发起步较晚，仍然有大量的研究领域落后于全球其他国家，许多产品生产和装配的零件需要大量进口，在核心技术方面被他国"扼住喉咙"，"中兴事件""华为事件"便是很好的例子。与此同时，中国还面临着严重的"智力外流"，很多具有高教育背景的高技能人才选择移居海外，给中国科技和经济的发展带来了一定的消极影响。

3.1.2.5 数据治理体系尚未形成，数据驱动任重道远

在新一轮科技革命和产业变革加速发展的时代背景下，以云计算、大数据、物联网、人工智能和5G 技术等为代表的数字经济日益成为促进经济高质量发展的重要战略性资源。2020年4月，国家出台《关于构建更加完善的要素市场化配置体制机制的意见》，首次将数据与土地、资本、劳动力并列为关键生产要素，并提出加快培育要素市场的愿景。2014年年底，国内首家大数据交易所落户贵阳，开启了我国探索数据产业化的破冰之旅。虽然中国数字经济发展已有些许年头，但数据作为生产核心要素驱动发展仍然举步维艰，其根本原因在于数据治理体系尚未形成，法律法规发展滞后，数据产权制度尚在探索，数据应用存在安全与隐私风险，导致数据开放、交易、流通、共享等无法大规模展开。因此，对于数据新资源的应用，亟须加快构建数据治理体系，充分发挥数据要素作为经济高质量发展新动能的战略性作用。

3.1.3 供求结构

供求关系是一定时期内社会提供的全部产品、劳务与社会需要之间的关系，保持良好的供求关系是社会经济发展的目标之一。党的十九大报告指出，人民日益增长的美好生活需要和不平衡不充分的发展之间的矛盾是中国当前社会的主要矛盾。这既是中国基本国情的主要体现，也是当前中国社会经济发展中供求失衡的重要缩影。中华人民共和国成立以来，在党中央的坚强领导下，中国逐步摆脱了一穷二白的窘迫困境，居民可支配收入在国民收入中的比重不断上升，人民生活水平极大提高，人们不再单一地追求温饱，而转向追求提高自身发展和生活质量的美好生活。尽管当前中国的社会生产效率与中华人民共和国成立初期相比有了巨大的提升，但其发展水平仍然是不平衡和不充分的，有限和部分落后的社会生产不能满足人民日益增长的需求，部分产品供求结构还维持在较长失衡状态。

一方面，中国工业产业凭借多年资本和劳动力等要素的不断投入和积累取得了飞速发展，行业生产能力不断提高，但却逐步超过了市场消费需求，导致大量产品积压，产能过剩情况严重。据统计，在全球500多种主要工业品中，中国生产的粗钢、生铁、水泥、汽车、彩电等220种工业品产量位居世界首位。另一方面，用于生产的原材料、矿产资源、高技术含量产品以及部分高端消费品却无法自给自足，需要通过大量进口才能满足。2018年，工信部对全国30多家大型企业的130多种关键基础材料进行调研发现，企业所属的智能终端处理器70%以上、关键材料以及绝大多数高端专用和存储芯片均要通过进口途径获得。在2020年中国进口的主要货物中，机电产品、高新技术产品进口额分别高达9 490.53亿美元和6 821.01亿美元。在生活资料的需求方面，中国虽然是一个农业大国，但随着现代经济发展和工业化进程的逐步推进，大量的生产要素由农业向工业和服务业转移，农业发展缓慢，大量的粮食、蔬菜、水果和肉禽类农产品仍然需要依靠进口。在工业品消费领域，国内市场无法满足人们日益增长的消费需求，以至于海外消费规模不断扩大，海外旅游人数不断增多，中国消费者涌入国外抢购马桶盖、化妆品等现象屡见不鲜，大量高端制造品、高端医疗器具、医用药品、高品质农产品和日用消费品的需求只能通过"海淘"来予以满足。由此可见，中国的供需结构已由从改革初期的供给不足、资源紧缺向无效供给过剩、有效供给不足等方面转变，产能过剩和高端需求旺盛两个方面矛盾同时并存。

3.1.4 需求结构

3.1.4.1 总需求结构

社会总需求结构即消费投资出口比例是中国宏观经济运行中的关键经济结构。1978—2020年间，社会总消费占国内生产总值的比重从61.9%下降到54.7%，在

2010年更是跌落到50%以下,其中2020年年底的居民消费率仅有37.8%,与发达国家70%左右的消费率水平相去甚远;社会总投资却从1978年的38.4%上升到2020年42.9%,尤其是在2010—2013年间,社会总投资平均保持在46%以上;而净出口在1978—2020年期间,占国内生产总值的最高值也只有8.7%,并且其间多为波动式发展,对经济增长的贡献极不稳定(如图3-6所示)。上述社会总需求总量结构与习近平总书记要求所指出的"充分发挥超大规模市场优势和内需潜力,构建国内国际双循环相互促进的新发展格局"还有较大差距。

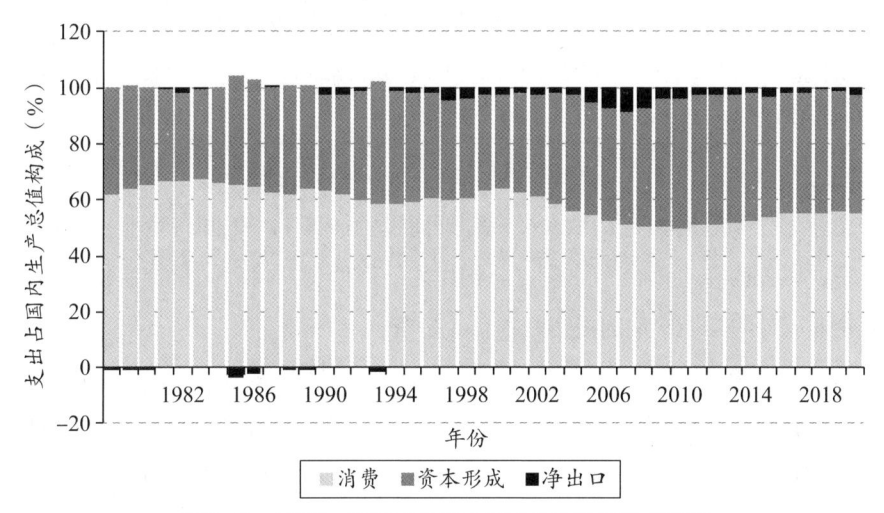

图3-6　1978—2020年支出占国内生产总值构成情况

资料来源:根据中国统计年鉴整理。

3.1.4.2 投资结构

投资是拥有经济要素的主体为获取未来收益而将当前的资金转化为资本的一种行为,资金是投资形成的载体,既包含机器设备、土地以及存货等实物的有形资产投资,也包括知识产权、专营权、商誉等无形资产的投资。投资和出口一直是中国经济高速增长的动力和引擎。用于投资的资金在国民经济各生产部门、各行政区域以及各行业中长期流转便会形成一定分配比例的投资结构。投资结构是经济结构形成的基础,它与产业结构、区域经济结构以及生产资料所有制结构的形成与变动息息相关。为全面反映中国投资结构现状,本研究以多维度视角从投资的主体结构、区域结构以及投资的资金去向进行详尽分析。

（1）投资主体结构

在投资主体结构方面，中国投资主体结构实现了由单一化向多元化的重大转变，改革开放是这一重大转变的分水岭。改革开放以前，特别是1958—1978年期间，公有制经济一统天下，政府主导了资源配置和社会投资。受公有制和平均主义下的低工资政策影响，个人难以积累投资资本，政府投资挤占了个人和私营经济的生存空间，投资主体完全由政府承担。改革开放以后，中国逐步确立了公有制经济发展为主体、多种所有制经济成分共同发展的基本经济制度。在这一期间，政府开始放权让利，不再唯一主导投资决策权，市场作用成效和作用范围不断扩大，企业可以自主决策其经营活动并在市场上获取经济利益，私有资本在市场投资当中占据了一定的席位。

考虑到数据采集的可行性和合理性，本研究将固定资产投资登记注册的11种类型企业划分为政府投资、私人投资和外商投资。其中，以国有企业投资作为政府投资，以外商和港澳台企业投资总和作为外商投资，将除国有企业、外商和港澳台企业以外的其他企业的投资归为私人投资。

从1995—2017年间三大投资主体投资比重结构图（图3-7）中可以看出，政府投资和私人投资是中国社会投资的两大主体，它们在中国社会投资中的主体地位正在发生重大转变。从三大投资主体的演变来看，私人投资逐步增长，逐渐超越政府投资，政府投资占比下降趋势明显，外商投资占比不高但同样呈现出一定的下降趋势。具体来看，可将1995—2017年分为两个阶段：第一阶段是1995—2001年期间。在这一时期内，政府仍然占据着社会投资的主导地位，政府在全社会固定资产投资中的占比保持在47.31%以上，其次是私人投资，占据着社会总投资的44%左右，最后是外商投资，占比不到10%；第二阶段是2001年至今，社会主义市场经济体制的逐步建设和完善焕发了企业投资生产的欲望，私人投资在2017年的全社会固定资产投资中的占比达到了74.43%，是当下政府投资的三倍之多，逐步替代政府成为新的社会投资主导力量，私人投资 > 政府投资 > 外商投资的阶梯形投资主体结构形成。此外还可以看到，虽然政府投资占比在总体上呈现下降趋势，但在1998年、2009年和2010年间出现了反向增长之势，取而代之的是私人投资和外商投资比重的减少。这是由于1997年和2008年均爆发了大规模的金融危机，为减少金融危机带来的巨大冲击，中国政府采取了宽松的财政政策，以加大政府投资的方式来挽救国民经济，由此增加了政府投资的比重，挤占了私人和外商的投资空间。

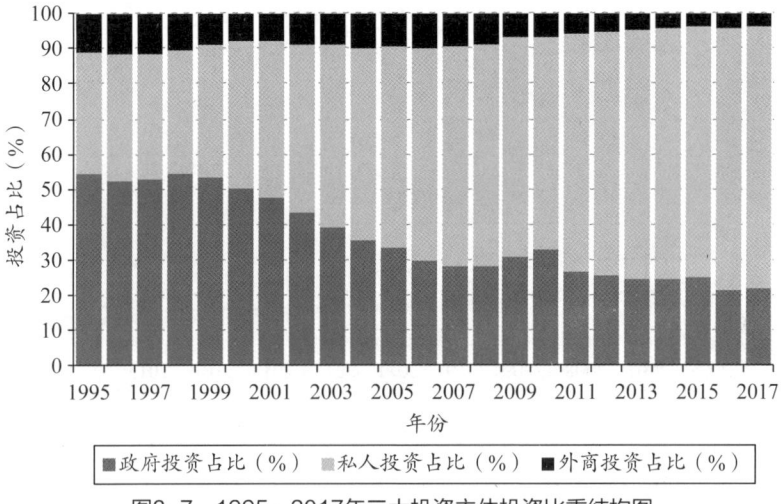

图3-7　1995—2017年三大投资主体投资比重结构图

数据来源：国家统计局。

具体到三大投资主体内部，政府投资主要以地方政府投资为主导，中央在政府总投资项目和投资额中占比不断减少；外商投资中，港澳台企业和外商企业投资占比相当，但大都呈现出下降趋势；私人投资中，位列前三的企业为有限责任公司、私营企业和集体企业，排名最后的企业为股份合作企业和联营企业，两者对全社会固定资产投资的贡献度不足1%（见图3-8）。由此看来，在市场经济体制建设的进程中，企业和个人等微观主体逐渐成为市场投资的主导者，政府虽不再唯一主导社会投资，但仍然在其中扮演者重要角色。

（2）投资区域结构

投资区域结构是指投资在各个地区之间分布所形成的数量对比关系，图3-9展示了1982年以来中国八大经济区域固定资产投资的演变历程和占比情况。首先从各区域投资的演变历程来看，可将这一时期划分为三个阶段：第一阶段，改革开放初期（1982—1992年）。在这一时期内，中国投资区域结构总体呈现出沿海地区＞中部地区＞西部地区的投资格局，东部沿海地区是八大经济区域中吸引投资最多的地区，东北地区、黄河中游以及长江中游地区投资占比基本持平，投资力度中等。由于受到地理位置、地形条件和资源禀赋等多重因素的约束，西南地区和西

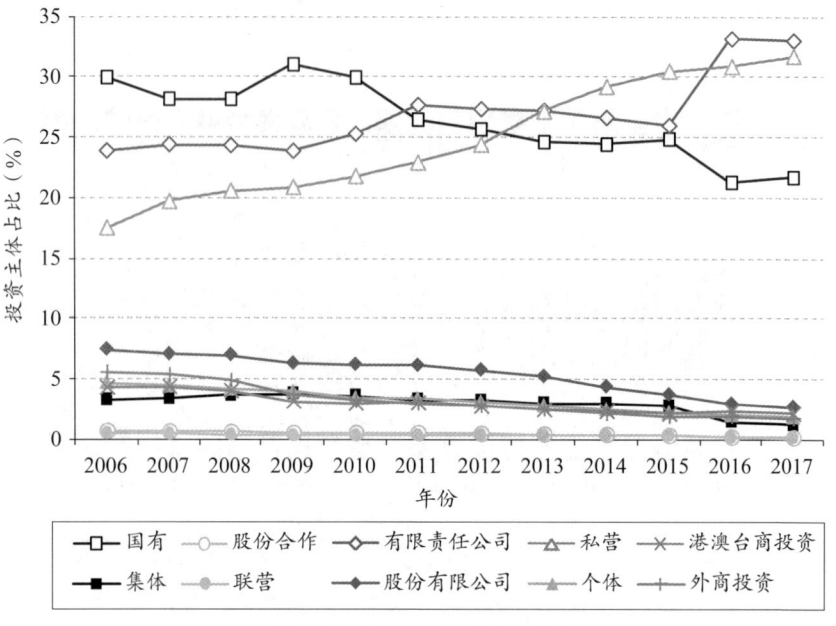

图3-8 各类投资主体占比情况

数据来源：国家统计局。

北地区是全国投资占比最低的地方；第二阶段，邓小平同志南方谈话以后（1992—2003年），党的十四大明确了社会主义市场经济体制，广东、福建等地作为经济特区凭借国家赋予的优惠政策和经济活动的自主权，率先实现了飞跃发展，成为引进外资、先进技术和先进管理经验重要基地，致使这一阶段内南部沿海地区迅速崛起，投资比重甚至超过东部沿海地区。在资本投资向南部沿海转移的同时，西南地区投资也开始快速增长，其投资总量甚至超越了东北工业基地的投资，取而代之的是东北地区和黄河中游地区投资比重的减少；第三阶段，2003年至今，投资开始向东部沿海地区严重倾斜，沿海地区仍然是国家投资和经济发展的重心。在西部大开发和中部崛起战略的大力推动下，长江中游、黄河中游和西南地区逐渐崛起，其投资比重一直在稳步上升，长江中游地区的投资总量甚至在2017年年末超越了南部沿海和北部沿海地区，成为仅次于东部沿海地区的第二个主要投资目的地。与沿海地区、中部地区和西南地区发展不同的是中国大型工业基地东北地区的没落，出于产能过剩、人口转移、环境恶化和结构转型升级困难等原因，东北地区已无法再现当年的辉煌，投资强度一再降低，甚至在2017年年末接近经

第3章 当前中国经济结构现状及其阻碍经济发展的表现

济发展最慢的西北地区。而西北地区,由于地理位置和自然条件恶劣,也一直处于投资占比的末端。

由此可见,改革开放以来中国投资区域结构经历了从以沿海地区为中心向中西部转移的一个演变过程,除投资资本向东部沿海地区严重倾斜和西北地区投资变动不大之外,其余六个经济区域投资差距逐渐缩小、协调发展的区域投资格局逐渐形成。

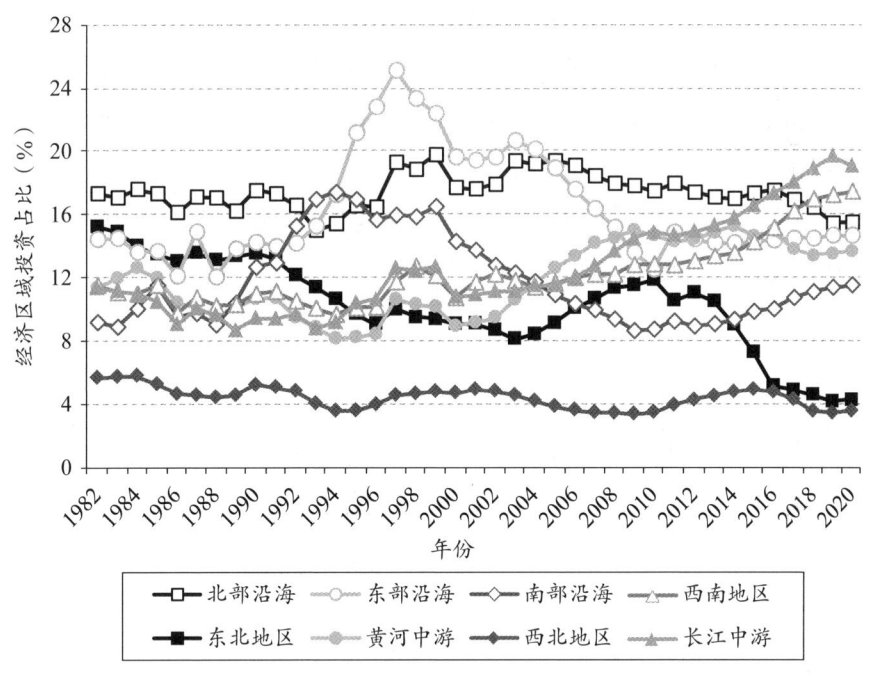

图3-9 八大经济区域投资占比情况

数据来源:国家统计局。

(3)投资产业和行业结构

用于投资的资金在不同产业和行业间的长期流动和积累,便会形成按一定比例分布的投资产业和行业结构。这里将从投资的产业层次和行业层次来分析中国投资的去向。

首先,从投资的产业层次来看。吸引投资最多的产业为第三产业,其次是第二产业和第一产业,同样形成了"三二一"的投资产业格局。从2003—2021年三次产业固定资产投资的动态演变(图3-10)中可以看出:2003年伊始,三次产业投资总量差距较小，但随着服务业和工业的快速发展，三次产业间投资规模的差距开始逐步扩大。2021年年末，第三产业的固定资产投资额达到362 877亿元，约为该年第二产业和第一产业投资额的2.17倍和25.42倍，投资产业结构严重向二、三产业倾斜。在三次产业的投资增量和增速方面，2003—2021年间，第一产业年均增量为764.28亿元，第二产业年均增量为8 404.61亿元，第三产业年均增量为18 617.67亿元。18年间，三次产业的年均投资增速分别为20.23%、13.89%和15.35%。虽然第三产业年均增速低于第一产业，但其吸收的年均新增投资额仍然是最多的。然而值得注意的是，2003—2008年间，中国三次产业投资增长缓慢，2008年之后，三大产业的投资增速特别是第三产业的投资增速开始一路飙升，这正是金融危机下宽松的财政政策带来的直接结果。同时也可以看出，"4万亿"的资金有绝大部分被投入工业和服务业领域。此外，2015年以来，中国三次产业投资增速下滑明显，2019年年末，三次产业投资增速均降到10%以下，投资情况不佳。

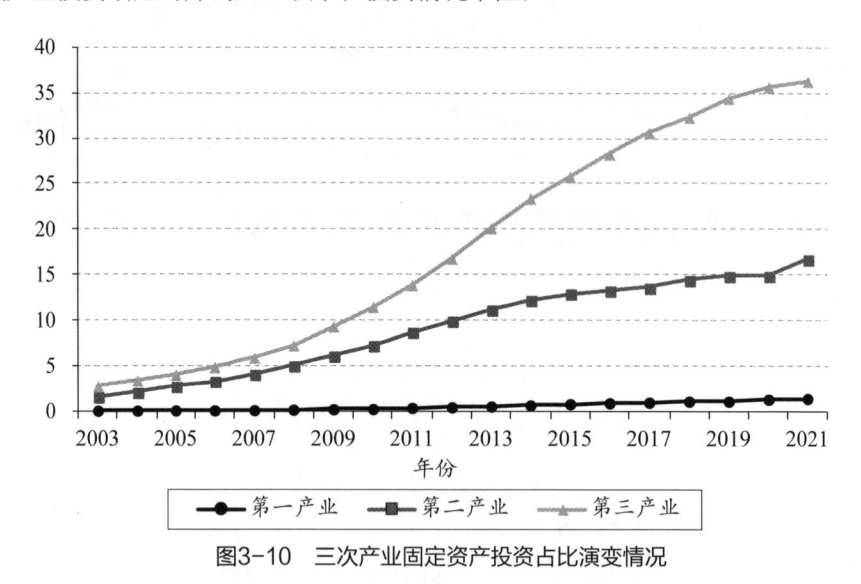

图3-10　三次产业固定资产投资占比演变情况

数据来源：国家统计局。

其次，从投资的行业层次来看。制造业一直是中国19个行业中吸收投资最多的行业，2020年年末，其投资规模达到了213 772.65亿元，占据了全国投资29.85%的比重。其后依次为房地产业，水利、环境和公共设施管理业，交通运输、仓储和邮政业以及电力、热力、燃气及水的生产和供应业，包括制造业在内，这5个行业的投资规模和总量均遥遥领先于其他行业，2020年年底，这5大行业的总投资额占到了全国投资总量的80.36%，也是投资规模最大、最活跃的行业。反观红极一时的采矿业，受到产能过剩和国家"去产能"战略的影响，近5年来，采矿业投资总量逐渐减少，连续出现了4年的负增长，在行业投资中的地位逐步降低，由2013年的第6位降到了2020年的第11位。一直以来，金融业以及居民服务和其他服务业是中国行业中投资最少的行业，不仅投资规模较小，其投资增速也在不断下降，金融业更是连续两年出现负增长。根据各行业在全部行业中投资总量排名的变动情况，农林牧渔业、批发和零售业、租赁和商务服务业、教育业、文化体育和娱乐业、卫生、社会保障和社会福利业、科学研究和技术服务业以及信息传输、计算机服务和软件业的投资总量在所有行业的中的投资地位有所上升，建筑业、住宿和餐饮业的投资规模占比逐步下滑。

表3-2　2020年各行业投资总量排名

排名	行业	排名	行业
1	制造业	11	采矿业
2	房地产业	12	信息传输、计算机服务和软件业
3	水利、环境和公共设施管理业	13	批发和零售业
4	交通运输、仓储和邮政业	14	科学研究和技术服务业
5	电力、热力、燃气及水的生产和供应业	15	住宿和餐饮业
6	农林牧渔业	16	公共管理、社会保障和社会组织
7	租赁和商务服务业	17	居民服务、修理和其他服务业
8	教育业	18	金融业
9	文化体育和娱乐业	19	建筑业
10	卫生、社会保障和社会福利业		

数据来源：国家统计局。

由此可见，中国当前的投资主要集中在制造业、房地产业以及水利、环境和公共设施管理这一块，所属产业为二、三产业，而作为第一产业的农林牧渔业占比不足5%，这也是当前中国产业结构呈现"三二一"格局的主要原因之一。投资在各产业之间和各产业内部呈现出失衡状态，投资严重向第三产业和第二产业偏移，第一产业处于投资劣势。第二产业内部，投资大量聚集于制造业、电力燃气及水的生产和供应业，而采矿业投资规模在不断紧缩；第三产业内部，投资主要倾向于房地产业、水利、环境和公共设施管理业和交通运输、仓储和邮政业，占据了第三产业总投资的77%以上，高技术含量和人力资源培养等领域投资不足。

3.1.4.3 出口结构

（1）出口产品结构

长期以来，中国凭借人口低成本、部分丰富的矿产资源以及农业大国优势，对外出口多以农产品、矿产品和劳动密集型代工产品为主，而高附加值、高技术产品出口相对薄弱。2021年全年出口391 009亿元，其中一般贸易达到132 445亿元，占全部出口额为24.4%，机电产品为中国出口类产品中的第二大类产品，出口额高达128 286亿元，而高技术产品出口仅为63 266亿元，占全部出口额仅为17.9%[①]。此外，服务贸易与货物贸易比例失调严重，服务贸易是一个国家经济实力和国际竞争力的重要体现，近年来中国服务贸易出口力度不断加大，但整体出口数量和质量均偏低。2021年，中国服务出口25 435亿元，仅为货物出口的6.50%，并且主要集中在劳动密集型服务和资本密集型服务等传统型服务产品上，技术密集型服务产品出口比重较低。但反观服务进口量，自2009年以来，中国服务进口有持续扩大的趋势，近五年中国服务进出口逆差一直保持在2 000亿元以上，2021年中国服务进口总额达27 547.7亿元，而服务出口总额仅有25 435亿元，仍处于逆差状态。出口外需产品结构的不合理，导致了一方面消耗本国较多的资源能源，牺牲了本国的环境，另一方面获益却十分有限。

（2）出口区域分布结构

改革开放以来，中国贸易出口由主要依靠周边国家逐步向世界各地区、各区域发展。1985年，中国对亚洲地区和国家的出口额占当时全部对外出口额的68.9%，但随着改革开放的进一步深入，以及经济全球化趋势的进一步强化，中国积极开拓欧洲、北美、拉丁美洲、非洲、大洋洲等地区市场，对外出口贸易市场范围急剧扩大。2020年，中国对亚洲国家和地区出口份额达到12 307.50亿美元，占全部贸易出口额的47.52%；欧洲达到5 356.81亿美元，占全部贸易出口额的20.68%；北美洲达到4 938.62亿美元，占全部贸易出口额的19.07%；拉丁美洲达到1 507.09亿美元，占全部贸易出口额的5.82%；非洲达到1 142.21亿美元，占全部贸

---

① 数据来源于国家统计局《2021年国民经济和社会发展统计公报》。

易出口额的4.41%；大洋洲及大洋洲群岛达到647.30亿美元，占全部贸易出口额的2.50%。相对1985年，亚洲国家和地区的出口集中度下降了21.38%，其他地区的出口集中度比例均有所上升。中国的出口贸易区域虽然有所广化，但仍大部分集中在亚洲、北美洲、欧洲以及这三个洲的日本、韩国、美国、加拿大、德国、荷兰、英国等少数国家和中国香港地区。当一个国家对外出口区域分布过度集中于某一地区或国家时，容易受到出口区域国家和地区的政治、经济及社会波动的影响，给本国对外出口贸易的稳定带来冲击。

3.1.5 区域结构

中华人民共和国成立70多年以来，中国区域经济发展大致经历了三个阶段，即从低水平的区域均衡发展，到区域非均衡发展，再到当下的强调区域协调发展[132]。党的十九大报告做出了中国特色社会主义进入新时代的重大判断，其根本特征在于中国社会的主要矛盾发生了重大转变，不平衡不充分的发展是中国当前经济社会发展存在的主要问题，而区域经济发展表现出的巨大差异正是不平衡发展的主要表现之一，区域间经济发展程度呈现出"东高、中次、西低"的梯级特征。为了实现区域平衡发展，中国不断深化调整区域发展格局，先后提出"东部率先发展""中部崛起""西部大开发""东北振兴"区域发展战略规划，但实施和推进效果仍有待进一步加强。

首先，从发展差距来看，中国各省域间经济发展水平参差不齐，地区间经济发展"两极化"现象突出（见表3-3）。在经济总量上，2021年中国地区生产总值超过6万亿人民币的省份有广东、江苏、山东和浙江，贡献了该年国内生产总值的34.92%，而甘肃、海南、宁夏、青海以及西藏这5个省份的生产总值不到2万亿人民币，在国内生产总值中的比重仅为1.44%。以地区生产总值最高的省份为例，2021年广东省地区生产总值为124 369.7亿元，其GDP总量是同年东北三省GDP总和的2.23倍，占据了全国GDP的10.93%。反观地区生产总值最低的西藏，其该年GDP总量不足2 100亿，仅为广东省GDP的1.67%，可见各省份经济总量之间存在巨大差距。在经济增速上，中国各地区平均经济增速整体呈现出西部＞中部＞东部的经济增长格局。近十年内，中国平均经济增速较高的省份主要集中在西南和长江中游地区，其年均经济增速在9%以上。其中贵州省平均增速最高，近十年的平均增速约为9.76%。东北地区经济增速最慢，其年均增速低于5.4%，其中辽宁省平均增速仅有4.82%，低于全国经济增长水平。近五年内，有包括天津、河北、山西、内蒙古、甘肃、山东以及东北三省在内的9个省（自治区、直辖市）经济均有出现不同程度的逆增长，经济稳步持续健康发展形势严峻。在经济发展水平上，2021年中国人均GDP超过10万元人民币的地区有北京、上海、江苏、福建、天津和浙江。作为国家发展战略的重心，随着国家重大项目投资不断向东部地区倾斜，这些东部沿海地区的经济发展程度自然比绝大多数内陆地区要成熟很多，经济活跃程度和发展水平也相对较高。2021年北京市人均GDP为183 980元，超同期人均国内生产总值103 004元，比全国人均GDP的2倍还要多。而该年甘肃省的人均GDP仅有41 046元，仅达到人均GDP的一半，与北京市相比恍若两个"极端"，地区经济发展水平差距极大。

表3-3 全国各省（自治区、直辖市）2021年地区生产总值

地区	GDP	地区	GDP	地区	GDP
广东省	124 369.7	河北省	40 391.3	新疆维吾尔自治区	15 983.7
江苏省	116 364.2	北京市	40 269.6	天津市	15 695.1
山东省	83 095.9	陕西省	29 801.0	黑龙江省	14 879.2
浙江省	73 515.8	江西省	29 619.7	吉林省	13 235.5
河南省	58 887.4	重庆市	27 894.0	甘肃省	10 243.3
四川省	53 850.8	辽宁省	27 584.1	海南省	6 475.2
湖北省	50 012.9	云南省	27 146.8	宁夏回族自治区	4 522.3
福建省	48 810.4	广西壮族自治区	24 740.9	青海省	3 346.6
湖南省	46 063.1	山西省	22 590.2	西藏自治区	2 080.2
上海市	43 214.9	内蒙古自治区	20 514.2		
安徽省	42 959.2	贵州省	19 586.4		

其次，从八大经济区域层面来看，中国各经济区域间经济发展水平差距明显，总体呈现出（北中南）沿海地区＞长江中游＞黄河中游＞西南地区＞东北地区＞西北地区的阶梯形分布格局。沿海省份由于资源禀赋、区位优势、优惠政策和前期发展积累的经济实力，无论是地区产值总量、人均GDP还是人均可支配收入，

在全国范围内均处于绝对领先地位。2020年，中国东部、北部以及南部沿海地区生产总值共计525 549.8亿元，在国内生产总值中的比重达到了51.85%，几乎占据了"半壁江山"，其人均GDP也都在8.3万元以上，远超全国水平。在经济发展水平上，东北地区、西南地区和西北地区远远落后于东部发达地区，其2020年的地区GDP共计220 630亿元，在国内生产总值中的比重只有21.77%，人均GDP不到53 000元，低于全国平均水平约35个百分点。从各地区人均收入水平来看，同样存在着"东高、中次、西低"的阶梯形特征。2020年东部沿海地区的人均可支配收入达56 006元，而西北地区人均可支配收入仅有23 139元，尚未达到东部沿海地区的一半。由此可见，中国区域间及各区域内部经济实力和发展水平非均衡状况依然严峻。东部地区经济规模和发展水平领先全国，但其经济增速明显放缓，中西部地区经济体量较小，但正以较高的增速努力缩小与东部地区的差距。但从总体上看，东中西部地区的经济发展水平和人民的生活水平还存在巨大差距，实现"共同富裕"还有很长的路要走。

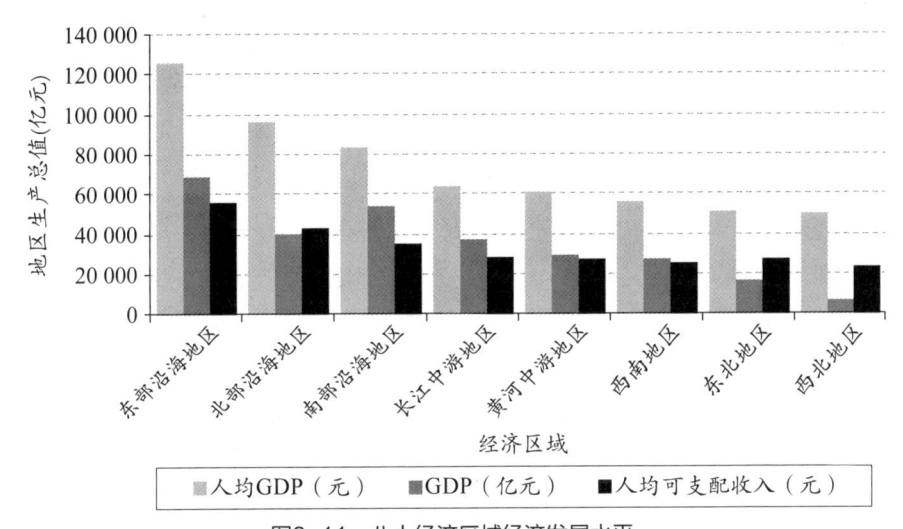

图3-11 八大经济区域经济发展水平

资料来源：根据《中国统计年鉴（2020）》数据绘制。

3.1.6 城乡结构

城乡结构是实现社会结构调整和转型的关键，受传统农业部门与现代工业部门差异化发展影响，中国城乡结构逐步呈现出"二元"特征。

（1）户籍制度改革滞后，城镇化率偏低

1958年，国务院颁布《中华人民共和国户口登记条例》，明确将居民类型划分为农业户口和非农业户口。户籍类型不止是一种名义上的划分，还与社会福利制度和社会保障体系挂钩。这意味着拥有城市户籍的居民可以享受到粮食供应、住房、医疗、教育和就业等国家社会福利，而农村户籍人口则与之绝缘，不仅无法享受到社会福利，还被严苛的人口流动管理制度束缚在农村，丧失了自由流入城市的机会[133]。在一系列计划控制型户籍改革的影响下，城乡经济社会差距进一步拉大，城乡之间相互隔绝的二元格局逐渐形成，中国正式步入城乡二元型社会。改革开放以后，中央先后出台多个文件对户籍制度进行渐进性改革，农村转移人口限制逐步取消。然而，虽然各项措施和制度在逐步取消农村转移人口流入城市的限制，城市化进程也在持续推进，但小城镇户籍改革至今，实际落户规模并没有达到预期，2019年中国户籍人口城镇化率为44.38%，农村户籍人口仍然占据着较大的份额，与发达国家80%的城镇化率相去甚远。按钱纳里提出的国家城镇化率匹配经济发展阶段程度的方法进行测算，中国NU值（非农化率与城市化水平比值）从1978年的1.65逐步减少到2020年的1.20，城镇化与工业化之间的协调发展进一步调整，但城镇化仍然滞后于工业化发展。此外，从近年城市化进程（图3-12）中可以看出，中国户籍人口城镇化率长期低于常住人口城镇化率，两者差距始终保持在15%以上，说明中国当前仍然存在大量的农村转移人口。据《2020年农民工监测调查报告》显示，2020年中国农民工达到了28 560万人的规模，其中进城农民工就有13 101万人，几乎占据了总体规模的一半。大量的农村人口进入城市生活，但其大部分户籍仍然在农村，形成了严重的人户分离现象和"伪城市化"问题。随之而来的是住房、社保、医疗、卫生和随迁儿童教育等问题的凸显，农民工不仅无法享受与城市居民相同的待遇，还面临着劳动条件差、工资拖欠、子女升学（入园）难、费用高、归属感低等问题。

（2）城乡发展差距持续扩大

除户籍制度改革滞后、城镇化水平偏低以外，城乡结构失衡最突出的问题还是城乡差距的不断扩大。从当下的现实情况来看，中国城镇经济主要以现代部门为主，农村经济主要还是以传统部门为主。长期以来，城市凭借前期积累的资源、市场和政策优惠等优势成为"增长极"，在市场化经济体制的作用下，通过不断汲取农村

第3章 当前中国经济结构现状及其阻碍经济发展的表现

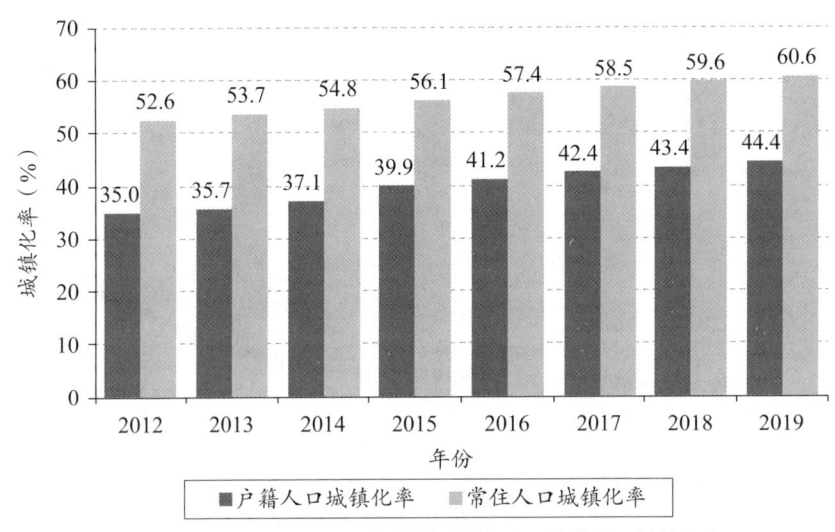

图3-12 2012—2019年户籍城镇化率和常住人口城镇化率

数据来源：2012—2019年《国民经济和社会发展统计公报》。

和其他产业部门的资源而进行"自我强化"，成为中国经济发展的绝对"中心"，而农村则以"外围"的身份不断向城市输送粮食和原材料。经测算，中国农业部门和非农业部门的二元反差指数从1978年的0.428逐步降低到2020年的0.159，二元经济结构强度不断减少。虽然农业的恢复性生产在一定程度上缓解了城乡之间的发展差距，城乡"二元"关系有所松动，但两者之间发展的绝对差距仍存在较大的"鸿沟"，以至于城乡分割的二元经济结构迟迟未除，城乡收入比居高不下，城乡居民人均可支配收入绝对差逐渐拉大。从农业部门和非农业部门的经济总量来看，两者之间的经济规模仍在不断扩大。1978年，中国二、三产业与第一产业增加值之间的差值为1 641.7亿元，到2021年，这一数值已经扩大到977 498.7亿元，是该年第一产业增加值的11.76倍。与此同时，中国城乡居民之间的收入差距也在不断扩大。1978年，中国城乡居民人均可支配收入差值为209元。到2016年年底，中国城乡居民收入绝对差达到21 253元，是中华人民共和国成立以来首次突破20 000元大关。2021年年末，农村居民人均可支配收入为18 931元，而城镇居民人均可支配收入有47 412元，城乡收入比达到1∶2.50（见图3-13）。加之农村居民恩格尔系数长期高于城镇居民，农村居民消费水平和生活质量远不及城镇居民。

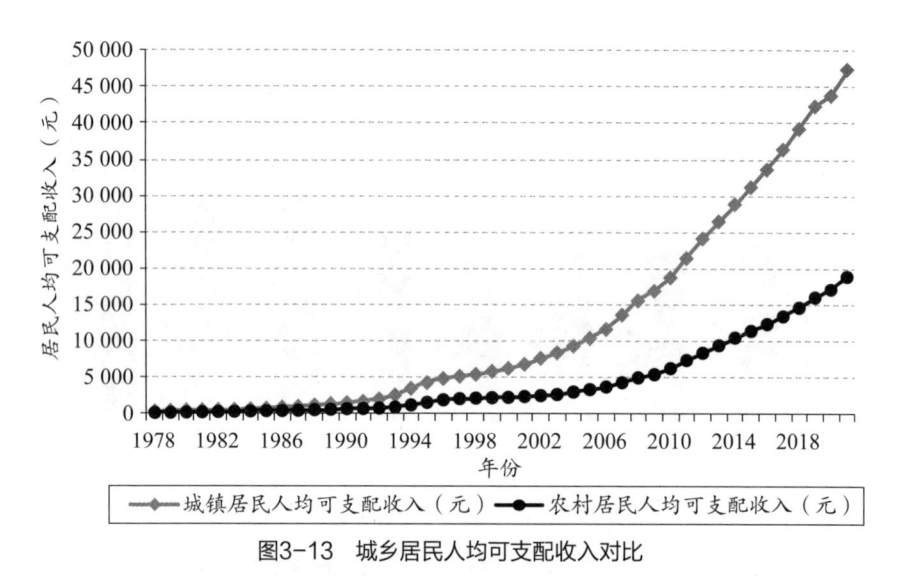

图3-13 城乡居民人均可支配收入对比

数据来源：1978—1999年数据源于《新中国60年统计资料汇编》；2000—2021年年数据源于中国统计年鉴。

3.1.7 体制结构

正确处理政府与市场之间的关系，既是当前深化经济体制改革的核心问题，也是解决中国经济结构失衡的关键所在。从计划经济体制转向社会主义市场经济体制的过程中，政府与市场之间的博弈此消彼长，现存体制结构造成资源配置效率低下是当下制约中国经济社会持续健康发展的重要因素。

（1）政府"越位"惯性思维难以扭转

由于处于经济转轨时期的中国政府对经济的调控和管理依然存在较强的计划经济时代"路径依赖"，即政府在面临新问题、新困境时仍然习惯性地采取传统管理方式和决策行为来予以解决，导致政府干预市场的行为依然较为严重。一是行政审批制依然是管理经济事务的主要手段，对经济事务管理过多、过细，致使市场活力缺乏，创新不足，效率低下；二是政府垄断部分市场资源，社会资源的配置权依然过多集中在政府手中，致使权利"寻租"和权力腐败行为屡禁不止；三是地区行政"长官意志"和狭隘的地区利益观左右地区经济发展，例如某些地区政府在实现去产能任务的过程中，简单地利用行政手段"关停并转"，或力挺当地"僵尸"企业继续生产，阻止生产要素或优质企业向新供给转移，最终致使市场分割，整个社会资源分配产生扭曲和浪费。总之，这样做的后果是，旧制度在发展变迁中不断自我强化，新制度变革受到严重阻碍，中国经济体制结构长期处于失衡状态。

（2）政府"缺位"依然大量存在

社会主义市场经济赋予了政府经济管理职能新的内涵和新的要求，但从目前实际情况看，政府部分职能"缺位"的问题仍然突出。一是政府主导的经济体制改革任务尚未完成，良性运行的市场体制机制尚未完全构架，土地制度、户籍制度和金融制度等改革红利正在呈现边际递减趋势；二是市场监管职能在一些地方、领域履行不到位，监管体系不完善，监管空白和监管套利并存，监管的穿透性、专业性不够，如食品药品、生态环保、金融证券等行业重大安全事故、欺诈事件时有发生；三是经济发展的基本公共服务数量、质量均有待增加和提高，如社会保障水平、农村边区和山区的公共基础设施、公共教育水平等等。

3.2 当前经济结构引致中国经济发展的主要问题

结合上述各经济结构的现实情况以及现阶段中国经济增长的阶段性特征，深入分析发现当前经济结构引致中国经济发展的主要问题有：

3.2.1 经济增长传统要素动力衰减

改革开放前30年取得的飞跃发展得益于早期具有无限弹力的劳动供给，低廉的劳动力价格意味着较低的生产成本，在增强出口产品国际市场竞争力的同时还吸引了大量的海外投资。在此情形下，中国的劳动密集型产业顺势勃发，为经济发展注入了强大动力。然而，近年来中国人口增长迈入新的发展阶段，人口结构也发生了巨大转变，劳动年龄人口连续五年出现负增长，老年抚养比直线飙升，劳动力无限供给成为历史。此外，随着农村可转移劳动力人口渐趋枯竭以及经济进入新常态带来的结构性失业及摩擦性失业，劳动力供需失衡效应逐步显现。为争夺有限的人力资源，企业必定需要采取提高薪资及福利等手段。长此以往，企业难以维持低廉的生产成本，出口型产品国际市场竞争力丧失，部分外商企业更是将资本转移到劳动力价格更为低廉的东南亚地区，劳动密集型产业的发展受到制约，曾经引领中国经济高速发展的出口部门遭遇减速风险，部分行业甚至面临消失，曾经依靠人口红利刺激经济增长的发展方式走入了末期。中国经济实现增长奇迹的另外一个重要原因是以市场化为导向的制度变革。20世纪80年代初实行的家庭联产承包责任制、90年代实施的国有企业改革和现代企业制度建设、党的十四大确立的"社会主义市场经济"改革目标以及中国加入 WTO 等重要举措和制度改革，无不为中国经济增长指明新的方向、注入新的动力。但是，随着改革进入"深水区"，市场化体制机制改革越来越难以有大的、新的突破，市场发挥资源配置的核心作用难以体现，经济制度释放的增长红利效应逐渐出现衰减趋势。长此以往，中国经济很可能陷入增长乏力的困境。

3.2.2 产业发展面临结构性缺陷

中国第二、三产业已成为引领经济发展的支柱型产业，但中国三次产业之间以及各产业内部结构总体比例仍处于失调状态。首先，中国农业部门和非农业部门的差距在不断扩大，农业作为基础型产业发展较为滞后，无法为二、三产业的发展提供全面的支撑和帮助。以第三产业中的餐饮业为例，由于中国生产的农产品品质不高、同质化问题严重，无法满足高端餐饮企业的需求，大量的高端食材只能从国外进口，虽然填补了国内供给空缺，但在某种程度上也挤占了国产农产品市场，对本土企业造成威胁。其次，中国工业产能过剩正在经历严重的恶性循环。由于消费需求没有被真正地挖掘出来，以及当前国际贸易环境恶化所导致的净出口低迷，中国经济只能依托投资这架马车来予以支撑，但由于产业技术限制，大量资金只能困于低端产业循环，中国经济又会再次陷入"以新建产能消耗原有产能"的恶性循环，产能过剩问题面临逐步升级的可能，进一步威胁中国工业产业的可持续健康发展。最后，中国第三产业虽然在产值比例上已超越第二产业成为国民经济的主导产业，但层次明显偏低，技术进步率和劳动生产率难以赶上二次产业水平，大量的稀缺性劳动、资本资源沉淀于第三产业，将整个社会生产率水平拉低，导致国家经济增长动力不足，从而引发由于"产业结构软化"而带来的结构性减速问题[134]。

3.2.3 内需和外需驱动的经济双循环体系难以形成

潜在的消费内需和出口外需是保障经济供需循环畅通的关键。当国内消费内需不足或出口外需萎缩时，社会产品就会出现过剩，有效生产就难以形成，经济将随时面临下行的潜在风险。2008年金融危机以后,中国的消费内需虽然呈现小幅持续上升态势,消费需求占GDP比例由2010年的最低点49.3%持续上升至2020年54.7%,但与发达国家60%~70%的平均水平相比,消费内需规模仍然偏低。与此同时,就消费需求内部构成而言,政府消费基本上连续保持了19.8%~31%之间的比例,说明国内居民消费规模仍然偏小。这一方面是社会阶层收入差距扩大导致农村、边远山区和低收入群体普遍消费不足。另一方面,城市居民消费分层趋势越来越明显,部分高收入居民群体消费需求已经超越基本生活需要,一部分人寻求更高质量的产品和服务消费,但国内供给结构却无法提供有效产品和服务,致使国内居民消费转向国外;另一部分人随着基本生活消费的满足,但基于收入的悲观预期和社会保障的担忧,边际消费倾向不断降低,致使城市居民消费难以大幅提高。相对于消费内需,净出口外需形势更不容乐观。2008年以来净出口占GDP比重呈现波动式下滑,从2008年最高峰值7.6%持续减少到2011的2.4%,而后小幅增长到2015年的3.3%,再回落至2020年的2.4%。国内消费需求的难以提振和国外出口需求的持续萎缩,导致高投资驱动经济增长的模式难以转型,重复生产和建设依然严峻,产能过剩问题面临持续压力,尤其是构建国内国际双循环相互促进的新发展格局难以形成。

3.2.4 供需错配较为凸出

随着中国经济社会发展的进步,中国的消费内需结构开始由"温饱型"向"小康型"转变,已经步入质量型、发展型和享受型阶段,但与此对应的是生产供给的部分产业和行业结构失衡,部分产业和行业产能严重过剩,而一些有购买力支撑的中间产品和最终产品需求却在国内得不到满足,形成大量的进口和"需求外溢"。如在农业方面,农产品同质化问题严重,品质不高,高端食材无法自给,智能农业发展进程缓慢,产销渠道不通畅;在工业方面,高端器材和高技术零部件无法自给自足,钢铁、煤炭、平板玻璃等传统工业却面临严重的产能过剩;在服务业方面,生产性和高技术服务人才短缺,服务出口缺乏竞争力,长期存在着巨大的服务贸易逆差。这些现象的形成,既受到技术经济条件的限制,导致有效供给不足,也受经济体制及其运行机制的限制,以致无效供给过多。总之,社会需求的转变要求供给结构能够适应这种变化并及时做出调整,但整体而言中国的供给没有能对社会需求进行合理有效的预期，未能通过各种创新来满足需求的变化，供给调整具有一定的滞后性，耦合社会总需求变化性差，导致供需错配和失衡问题严重，给经济平稳运行带来严重隐患。

3.2.5 市场配置资源决定性作用尚未真正形成

改革开放以来，尽管国民经济总体市场化程度、产品市场化程度和要素市场化程度都取得了相当的发展，市场机制也在经济运行中逐步取得主导地位，但利用行政手段配置资源、政府主导资源配置的习惯性思维依然存在，"市场在资源配置中发挥决定性作用"这一关键问题还没有得到根本性解决。在现行的经济运行中，尤其是周期性经济下行时，政府经常制定一系列规则和政策来调控部分行业和产业发展，并且通常采取行政手段和方式调配资金、土地、技术等相关发展资源，但现实情况是政府无法判断什么样的产业是好的，什么样的产业是市场不需要的，以至于调整后的经济结构往往达不到最优，甚至出现经济负效应，2008年为应对全球金融危机的4万亿政府投资就是一个很好的例子。究其原因，主要还是市场经济体制性障碍问题没有得到根本解决，政府热衷于市场权利的控制，尽管市场经济体制改革持续推进，但改革所带来的效果仍然有限，市场价格机制和竞争机制依然受到严重束缚，市场主体的活力仍然得不到充分释放，大众创新万众创业的高潮难以掀起，经济增长的潜力无法深度挖掘。

3.2.6 区域和城乡差距仍然较大

近年来，虽然区域协调发展和城乡一体化建设在稳步推进，但其成效并不显著，城乡差距和区域差距还在进一步扩大。从城乡差距看，1978—2021年期间，中国城市中第二、三产业与农村中第一产业增加值的差值扩展了594.42倍；中国城镇居民收入和农村居民收入的差值扩展了135.27倍。从区域差距看，1978—2021年期间，地区省份之间的GDP差值扩展了18.77倍[1]。由于发达地区和城市具有良好的发展优势和条件，容易享受到国家各种优惠性政策，对各种要素的吸引力也较大，大量的劳动力、资金和技术等资源不断涌入城市和东部发达地区；反观西部地区和农村，经济基础设施相对较差，资本稀缺，人口净流失严重，人力资本和

---

[1] 数据根据历年中国统计年鉴计算得出。

技术缺乏，产业难以发展和壮大，"空心化"问题日益突出。城乡和区域持续化的"两极化"发展进程必将形成"马太效应"，进一步导致城乡和区域差距难以弥补，最终形成中国经济难以协调持续发展的局面。

3.2.7 资源环境负荷仍然较重

改革开放以来，中国高投入粗放式的生产方式虽然促进了经济高速增长，但也带来严重的资源过度消耗和生态环境破坏问题，部分地区资源环境承载能力接近极限。党的十八大以来，党和国家高度重视经济发展"调结构、转方式"，资源环境问题有所缓解，但仍处于高位警戒，2020年中国能源消费总量达到49.8亿吨标准煤，在全球范围内位居前列；资源消耗量十分庞大，包括钢铁、铜、铅、锌等在内的资源进口量占据了世界贸易总量的70%。一些重要流域、海域水污染问题严重，部分城市和地区仍笼罩在雾霾之中，许多地区主要污染物排放量远远超过环境容量，土壤污染、水污染、大气污染仍在恶性循环。当然，这一方面是因为中国城市化和工业化发展促使资源能源刚性需求增加，污染排放增多；另一方面却也是由于生产技术条件不足，缺乏合理的资源开发利用规划，造成了大量的资源浪费和环境污染。当前，中国虽然一再强调绿色发展理念，但部分企业、行业以及地区仍然难以转变观念，为了眼前利益仍然饥不择食，还在大力上马和招商引资支持高能耗、高污染项目，节能减排成为了一句虚假的"口号"，资源节约和环境保护形势依然严峻。资源环境问题不仅事关人民群众身体健康和高质量生活，而且影响未来经济可持续发展和中华民族后继延绵，如果高能耗、高污染的粗放型发展方式得不到根本转变，那么增长的收益将不足以弥补社会福利的损失，这无异于本末倒置。

第4章 供需双侧联动调控促进经济结构改善的作用机理与传导机制

经济发展必然呈现出一定的结构状态,当这种结构状态违背经济发展规律或不符合国家政府的评价标准时,政府可通过运用供给侧或需求侧调控改变现有的经济运行方式,从而影响经济结构朝着向政府预期的方向改善或者优化。但是,供给侧调控和需求侧调控是国家通过运用各种宏观经济政策和对策作用于经济主体进而引起经济体系当中一系列经济变量连续变化的复杂反应过程,其反应的路径、方向和效果均存在多种可能性,因此,深入分析和探讨供给调控和需求调控作用经济结构改善的微观机制和作用机理,毫无疑问将有助于政府更好地实施供给侧和需求侧宏观调控。

4.1 供需双侧联动调控的内涵及其必然性

4.1.1 供给侧调控的内涵

供给侧调控是针对中国经济新发展阶段为解决现实问题而提出的重大理论创新,是中国长期所依赖的总需求管理政策无法有效刺激经济进一步增长的背景下提出的一个新词汇,其内涵可以从以下三个方面来理解:首先,供给侧调控是相对于需求侧调控而言的,与以"投资、消费、出口"这"三驾马车"拉动短期内的经济增长率相比,供给侧调控是以增量改革促存量调整,主要侧重于增长的质量和效率,关注经济的长期和可持续发展。其次,供给侧调控就是从生产供给端入手,通过降税负、减成本、促投资等各项改革措施的实施,最大限度地解放生产力,提高生产企业的竞争力,促使社会资源转向新兴科技、新兴产业、新兴部门,以及国家鼓励发展区域和领域,最终实现经济结构的转型和创造新的经济增长点,实现可持续发展。最后,供给侧调控是一项长期战略任务,要把握好节奏和力度,坚持稳中求进的方针，在战略上抓住经济长期增长和高质量发展战略要点，在战术上要抓住关键节点任务，就目前而言主要是抓好去产能、去库存、去杠杆、降成本、补短板即"三去一降一补"五大任务。供给侧调控的提出，是对中国当前经济社会发展迈入关键时期基于国情现实提出的对国家长期经济发展的根本性战略思考，蕴含了深厚的经济学逻辑，是中国今后一段较长时期经济改革和发展的重要指引。

4.1.2 需求侧调控的内涵

需求侧调控是指因市场需求力量不足而导致经济长期处在均衡水平之下，此时选取一组货币、财政或者产业政策，组合式地影响总需求变量中的主要分量即国内消费、国内投资和国外出口，或者三者的组合需求，从而使其拓展至与社会生产相适应的均衡水平，进而达到促进经济增长的目标，则该过程称为需求侧调控或总需求管理。

同样，需求侧调控的内涵也可以从以下三个方面来理解：一是需求侧调控是针对社会生产—消费闭环中的消费端而展开的，重点是刺激生产资料和生活资料的购买行为，从而使需求与供给相匹配。二是需求侧调控的手段主要依托财政政策和货币政策的搭配实施，重点是通过增加政府支出和减税，或者由货币当局降低利率以增加投资而改善需求不足的情况；或者是通过反向操作，来抑制需求过旺的情况。当然，随着经济时代的变化，财政政策和货币政策对需求调控的重要性也会随之变化。例如，20世纪30—40年代，凯恩斯主张以积极的财政政策为主的总需求管理政策使欧美国家摆脱了经济大萧条危机。但随后各国"滞胀"现象的发生，20世纪70年代中后期以后货币政策成为这个阶段总需求管理的主要手段。但就目前而言，财政政策和货币政策在各国的总需求调控中基本上实施组合搭配，以兼顾经济发展各种目标实现。三是需求侧调控是一种针对经济增长的短期失衡的干预，其调控措施必然围绕生产供给端主线发展而随时改变和调整。

4.1.3 供给侧调控与需求侧调控的相互关系

供给侧调控和需求侧调控是实现国民经济稳健发展的必要条件和手段，正确处理好二者的关系能够更好发挥调控的力量，促使经济向更优的方向发展。供给侧和需求侧是经济系统的一体两面，二者相互配合、相互依存。

（1）供给侧调控和需求侧调控相互适应和协调

随着经济的不断发展以及社会生产能力的扩大，社会总商品数量迅速增加，市场逐步出现供大于求，这时需求侧调控必然为供给侧服务。但经济社会发展如果过度依赖需求管理政策的运用，长期低水平地重复刺激扩大投资，科学技术和制度创新难以发展，产品供给质量低劣难以满足有效需求，"滞胀"的局面将难以避免，这时供给侧调控和改革又将必然为需求侧服务。

（2）需求侧调控和供给侧调控相互引领和拉动

一方面，随着供给侧不断改革和调控深化，商品供给质量显著提高，创新性商品明显增多，此时"供给自动创造需求"现象就会自动出现；另一方面，当市场有效需求旺盛，尤其是引领未来消费潮流的部分超前需求的合理存在，给市场生产指明了方向，必然刺激社会主体新的投资，形成市场新的产业，为经济持续发展注入新的动能。

4.1.4 供需双侧联动调控的内涵及其必然性

供需双侧联动调控是指在经济高质量发展背景下，由于供给侧调控和需求侧调控对经济的作用不一，依据宏观经济短期平衡发展和中长期持续发展的要求，搭配运用供给管理与需求管理，以系统观念推进供给侧结构性改革与需求侧管理，既要强调需求牵引供给，以新需求推动供给侧结构性改革，以更高水平的供给来满足新需求，也要强调供给创造需求，加快科技进步，加快转型升级，以更高水平供给创造新需求，从而形成需求牵引供给、供给创造需求的更高水平动态平衡，兼顾经济总量的增长和质量提升的双重目标，促使经济总量稳步发展、经济结构逐步优化。

在经济发展过程中，经济短期性的总量失衡和长期性的结构失衡可能单独存在，但更多是相互交织在一起。当二者交织在一起时，单纯解决短期总量失衡的需求侧调控或者是解决长期结构性失衡的供给侧调控是不能从根本上解决经济平稳和可持续发展问题的。当前，中国经济面临的主要问题是结构性问题而非周期性问题，经济调控的重心从需求侧转向供给侧，但并不是说完全抛弃需求侧调控而一味地强调供给侧调控，或者说完全地割裂二者关系。需求侧调控注意短期的供需均衡调控，能够为长期的结构性改革提供稳定的宏观环境，而供给侧调控注重长期的经济结构优化，为长期经济可持续发展解决关键桎梏问题。供需双侧联动调控，既是政府的初衷，也是中国经济新发展格局所提出的新要求。面对国内新型冠状病毒肺炎疫情的爆发，以及受到中美贸易战、国际疫情的冲击，2020年12月11日，中共中央政治局会议提出了"要抓住供给侧结构性改革，同时注重需求侧改革"的要求，这是在历史上首次出现的供给侧和需求侧同时被强调、"双侧"共存的情况。从构建新发展格局、畅通国内国际双循环来看，我们所面临的"堵点"既存在于供给侧，也存在于需求侧，甚至分布在生产、分配、流通、消费诸个环节，因此，仅仅是推进供给侧结构性改革，已不能解决所有的"堵点"问题。中国拥有超大规模的市场优势和内需潜力，只有供给和需求两侧调控发力有机结合，产业、消费升级相互促进，这种优势和潜力才能发挥和释放，经济才能实现量的合理增长和质的稳步提升。

4.2 供给侧调控促进经济结构改善的作用机理与传导机制

4.2.1 供给侧调控促进经济结构改善的作用机理

供给侧调控最为突出的特点在于，通过制定和实施相应的宏观政策或改革举措，直接影响生产者和劳动者行为的条件和环境改变（不是直接干预生产者行为），进而诱导生产者和劳动者行为（需求侧调控更多的是引导和影响消费者行为）改变。通过生产者和劳动者行为的改变，进而引起生产要素配置、产品产出、产业、市场、供需、区域、城乡等一系列经济变量缓慢变化，从而达到经济结构改变，缓解结构性矛盾（见图4-1）。

图4-1 供给侧调控经济结构变化的机理

4.2.2 供给侧调控促进经济结构改善的传导机制

4.2.2.1 短期内供给侧调控促进经济结构改善的传导机制

一个经济的资本、劳动力、自然资源、技术、产业体系等等在短期内可能无

第4章 供需双侧联动调控促进经济结构改善的作用机理与传导机制

法发生变化,但其利用效率在短期内是可以通过政府政策对经济活动的参与者进行激励而改变。长期以来,人们对供给管理政策的重视仅限于其对经济增长的长期影响,而对供给侧调控政策的短期调节效应没有予以充分认识。事实上,供给侧调控政策不仅能够而且经常被运用于调节短期经济波动,只是不被人们所关注或者不被视为供给侧调控政策。短期内,社会总供给由企业总生产所决定,而企业总生产的数量取决于短期生产成本的高低,政府宏观政策只要能够影响企业的短期生产成本,就可以影响短期总供给。当某一时期经济出现总需求大于总供给时,或社会需求旺盛时,可以通过短期供给侧的调控,扩大生产数量,进而影响短期总供求结构的改变;或者短期内出现供给内部结构失衡时,通过调整企业生产结构,可以迅速实现供需匹配。其传导机制主要包括:

(1)财政政策传导机制

财政政策既可针对供给侧调控,也可针对需求侧调控,一般而言作用于生产者的财政政策属于供给侧调控,而作用于消费者的财政政策一般属于需求侧调控,同时两者均具有短期效应。现实中,财政政策作用于生产者的主要政策工具是各种税收以及生产补贴等,由于各种生产税和财政补贴等直接影响企业的生产成本,故可以影响到企业的生产积极性,进而影响社会总供给。供给侧的财政政策作用于经济结构的传导机制可表示为:

①当经济处于短期的总需求大于总供给时。加大财政补贴(或降低生产税收)→降低企业实际生产成本→调动企业生产积极性,产品竞争力增加→企业利润增加→企业扩大生产规模→产品数量增加(供需结构改善);雇用工人增加(就业结构改善)。

②当经济处于短期的总需求小于总供给时。减少财政补贴(或提高生产税收)→增加企业实际生产成本→企业生产积极性降低,产品竞争力减弱→企业利润减少→企业缩减生产规模→产品数量减少,产能过剩风险降低(供需结构改善)。

(2)货币政策的供给侧效应

货币政策是指为实现特定经济目标而采取的各种控制和调节货币供应总量的方针、政策和措施的总称。一般而言,货币政策对总需求影响较大,但在实际的执行过程中,货币政策既可以影响总需求也可以影响总供给,但其影响的方式主要是通过影响投资需求从而间接影响总供给。货币政策影响总供给的政策工具主

要包括公开市场操作、存款准备金、再贷款与再贴现、利率政策、汇率政策、窗口指导、短期流动性调节工具等手段,其传导机制是:

①当经济处于投资需求旺盛而消费和出口需求低迷时。实施针对企业主体的收缩性货币政策→提升市场信贷利率或汇率→企业实际生产成本提高→企业生产和投资热情降低→社会总产出减少→供需结构趋向平衡(经济结构优化)。

②当经济处于供需总量大体平衡但供需存在错配现象时。实施针对企业主体的灵活性货币政策→针对市场产品过剩(稀缺)行业实施窗口指导→提升(降低)部分企业融资难度→间接提升(降低)部分企业实际生产成本→抑制(激发)企业生产和投资热情→部分产出减少(增加)→供给内部结构优化→供需趋向均衡(经济结构优化)。

(3)财政政策和货币政策搭配传导机制

在短期宏观调控中,财政政策与货币政策不仅可以单独发挥供给调控效应,二者配合同样也可发挥供给调控效应。具体的传导机制如下:

①当经济处于供需总量失衡且总供给小于总需求时,见图4-2。

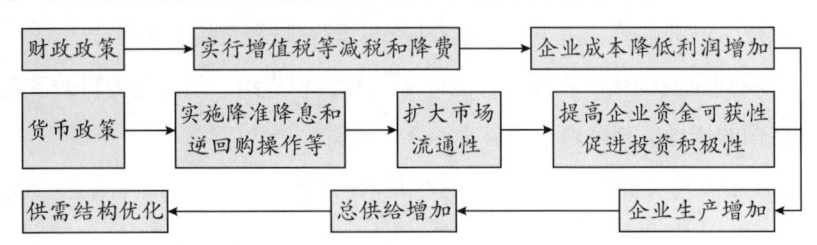

图4-2 供给侧调控财政政策和货币政策搭配使用传导机制1

②当经济处于供给结构失衡即供需错配时,见图4-3。

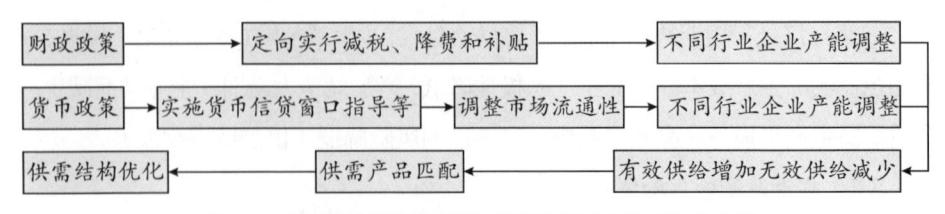

图4-3 供给侧调控财政政策和货币政策搭配使用传导机制2

4.2.2.2 长期内供给侧调控促进经济结构改善的传导机制

长期内,供给侧调控促进经济结构改善主要是指通过运用宏观经济政策手段、经济制度变革、体制机制创新等诱导、引导、约束和激励市场主体,改变市场主体的未来预期，以达到在长期内缓慢消除制约经济发展的结构性障碍。

（1）宏观经济政策手段

当宏观经济政策聚焦于长期内的供给侧结构性调整时，必然关注现实中供给侧制约经济长期发展的难点和阻点，以精准施策的形式有的放矢，从而达到调控的目的。

①财政政策传导机制。

Ⅰ．改善生产要素投入结构。持续加大财政科技补贴或实施科技创新型企业减税降费→降低企业研发成本和技术开发风险→企业加大科技投入和创新性生产活动→企业提质增效→企业减少对传统资源要素的依赖→生产要素投入结构改善。

Ⅱ．改善区域或城乡结构。持续加大对中西部地区和农村地区政府投资性支出→改善中西部地区和农村地区基础设施等发展瓶颈和短板→吸引国内外企业产业投资→中西部地区和农村地区经济活力增强→城乡和区域结构改善。

②货币政策传导机制。持续实施窗口指导货币政策→针对特定地区、特定行业、特定企业实施差异化信贷→解决特定地区、特定行业、特定企业投融资问题→促进特定地区、特定行业、特定企业的发展→改善区域、产业、要素等经济结构。

③产业政策传导机制。综合运用经济计划、财政投融资、货币信贷、项目审批等产业政策手段→针对特定产业或特定地区的产业实施差异化扶持→促进特定产业或特定地区产业发展→改善区域和产业等经济结构。

（2）市场化改革手段

改善经济结构，除了宏观经济政策诱导和激励外，也可通过市场化改革，释放市场活力，以达到长期促进生产和供给改善，实现经济结构长期优化。市场化改革手段主要包括行政体制改革、企业体制改革、创新体制改革、财税金融体制改革、农村土地产权制度改革以及其他方面的制度改革等。

①行政体制机制改革传导机制。行政体制机制改革→减轻政府对市场过度干预和监管→释放市场主体活力→消费、投资增加→市场供给和需求结构优化。

②企业体制机制改革传导机制。企业体制机制改革→推动国资国有企业分类改革、推动民营企业兼并重组、鼓励外资企业投资经营→理顺企业外部管理和优化内部治理→激发国有企业、民营企业和外资企业发展活力→产业、产品和市场组织结构优化。

③科技创新体制改革传导机制。科技创新体制机制改革→增加研发投入和人力资本激励→科学技术进步→企业创新发展→要素投入结构优化。

④财税金融体制改革传导机制。

Ⅰ.财税金融体制机制改革→优化税收结构→对欠发达地区实行更多税收优惠→更多资金流向欠发达地区→区域结构优化。

Ⅱ.财税金融体制机制改革→完善金融消费政策→对消费信贷行业加强监管→保障消费者合法权益→激励消费者进行消费→市场需求结构优化。

⑤农村土地产权体制机制改革传导机制。农村土地产权体制机制改革→农村农业发展资金增多→农村农业发展活力增强→农村居民群体收入增加→消费、收入分配结构优化。

⑥社会保障体制机制改革传导机制。社会保障体制机制改革→加大社会救助、社会优抚和社会福利支出→提高困难群体收入水平→收入分配、消费结构优化。

⑦产权保护体制机制改革传导机制。产权保护体制机制改革→完善知识产权保护法律制定→企业创新得到有效保护、投资积极性增加→投资结构和要素投入结构优化。

⑧环境保护体制机制改革传导机制。环境保护体制机制改革→构建农业农村生态环境保护制度体系→农村发展生态旅游业发展并带动其他相关产业发展→带动农村当地人口就业→产业结构、就业结构优化。

4.3 需求侧调控促进经济结构改善的作用机理与传导机制

4.3.1 需求侧调控促进经济结构改善的作用机理

需求侧调控是政府主动、谨慎、适应性地运用财政、货币政策、收入政策等手段，对总需求的构成因素即消费投资和出口进行调控，从而使总需求主动适应和匹配总供给，进而实现社会总供求基本均衡的宏观经济管理策略。需求侧调控影响经济结构改善的机理如下：

图4-4 需求侧调控经济结构变化的机理

4.3.2 需求侧调控促进经济结构改善的传导机制

需求侧调控主要通过运用财政政策、货币政策、收入政策、外贸政策以及社会保障政策等手段来进行刺激和影响消费、投资和出口，但不同的政策实施其传导机制和效应存在较大差异性。

4.3.2.1 财政政策的传导机制

财政政策作为需求侧调控的手段，主要是通过运用政府支出规模及结构、个人所得税税率等手段来影响社会消费需求和投资需求规模，进而达到改善社会总供求结构的目的，其传导机制可表示为：

①政府加大投资性支出→刺激和拉动投资产品购买和生产→社会投资需求增加→社会总需求和总供给同时增加→供求结构改善。

②政府实行个人所得税减税措施→消费者实际可支配收入增加→刺激和拉动消费需求→社会总需求增加→供求结构改善。

③政府加大社会保障类转移性支出→消费者实际可支配收入增加→刺激和拉动消费需求→社会总需求增加→供求结构改善。

4.3.2.2 货币政策的需求侧效应

货币政策作为需求侧调控的手段，主要是通过扩大信贷规模、实施金融消费政策等手段来影响社会消费、投资和出口需求规模，进而达到改善社会总供求结构的目的，其传导机制可表示为：

①中央银行增加货币供应量→国内信贷规模扩大→企业可获得资金增加→投资需求规模扩大→刺激和拉动投资产品购买和生产→社会总需求和总产出增加→供求结构改善。

②中央银行增加货币供应量→出口信贷规模扩大→外贸企业和外国进口商可获得资金增加→出口需求增加→社会总需求增加→供求结构改善。

③中央银行实施金融消费支持政策→消费信贷规模增加→消费者可获得的消费资金增加→消费需求增加→社会总需求增加→供求结构改善。

4.3.2.3 财政政策和货币政策搭配使用传导机制

财政政策与货币政策在实践中往往都具有较强的需求调节能力，但仅靠一项政策很难全面实现宏观经济的调控目标，这就要求二者相互协调、密切配合，充分发挥综合优势以调节社会总需求,实现社会的总供求平衡,最终实现宏观经济的内外平衡。

(1) 双松搭配

这一搭配适应社会总需求严重不足和大量社会资源处于闲置状态时,见图4-5。

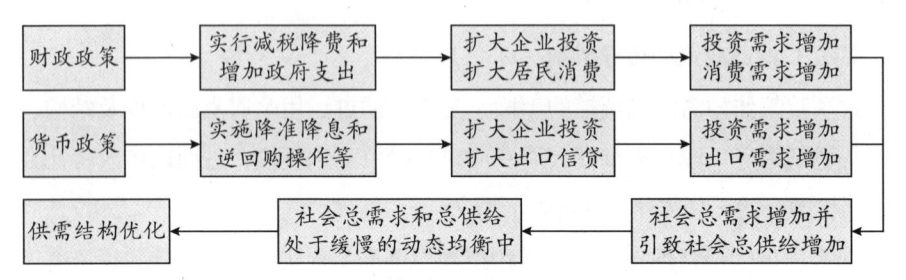

图4-5 财政政策和货币政策搭配使用传导机制1

(2) 双紧搭配

这一搭配适应社会总需求过度和通货膨胀严重时,见图4-6。

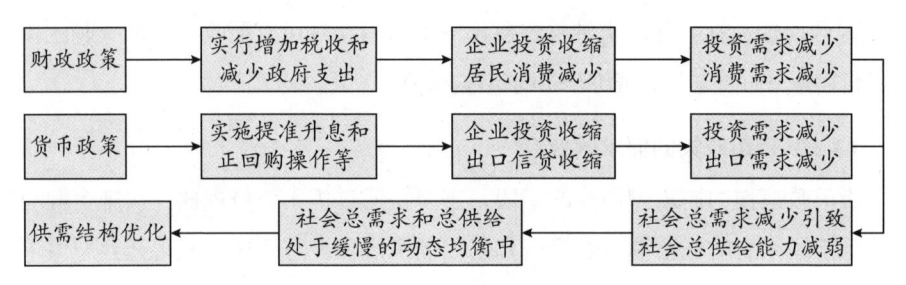

图4-6 财政政策和货币政策搭配使用传导机制2

(3) 紧财政松货币搭配

这一搭配适应经济过热、物价上涨和通货膨胀严重时,见图4-7。

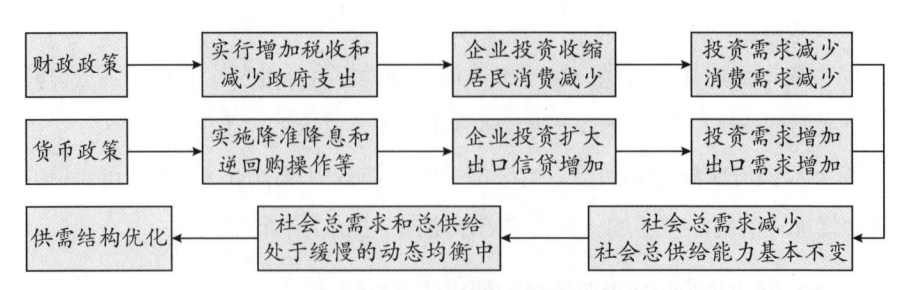

图4-7 财政政策和货币政策搭配使用传导机制3

(4) 松财政紧货币搭配

这一搭配适应经济衰退、总需求不足和通货膨胀不严重时,见图4-8。

| 财政政策 | → | 实行减税降费收和增加政府支出 | → | 企业投资扩大居民消费增加 | → | 投资需求增加消费需求增加 |
| 货币政策 | → | 实施提准升息和正回购操作等 | → | 企业投资收缩出口信贷减少 | → | 投资需求减少出口需求减少 |

供需结构优化 ← 社会总需求和总供给处于缓慢的动态均衡中 ← 社会总需求增加社会总供给能力基本不变

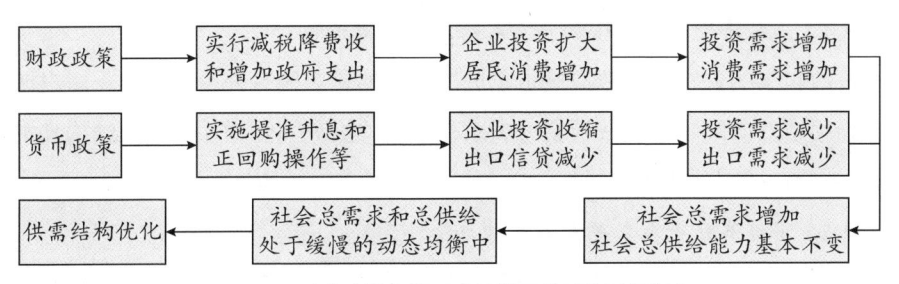

图4-8 财政政策和货币政策搭配使用传导机制4

4.3.2.4 收入分配政策传导机制

收入分配从广义的角度理解,是指国民收入在政府、企业、居民等部门之间的分配,从狭义的角度理解,是指在居民主体之间的分配。但无论是广义的收入分配还是狭义的收入分配,对社会需求的形成具有绝对性的影响。不同的收入分配政策,可能导致不同的需求形成,并通过不同的机制传导给经济系统,形成不同的经济结构性反映。具体传导机制如下:

(1) 当经济处于国内消费不足时

国民收入分配向居民部门倾斜→居民收入增加→居民消费需求增加→社会总需求增加→带动社会生产再循环→供求结构改善。

(2) 当经济处于萧条、社会总需求不足时

国民收入分配向政府部门倾斜→政府部门收入增加→增加政府投资性支出→投资需求增加→社会总需求增加→带动社会总生产→供求结构改善。

(3) 当经济处于总供给和总需求基本均衡状态时

国民收入分配向保持中性分配→政府、企业和居民部门收入适当增加→政府投资性支出保证公共服务需求、企业适当扩大投资规模、居民保持适度消费→投资需求和消费需求同步增长→社会总需求增加并带动社会总生产增加→供求结构基本处于动态均衡→供求结构改善。

4.3.2.5 外贸外资政策传导机制

外贸外资政策是一个国家在社会经济发展战略总目标的引导下运用经济、法律和行政手段,对商品和服务的进出口,以及对外投资和外商投资等经贸活动进行有组织的管理和调节的行为。一个国家实施不同的对外贸外资政策，对一国总需求具有较大的影响。具体传导机制如下：

（1）当经济处于总供给和总需求基本均衡状态时

开放包容的外贸外资政策→货物进出口增加和对内对外投资增加→净出口需求和净投资双向同步增长→社会总需求和社会总生产同步增加→供求结构基本处于动态均衡→供求结构优化。

（2）当经济处于需求严重不足时

严进口松出口贸易政策和松外商投资紧对外投资政策组合→货物进口减少出口增加和对内投资增加对外投资减少→净出口需求和净投资同时增长→社会总需求增加→引致社会总生产增加→供求结构处于动态均衡→供求结构优化。

4.3.2.6 社会保障政策传导机制

社会保障政策关系国民的后顾之忧是否得到消除。当一个国家实施高福利性质的社会保障政策时，社会居民可以将当期的收入绝大部分用于现在消费，而不是进行储蓄。如果一个国家实行的是低水平社会保障政策，则社会居民的经济行为更多地选择当期储蓄，而不是消费。这种行为选择对一个国家的总需求形成具有较大的影响。具体传导机制如下：

高（低）福利社会保障政策→居民当期更多选择消费（储蓄）→消费需求增加（减少）→社会总需求增加（减少）→引致社会总生产增加（减少）→供求结构基本处于动态均衡（基本处于供大于求）→供求结构优化（恶化）。

4.4 供需双侧联动调控促进经济结构改善的作用机理与传导机制

4.4.1 供需双侧联动调控促进经济结构改善的作用机理

能否处理好长期与短期的关系是决定经济发展方式转变和结构转型成功的关键。任何经济体发展追求的都是长期最大化，但短期经济的波动如果处理或化解不合理，不仅带来短期发展环境恶化，还会给长期的经济增长蒙上不确定性阴影，"转方式调结构"就会成为无本之木、无源之水。从理论上来讲，供给侧调控虽然也具有短期性效应，但更多的是着眼于长期性，供给效率改变、供给质量改变、供给结构的升级等供给侧根本性变化往往是建立在技术创新、要素创新、制度创新的基础上,而创新发展需要长期积累。相反,需求侧调控则更多地关注短期效应,重点解决是短期内总量失衡的问题,在短期内可以迅速熨平经济增长的波动,保持相对的平稳发展。总之,需求侧调控可以解决短期总量问题,但不能解决经济发展方式和结构失衡等根本性问题;而供给侧调控虽然在短期内效果微弱,但在长期下却可以调整经济发展的内在机制,为长期经济的健康稳定发展提供强有力保障,同时也可以缓解甚至消除由需求侧调控在短期内所带来的消极影响。因此,只有通过供需双侧共同发力,才能实现经济增长与发展由低水平供需平衡向高水平供需平衡跃升。

上文已指出,供需双侧联动调控是通过供给侧调控和需求侧调控来同时调控经济运行,既强调需求牵引供给,也强调供给创造需求,兼顾经济增长的短期平衡和长期增长的质量提升的双重目标。因此,在供给侧方面需要制定和实施相应的政策(包括宏观政策、微观政策、产业政策、改革政策和社会政策),来直接影响生产者和劳动者行为条件和环境改变,进而影响一系列经济结构的构成因素,从而影响经济结构;在需求侧方面需要政府运用财政、货币、收入分配、外贸外资等政策手段,影响消费者、企业、国外进口商等市场主体,进而影响总需求的构成即消费、投资和出口需求,从而改变经济变量,影响经济结构,见图4-9。

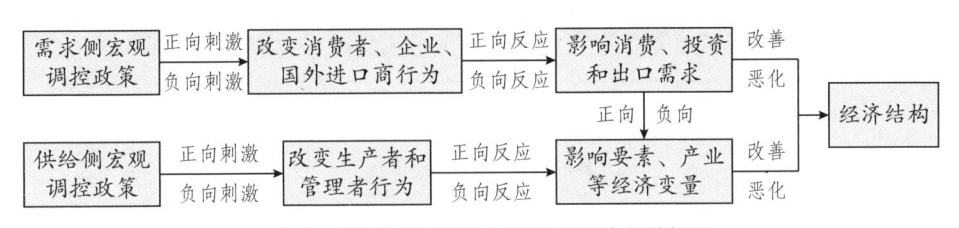

图4-9 供需双侧联动调控经济结构变化的机理

4.4.2 供需双侧联动调控促进经济结构改善的传导机制

任何一个国家经济结构的改善或者优化,其最终的结果必然是表现为长期增长路径上的社会总供给和总需求是否能够动态均衡;如果社会总供求不能够动态均衡,其发展路径上追求的经济结构优化和完美必然是一个伪命题。因此,实施供需联动调控优化或改善经济结构必然还是要着眼于生产供给和需求消费两个基础方面展开。一方面,通过供给侧的调控政策和措施,创新要素投入,优化资源配置,发展"资源节约型"和"环境友好型"的"两型"产业,提升生产效率和质量，实现区域协调发展，为全体人们日益增长的需要提供全面丰富的物质和精神产品供给，实现供给创造需求的效应；另一方面，通过需求侧的调控政策和措施，影响消费、投资和出口，实现需求结构的最优化，不断牵引和支撑生产供给的丰富和升级发展。传导机制如图4-10所示。

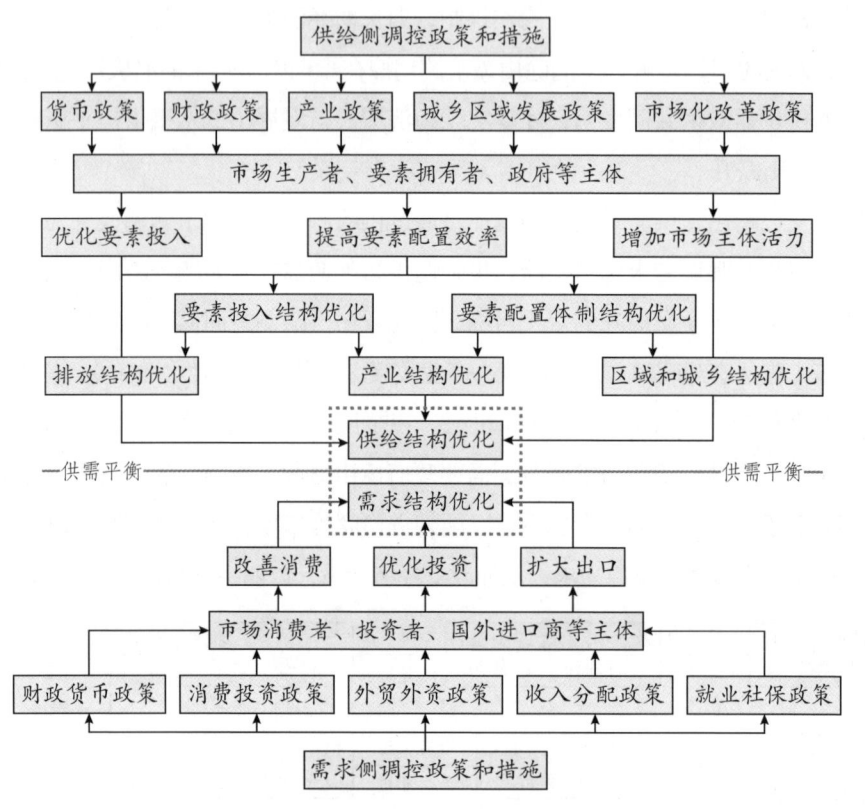

图4-10 供需双侧联动调控供求结构改善的传导机制

4.4.3 供需双侧联动调控促进经济结构改善过程中搭配运用的功效

4.4.3.1 供需双侧联动调控促进经济结构改善过程中具有短期的均衡效应

经济学理论和实践表明，经济增长总是围绕某一时期或阶段的潜在增长率波动性或周期性增长，这就表明经济不均衡发展是常态，需要供给侧调控和需求侧调控经常运用搭配，以保证经济短期平稳可控和长期向上增长。当短期的经济发展经常出现供大于求或供不应求时，经济稳定发展的局面必然遭受到严重破坏，长期的经济增长将无从谈起，因此，供需双侧联动调控必然以短期均衡为基础。

· 第 4 章 供需双侧联动调控促进经济结构改善的作用机理与传导机制 ·

当经济出现供大于求时,需求侧调控政策必然发力刺激国内消费、投资以及出口,以扩大有效需求吸收社会的生产供给。当经济出现供不应求时,需求侧调控政策必然适当收缩,以控制国内过旺的消费和投资需求,以适应社会生产的供给总量。但当国内的经济体系并未达到充分就业状态时,供给侧调控政策也可以发力,适当的刺激和鼓励企业进一步扩大有效生产供给,以适应社会需求的扩张。总之,短期内当经济供给和需求处于失衡状态时,通过供需双侧联动调控,可以迅速有效地实现二者的均衡匹配。

4.4.3.2 供需双侧联动调控促进经济结构改善具有长期的增长效应

当然,在保证短期稳定发展的基础上,必然考虑经济更长远的发展。然而,社会生产供给体系在一定的社会生产条件制约下,其生产能力、效率和质量必然受到限制,如果长期无法突破生产供给条件的桎梏,比如技术创新的突破、要素供给瓶颈的突破等等,长期内供需失衡将是常态,经济长期增长将无从谈起。因此,在兼顾短期均衡调控的同时,以长期的视角从供给侧或生产端布局更先进的产业、技术、市场,实现更自由的要素流动、配置与区域均衡发展,进一步提升长期的经济潜在增长率水平;从需求侧或市场端布局消费、投资等国内需求和出口国际需求的持续支撑,打造供需畅通、国内国际双循环经济运行体系,可以在更高层上和更高水平上实现经济结构的动态优化和经济均衡发展。如图4-11所示。

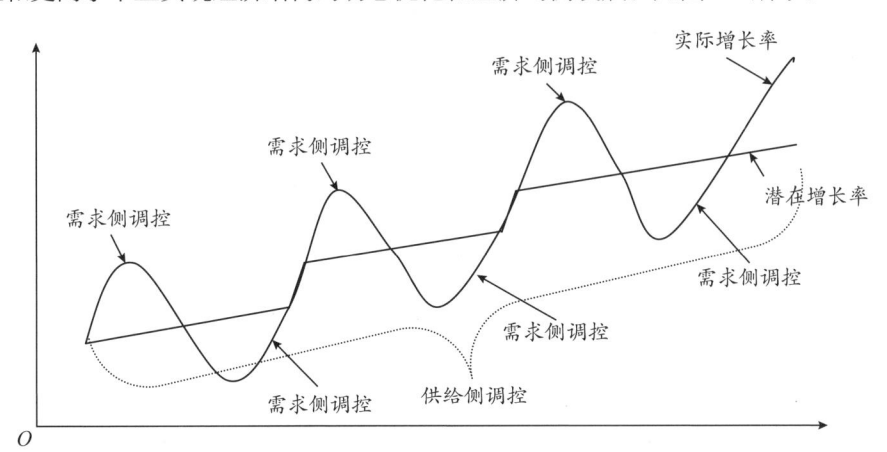

图4-11 供需双侧联动调控经济结构改善的搭配时机

第5章　推进中国结构性改革的供需双侧联动调控方略

结构性改革是世界各国经济发展面临的重要问题，尤其是当本国经济面临阶段跨越性发展关口时结构性改革的任务更为繁重和紧迫。中国是世界最大的发展中国家，自改革开放以来经济快速增长，从1978年的人均GDP 156.4美元上升至2019年的1.03万美元，进入中等偏上收入国家群体（按世界银行2019年标准，人均GDP 3 996~12 375美元之间为中等偏上收入国家）。但从世界各国发展经验来看，部分拉美和东南亚地区新兴经济体国家则长期陷入"中等收入陷阱"而不能自拔，如阿根廷在1964年时人均国内生产总值就超过1 000美元，在经历上升和下降多次反复后，2018年人均GDP仍只有11 684美元；巴西1974年人均GDP已经超过1 000美元，到2018年人均GDP仍只有8 920美元；墨西哥1973年人均GDP已经达到1 000美元，到2018年人均GDP仍只有9 673美元；菲律宾1980年人均国内生产总值为684.6美元，到2018年仍只有3 102.7美元，剔除物价上涨因素，几乎没有什么增长；马来西亚1980年人均国内生产总值为1 812美元，到2018年仍只有11 373美元。为什么这些国家从跨入中等收入国家开始，经过了三四十年的努力，收入增长几经反复，却始终没有能跨入高收入发达国家门槛？据相关研究文献显示，其中一个重要的原因就是这些国家在迈入中等收入发展阶段以后，其产业、收入、要素投入、国际收支、体制等为代表的经济结构逐步成为经济发展的严重制约因素，但国内政府在推动经济结构转型或改革的过程中却缺乏必要的调控手段和方式，致使本国经济增长反复变化，缺乏可持续性。当前，中国经济也面临着与拉美和东南亚新兴经济体国家类似情况，正处于由中上收入国家向高收入国家迈进的关键发展时期，政府高度重视结构性改革，但如何成功实现结构性改革目标，为世界发展中国家跨越"中等收入陷阱"提供一个好的中国方案？本研究认为，实施好具有中国特色和中国智慧的供给侧和需求侧联动调控方略极为关键。

5.1 中国结构性改革实施供需双侧联动调控方略的必然性

5.1.1 供需双侧联动调控是中国结构性改革内涵的本质要求和迫切需要

从经济活动的两分法来看，毫无疑问，人类社会的经济活动是由供给和需求两侧组成，供给侧是组织生产提供商品或服务的方面；需求侧是人们基于生产生活需要消费商品或服务的方面。在经济发展的进程中，供给与需求之间通常存在着三种关系：一是供给与需求实现大体均衡，即社会生产量与消费量大体相当；二是供给远大于需求，即社会生产出的商品或服务数量远远大于消费的数量；三是供给远小于需求，即社会生产出的商品或服务数量远远不能满足消费的需求。当经济运行过程出现了后面两种情况，经济在供求总量上就出现了失衡，这时如果是封闭型经济，要么扩张国内生产或者压缩国内需求，要么压缩国内生产或者扩张国内需求。如果是开放型经济，就需要调节进出口或者调整国内生产和消费。当然，供给和需求在总量上的失衡是经济结构最直接和最显性的失衡，毫无疑问针对经济运行的供给侧和需求侧实施相应的调控措施即可，但是，经济运行往往是一个复杂系统，经济失衡往往表现出供给和需求交互失衡的状态，即一个经济体在某一时期既有供大于需的现象，也有供不应求的状态，这时就需要供给侧和需求侧调控相互协调、相互配合，同时发力才能取得经济运行的最佳状态。与此同时，即便经济系统在某一时期处于供给和需求大体均衡状态，但是如果维持这种均衡的经济运行机制效率过低或者代价太大，如资源消耗过大、生态环境破坏、市场机制难以发挥作用、交易成本过高、城乡区域发展差距过大、国民贫富悬殊等问题涌现，经济结构也需要从供给侧和需求侧施以对策调控，以提升经济运行的质量和水平。

当前，中国经济结构面临较为复杂的失衡状态，一方面存在供给和需求交错失衡的状况，部分产品生产过剩，库存大量积压，无效供给大量存在，同时也有部分产品国内无法供应，"海淘"购物成为常态，海外消费十分旺盛，有效供给相对不足。另一方面相当部分行业供需均衡发展的表象下，仍然存在依赖传统粗放式生产方式维系经济的运转，质量、效率、生态保护、区域一体化发展等方面还有待提升。因此，对于中国结构性改革而言，实施供需双侧联动调控方略是中国结构性改革内涵的本质要求和迫切需要。

5.1.2 供需双侧联动调控是中国结构性改革的平稳推进的重要保障

供给侧和需求侧是分析和调控经济的两个有效逻辑框架，从供给侧入手，是通过调控劳动、资本（投资）、资源、技术、信息、土地、管理等生产要素的投入数量、质量和效率，进而改进经济系统中的产品、业态、产业、区域发展、生态资源环境等方面，提升长期经济增长的潜力和质量；从需求侧入手，是通过对消费、投资和净出口"三驾马车"进行调控，采取刺激抑或控制政策，在短期内迅速形成对供给的适应，从而保证短期内经济供需平衡，避免出现经济出现大起大落。因此，需求侧调控重于短期增长，供给侧调控侧重于中长期增长。

中国的结构性改革是工业化发展进程中的一次暂时性自我调整，这既是面对当前经济持续减速现实，提振经济短期增长的需要，但同时更是解决制约经济长期增长的结构性障碍，确保经济长期健康平稳增长的需要，这就要求政府在推进和调控这场经济结构性改革活动中必然是以供给侧调控为主，重点解决制约长期供给能力提升的要素、产业、基础设施、资源环境、体制等问题，提升潜在经济增长率，但同时又不能忽视短期内促使经济平衡增长的需求侧调控，因为需求侧调控对于长期增长路径上做好短期的稳就业、稳增长和稳预期，确保短期经济运行在合理区间，实现年度发展目标任务具有重要意义。因此，中国结构性改革过程必须注重以供给侧调控为主，需求侧调控为实现供给侧调控目标而相互配合，互为联动，进而为中国结构性改革在短期和长期路径上平稳有序推进提供有力保障。

5.2 中国结构性改革实施供需双侧调控方略的理论基础

5.2.1 供给侧调控的理论基础

5.2.1.1 中国特色社会主义政治经济学是供给侧调控的理论基础

中国特色社会主义政治经济学是马克思主义政治经济学基本原理同中国经济建设实际相结合而诞生的具有中国智慧的政治经济理论学说。新时期下的供给侧调控结构性改革的思想提出，完全不同于西方供给学派的经济思想，它是基于中国经济实践的理论综合性集成创新，是中国经济在新时期的探索性改革和调整，是中国特色社会主义政治经济学理论的新发展。正如人民日报文章《七问供给侧结构性改革》中所言,"推进供给侧结构性改革,是以习近平同志为总书记的党中央在综合分析世界经济长周期和中国发展阶段性特征及其相互作用的基础上,集中全党和全国人民智慧,从理论到实践不断探索的结晶。"由此可见,供给侧调控的理论基础是也只能是中国特色社会主义经济理论在新时期的创新发展。中国特色政治经济学在提炼和总结中国经济发展实践的规律性认识的基础上,不断丰富其理论内涵,持续为供给侧调控提供理论指导和思想指导。

5.2.1.2 "供给学派"观点为供给侧调控提供了重要理论启示

中国所强调的供给侧调控的内涵,是指着眼长期高质量供给为出发点,以改革的手段来推进要素、产业、需求、区域、城乡、体制等经济结构的调整,实现经济持续健康发展。中国供给侧调控虽不同于西方古典经济学派尤其是供给学派所强调的供给调控,但其丰富的关于生产和供给的理论观点和思想为中国供给侧调控提供了重要的理论启发和借鉴。亚当·斯密《国富论》的理论体系从分析分工为逻辑起点,认为劳动是国民财富的源泉,就是从供给的方面来研究经济增长的源动力。近代法国经济学家萨伊则是把古典经济学的供给理论推到了顶峰,提出了"萨伊定律",认为供给决定需求,供给自动创造需求,供给是第一位,需求是第二位的。萨伊的经济学虽然关注供给,但重点是用来论证对生产不加干涉,就不会出现普遍的生产过剩,强调市场机制是有效的,能够自动实现供需平衡。中国所强调的供给侧调控是从问题导向出发,把更多的精力放在供给与生产端,重点强调调整生产结构,提高中国经济的供给体系质量和效率。由此可见,中国的供给侧调控与萨伊定律有着本质性的区别,但是供给学派提出的通过减税以刺激生产、减少政府过度干预等一系列观点和思想仍然可以为中国供给侧调控提供重要理论和政策启示。

5.2.2 需求侧调控的理论基础

需求侧调控是实践中各国政府采取宏观调控的主要手段,其理论基础起源于美国经济学家凯恩斯所提出的"有效需求理论"。凯恩斯认为不能实现充分就业和最大化产出的根本原因是有效需求不足,但要克服有效需求不足,仅依靠市场机制的自发性难以发挥作用,必须加强政府对宏观经济的干预以解决经济的不确定性,进而克服三大心理规律而引致的总需求不足现象。凯恩斯理论的重点在于需求侧管理，主要是通过刺激需求来达到调控经济的目的，其典型的工具主要有财政政策和货币政策。从短期来看，凯恩斯理论对促进经济均衡增长是行之有效的，但从长期来看，一味地扩大需求只会导致持续的通货膨胀，甚至会导致经济停滞状态。例如，20世纪30年代大萧条之后美国政府采用了凯恩斯经济理论主张，大力实施以扩大政府公共财政支出为主的"罗斯福新政"，仅在公共工程上支出就达到180亿美元，这对当时美国走出经济大萧条起到了重要作用。即使其后在20世纪七八十年代因经济实践陷入"滞胀"而使凯恩斯理论受到了很多质疑和挑战，甚至许多国家掀起了反凯恩斯主义的思潮，但是在萨缪尔森看来，凯恩斯的有效需求理论仍不失为"熨平"经济短期波动的最好方法。

5.2.3 供需双侧联动调控的理论基础

在西方经济理论中，关于供需双侧联动调控的系统理论论述较少，但一些经典经济学家有关供给和需求的论述为供需双侧联动调控提供了思想启发，如马克思的供求理论和新古典经济学的供求理论。虽然马克思没有建立系统的供给和需求理论，但其观点涉及供求理论的多方面：商品经济的基本关系是供求关系；供求由生产决定，是经济问题的两个方面；供求关系不决定价值，但决定价格的波动；供求关系具有社会性和阶级性。新古典经济学的供求理论是新古典学派在古典经济学庸俗供求论基础上发展的供求理论，不但把供求理论发展成为"均衡价值论"，还把供求关系数量化、数学化，使之成为西方经济学"万能"的分析工具。其关于市场均衡的主要内容是指同时分析供给和需求，将需求曲线和供给曲线放于同一坐标系内，两条曲线的交点就是市场均衡点，在这一点上需求等于供给，均衡点的价格就是均衡价格，对应的产量就是均衡产量。

除了马克思和新古典学派对供求关系的理论分析，还有一些经济学家也认为供需双侧联动调控是合理的结论，例如：在第二次工业革命之后，法国工业水平、生产力落后，而群众购买需求高涨，萨伊认为"供给可以自动创造需求"；19世纪的英国资本主义得到快速发展，工厂兴起、生产水平大幅度提高，但与此同时，工业化、城市化却伴随着大量人口的失业与贫困，马尔萨斯倡导扩大地主等不生产阶级的消费，认为这能在不提高商品成本的基础上达到"有效需求"，实现供给与需求的均衡。萨缪尔森认为在宏观经济学发展之前，各国的经济就像没有帆的船，无所定向，而现在可以运用财政政策和货币政策来掌控经济的航向。财政政策中政府支出和税收工具手段以及货币政策中关于货币供应量的变动既包括供给方面的内容也包含需求方面的内容，由此推断，萨缪尔森认为要掌控好经济的航向，就必然离不开供给管理和需求管理。此外，凯恩斯虽然建立了以有效需求管理为核心的经济学体系，但是以总供求的均衡思想来分析总产出的决定，其实质仍是将总需求和总供给管理两者密切地结合在一起的。

由此可见，经济活动的运行其实质就是由供给和需求两个方面组成，无论是凯恩斯主义主张的总需求调控，还是曾经盛行的以供给学派等为代表的新自由主义主张的供给侧调控，都无法获得一劳永逸的成效，而中国特色社会主义政治经济学不同于马克思和供给学派对供给与需求概念及关系的论述，超越了西方经济学仅从狭义"价格视角"和"数量的关系"所理解的"供给与需求""总供给与总需求"，基于中国面临的实际问题，从而创新发展出了包括数量、结构、制度（体制机制）和经济政策"四重关系"的广义"供给侧"和"需求侧"，故中国特色社会主义政治经济学更是供需双侧联动调控的重要理论基础。

5.3 中国结构性改革实施供需双侧联动调控方略的基本要求

中国的结构性改革是当前中国特色社会主义市场经济发展进程中的一次自我革新，是建立现代化市场经济体系和跨越"中等收入陷阱"迈入发达经济国家行列前的一次自我蓄力调整，面临的矛盾多、任务重、时间紧。因此，为加速实现中国结构性改革目标，政府在实施供给侧和需求侧联动调控时必须注重把握发挥市场决定性和政府有为性相结合、熨平经济短期波动和提升长期增长潜力相结合、经济全局性方向性调控和结构失衡阶段性局部性调整相结合。

5.3.1 注重发挥市场决定性和政府有为性相结合

（1）中国的结构性改革是中国特色社会主义市场经济发展的有机组成部分，供需双侧联动调控注重发挥市场决定性和政府有为性相结合，符合中国特色社会主义市场经济本质特征

供需联动调控中国结构性改革的本质归根结底是调整人力资源、资金、技术、市场、信息等要素的合理配置，进而达到实现调整要素、产品、产业、投资、区域、

供需等结构的均衡，这既需要发挥企业市场主体的作用，要遵循市场经济规律，按照产业发展规律和市场需求，自主选择技术路线和发展方向，发挥市场配置资源的决定性作用，但同时也需要政府在尊重市场规律的前提下，不断深化改革以激发市场活力，明确政策以稳定市场预期，制定规划以合理引导投资，完善法治以规范市场行为，要更多地为企业创造良好环境、提供优质服务、维护市场公平，激发企业主体创新创业的激情和热情。政府和市场要各守边界、和谐共生，政府有作为、市场有效率恰恰反映了社会主义市场经济的本质。习近平总书记曾指出："在社会主义条件下发展市场经济，是我们党的一个伟大创举。中国经济发展获得巨大成功的一个关键因素，就是我们既发挥了市场经济的长处，又发挥了社会主义制度的优越性"。社会主义制度的优越性就是体现在通过发挥"有为"政府的作用，避免资本主义市场经济的弊端。因此，在实施供需联动调控经济结构性改革的过程中，注重发挥政府作用与市场机制相结合，这既是中国结构性改革成功的必要手段，也体现了社会主义市场经济发展的本质要求。

（2）中国结构性改革是实现经济现代化发展的必要途径，供需双侧联动调控注重发挥市场决定性和政府有为性相结合，符合高效快速推进社会主义现代化进程的要求

经济现代化是中国特色社会主义现代化事业的重要组成部分，推进经济现代化进程速度决定了中国特色社会主义现代化事业的快慢。习近平总书记在党的十九大报告中指出，到2035年，基本实现社会主义现代化。到那时，我国经济实力、科技实力将大幅跃升，跻身创新型国家前列；人民生活更为宽裕，中等收入群体比例明显提高，城乡区域发展差距和居民生活水平差距显著缩小，基本公共服务均等化基本实现，全体人民共同富裕迈出坚实步伐；生态环境根本好转，美丽中国目标基本实现。中国结构性改革是实现经济现代化的重要途径，但能否尽快取得改革成效仍取决于供需联动调控发挥"市场"与"政府"作用机制的好坏。供需联动调控经济结构性改革过程中，如果完全依赖于市场机制，全部资源配置交由市场来决定，实现资源在全社会的有效配置必然是一个反复且漫长的过程，并且存在着社会资源的巨大浪费问题。但如果有效发挥市场决定作用的同时，注重"有为政府"的作用，一方面可以凝心聚力，聚焦结构性改革关键矛盾，合理引导社会资源定向流动，重点破解改革难题；另一方面可以与市场形成互补关系，

当市场机制难以协调或解决实现问题时，政府可以快速介入，弥补市场失灵，加速推进结构性改革进程。由此可见，通过注重发挥市场决定性和政府有为性相结合的供需联动调控有利于中国结构性改革较快取得成效，有利于经济现代化进程，是中国现代化伟大事业发展的必然要求。

（3）中国结构性改革是现代经济发展进程中的一次特殊国情下的常规性调整，供需双侧联动调控注重发挥市场决定性和政府有为性相结合，符合世界各国宏观经济调控的基本常态

结构性改革实质是根据本国禀赋和世界外围环境的变化不断调整和优化自身发展的条件，以实现本国的最优发展。世界各国经济发展的过程也是本国经济结构不断优化和调整的过程。因此，结构性改革是世界各国经济发展面临的普遍性问题。西方国家主流经济学理论上虽然始终坚持政府与市场"二分法"观点，纠结于"看得见的手"和"看不见的手"之间的零和博弈，但从世界各国包括西方发达国家推进结构性改革实践的经验做法看，从未真正践行过政府与市场关系严格的理论界分，大多普遍运用政府与市场两种机制加以联动调控。美国是自由经济发展的推崇者，但二战以后美国政府却实施了六轮分别以突出需求侧和供给侧为主的减税措施，这六轮减税宏观调控抉择中始终保持着"最具针对性"原则，为美国宏观经济发展解决了实际难题[①]。同样，日本在第二次世界大战结束以后，由一个资源贫乏、人口相对较多的战败国，迅速发展成为世界一流的经济大国，从宏观经济上看，很大程度得益于政府对经济发展实施的正确的引导和宏观调控措施[②]。中国结构性改革与世界其他国家一样，也是自身经济发展进程中面临结构性障碍所进行的一次较全面的、彻底的和深度的普通改革，它既不是首次改革调整，也不是中国经济发展进程上最后的一次改革。因此，中国的结构性改革仍需吸收世界各国尤其是西方发达国家经济结构调整或改革中实施供需调控注重发挥市场决定性和政府有为性相结合的经验，加快推进中国的结构性改革进程。

[①] 参见苏京春，王琰.美国二战后六轮减税的逻辑及演进中的宏观调控——兼论对我国供给侧结构性改革与宏观调控抉择的启示[J].华中师范大学学报（人文社会科学版），2019（4）。

[②] 参见刘延军.日本政府宏观调控的目标和手段[J].经济改革与发展，1996（12）。

5.3.2 注重熨平经济短期波动和提升长期增长潜力相结合

（1）中国结构性改革是经济逆境中的主动作为，供需双侧联动调控注重熨平经济短期波动和提升长期增长潜力相结合，符合改革推动者的初衷

2010年以来，中国经济持续进入下行通道。2015年，中国经济增速由10.1%下降至6.9%，城镇登记失业率达到4.05%，全社会固定资产投资由23.8%下降至9.8%，货物进出口总额增速由33.9%下降至-7.09%，其中出口由30.5%下降至-1.9%，进口由38%下降至-13.3%。城乡收入和地区收入仍维持较大差距，2015年，城乡居民收入差距仍保持2.95倍，东部地区城镇人均收入是西部地区城镇人均收入1.39倍，东部地区农村人均收入是西部地区农村人均收入1.57倍。分析当时经济发展的背景和原因，从外部看，2008年世界金融危机后，世界主要经济体仍面临较大的经济复苏压力，2010~2014年美国实际GDP增长率平均维持在2.2%左右，欧盟实际GDP增长率平均维持在0.94%左右，日本实际GDP增长率平均维持在1.48%左右[1]，经济发展的外部需求极为有限，中国出口面临较大压力。从内部看，2015年中国人口红利正在消失，老年人扶养比逐年增加，达到14.3%，企业用工成本逐步上升；全要素生产率对经济增长的贡献有限，仅约为35.08%[2]；每千美元GDP能源消耗是英国的2.45倍，是德国的2.02倍，是日本的1.93倍[3]，资源环境压力较大；居民、企业和政府财务杠杆率较高，居民负债存款比达到48.9%，全国大中型工业企业资产负债率达到58%，政府当年负债总额占一般公共预算收入比例达到70%。

结合内外部实际因素，中国政府科学判断，指出当前经济运行当中所遇到的矛盾和问题具有周期性、结构性和体制性相互交织的深刻背景。2015年中央财经领导小组第十一次会议首次提出："在适度扩大总需求的同时，着力加强供给侧结构性改革"。2015年中央经济工作会议再次强调："着力加强结构性改革，在适度扩大总需求的同时，去产能、去库存、去杠杆、降成本、补短板，提高供给体系质量和效率，……，增强持续增长动力"。由此可见，供需联动调控中国结构性改革，以总需求调控短期供需平衡，注重经济短期稳定发展，以供给侧结构性改革优化经济结构，注重提升经济长期潜力，完全符合中国改革推动者的初衷。

---

[1] 数据来源于 http://www.edatasea.com/content/us 网站。
[2] 参见张少华，蒋伟杰.中国全要素生产率的再测度与分解[J].统计研究，2014（3）。
[3] 按世界银行2014年统计数据计算。

（2）中国结构性改革是利益调整的改革，供需双侧联动调控注重熨平经济短期波动和提升长期增长潜力相结合，符合各方的利益需求，减少改革阻力

任何一次改革都是利益分配的调整，中国当前进行的结构性改革也涉及各经济主体利益得失的调整。一般而言，参与经济活动的国内主体主要包括居民、企业和政府三类，每一类主体在涉及改革的利益分配时基于不同的立场有不同的利益需求。具体而言，居民和企业主体作为改革的参与者——经济行为的调整者和变更者更为关注眼前的利益得失，而政府作为经济宏观管理者更为关注经济发展的长远利益和各期利益的均衡。在结构性改革活动中，依托供给和需求调控手段注重熨平经济短期波动，避免经济在短期内大起大落，有利于维护居民和企业主体短期收入平稳，使居民和企业主体能够渐进地转变自身经济行为，从而在长期的经济发展过程中逐步适应国家政策的调控，达到长期结构性改革的目标——提升潜在经济增长动力。作为政府主体，其首要关注的目标可能是通过结构性改革促进国家经济长期增长，但这一目标的实现首先应该建立在一个稳定的经济社会环境基础之上，如果因为短期的经济衰落、萧条，甚至"休克"，必然引发居民和企业主体的恐慌，引起经济行为的混乱，国家的"结构性改革预期"就会落空。因此，在结构性改革过程中，通过供给和需求调控兼顾熨平经济短期波动和提升长期增长潜力双重目标，有利于最大程度地维护各方经济主体利益均衡，最终促使结构性改革目标顺利实现。

（3）中国结构性改革是转变发展方式的改革，供需双侧联动调控注重熨平经济短期波动和提升长期增长潜力相结合，符合中国经济"稳"字总基调

结构性改革虽然是对经济发展的各种结构的调整，但其实质是经济发展方式的变革，如生产方式的要素结构改革，由传统的依赖劳动、资金、能源和资源的投入更多地向依赖技术、信息和管理转变；如经济增长的动力结构改革，由传统的过度依赖投资和出口驱动经济增长的方式转向依赖消费、投资和出口均衡驱动经济增长的方式转变；如配置经济资源手段结构改革，由传统较多的行政干预配置转向发挥市场基础性作用的配置；如产业结构的改革，由传统的消耗较多物质资源和能源的产业向依靠新技术、新业态和新模式提升效益的新产业转变；如区域结构和城乡结构的改革，由传统的资源过多向城市和东部地区聚集向加大资源向农村和中西部地区倾斜的方向转变；如投资结构的改革，投资主体由传统的政

府投资主导向市场投资主体转变，投资领域由传统产业向高新技术产业领域转变，等等。但这种包含转变经济发展方式的结构性改革不是一蹴而就的，而是一个长期的、反复的和充满变数的利益诱导过程，需要改革者把改革的当前利益和长远利益结合起来考虑复杂问题。2014年，中央经济工作会议首次提出"稳增长、促改革、调结构、惠民生"十六字方针，至2020年中央经济工作会议再次提出"稳就业、稳金融、稳外贸、稳外资、稳投资、稳预期"的"六稳"经济工作方针，充分表明了中国经济工作的"稳"字总基调。"稳"字总基调的内涵要求必然是在当前的结构性改革中要平衡兼顾短期经济增长目标和长期经济增长目标。因此，供需联动调控注重熨平经济短期波动和提升长期增长潜力是结构性改革"稳"字当头的必然要求。

5.3.3 注重经济发展全局性方向性调控和结构失衡局部性阶段性调整相结合

（1）中国结构性改革是解决结构制约经济高质量发展的改革，供需双侧联动调控注重经济发展全局性方向性把控和结构失衡局部性阶段性调整相结合，符合中国改革的实际需要

改革开放以来，中国经济发展取得辉煌成就，中国特色社会主义市场经济体制确立并基本成型，经济规模成为全球仅次于美国的第二大经济体，对外贸易、对外投资、外汇储备稳居世界前列，国家整体跨入中等偏上收入国家行列。但21世纪初期以来，尤其是近十年来中国经济发展的内外部环境面临重大变化，国内社会主要矛盾已经转化为人民日益增长的美好生活需要和不平衡不充分的发展之间的矛盾，人民不仅仅只满足于基本生存生活的需要，而且对安全、平等、生态、环保等方面提出了更高的美好生活要求，经济高质量发展适应人民美好生活需要还面临极大的差距；而外部，以美国为首的西方阵营对中国贸易、科技、人权、主权等方面发起全面挑战，试图扼制中国经济高速发展的势头，开放创新和互利共赢的经济全球化以及构建人类命运共同体目标受到严重挑战，中国经济如不转换和化解这一系列内外部发展环境变化所带来的压力，必将无法跨越"中等收入陷阱"，实现经济高质量发展。但如何转换和化解这些压力呢？一个关键问题就是再次调整和优化组合经济运行中各种要素的比例，重新适应内外部发展环境的变化和需要。2015年，中央提出结构性改革恰好顺应了这一必然要求。从大处看，

结构性改革是为构建中国高质量经济发展而进行了一次"重大战役"部署，具有全局性方向性调控重大战略意图；但从小处看，结构性改革是经济发展到当前阶段部分机体构架的适应性调整和改变，具有局部性阶段性调整的特点。由此可见，当前的中国结构性改革内涵本质上具有全局性方向性调控和结构失衡局部性阶段性调整的特性，这就必然要求实现结构性改革目标的手段——供需联动调控需要密切关注这一特性并在实施过程中自觉地体现出这一特性的要求。

（2）中国结构性改革是中国经济社会渐进式全面改革的有机组成部分，供需双侧联动调控注重经济发展全局性方向性把控和结构失衡局部性阶段性调整相结合，符合中国改革的逻辑习惯

改革的方式具有激进式和渐进式之分，从历史的经验来看，苏联和东欧各国激进式改革的"休克疗法"带来一系列严重的社会弊端，使世界各国经济社会改革对于选择激进式改革方式更为谨慎。1978年，中国政府确定全面经济社会改革，在提出把我国"建成现代化的伟大社会主义强国"的总目标同时，逐步在政治、经济、社会、文化等领域推行局部性阶段性渐进式改革，四十余年来经济社会平稳发展，社会生产力极大提高，人民逐步走向共同富裕，社会主义强国梦想正在逐步实现。实践证明，兼顾全局性方向性调控和局部性阶段性调整的渐进式改革道路是一条成功的改革道路。2010年以来，中国经济发展面临内外环境之大变局，针对经济结构扭曲严重制约经济发展问题，2015年中国政府全面部署结构性改革任务，这既是经济领域承前启后的改革推进，又是继往开来的突破发展，在这一次新的改革任务面前，遵循和借鉴前期成功的经验做法是确保改革任务完成的重要保障。中国的结构性改革方向性目标是建立经济高质量发展体系，为建设社会主义现代化强国和中华民族伟大复兴奠定重要经济基础，但在具体的改革过程和步骤中却要区分轻重缓急，一项一项地加以解决。当前，结构性改革的主要任务聚焦于供给侧"三去一降一补"产业、投资等结构改革，这是阶段性局部性任务，抓住当前结构性改革的关键，但这仅仅是结构性改革的发端，后续对供给和需求仍有重大影响的消费、收入、区域、城乡等结构性问题仍然需要一一破解。由此可见，中国的结构性改革仍然遵循了中国前期渐进式改革的习惯逻辑，即全局性方向性把控和局部性阶段性调整相结合，毫无疑问，作为实现中国结构性改革目标的供需联动调控手段注重这一特点也是逻辑的必然。

（3）中国结构性改革具有综合复杂性特征，供需双侧联动调控注重经济全局性方向性把控和结构失衡局部性阶段性调整相结合，是正确把握改革方法论的体现

中国结构性改革虽名为经济领域的一次深化改革，但其实质仍是一次广泛涉及多领域的系统性改革。从改革的内容看，结构性改革深度涉及生产、分配、交换、消费等经济环节。从改革的边界看，结构性改革广泛涉及政治、社会、生态等领域，如实施生产投入要素结构改革，更好地发挥科技、人力资本在生产投入中的作用，就必然涉及科技、教育、户籍社会管理等方面的改革；优化资源配置方式结构改革，就必须涉及行政管理、党的建设等政治方面的改革；调整区域和城乡经济结构，就必然涉及生态、环保、土地、收入等方面的改革；等等。总之，每一项结构性改革任务是牵一发而动全身，具有综合复杂性特性。面对复杂性改革，必须有科学的方法论，掌握了科学的方法论，在变幻莫测的改革事务中就有了"方向盘"。毛泽东早在1934年就指出："不解决桥或船的问题，过河就是一句空话。不解决方法问题，任务也只是瞎说一顿。"这句话充分体现了方法的重要性。同样，对于完成结构性改革任务，掌握其中的方法极其重要。结构性改革事关经济高质量发展和建设现代化强国以及中华民族伟大复兴事业，需要高屋建瓴顶层设计，全面加强改革的系统性协调性；但结构性改革又是由大量的具体实践问题组成，需要坚持问题导向，局部性阶段性地找准和解决结构性改革关键问题，从而破解和完成整个结构性改革任务。由此可见，作为结构性改革手段的供给侧和需求侧联动调控注重经济发展全局性方向性把控和结构失衡局部性阶段性调整相结合，是正确把握此次结构性改革方法论的重要体现。

5.4 中国结构性改革实施供需双侧联动调控方略的手段

中国经济发展的结构性矛盾既有供给侧问题，也有需求侧障碍，化解经济结构性矛盾需要供需两侧同时发力，相互配合和衔接，合理运用专项规划、政策搭配、制度改革、政府投资以及监管服务等主要宏观调控手段，促使各种经济结构适应本国国情和现实需要，适应中国经济高质量发展阶段需要。

5.4.1 专项规划调控

专项规划是政府针对经济社会发展的重点领域、薄弱环节或关系经济社会发

展全局的重大问题编制的中长期发展计划，主要用于指导该领域发展、核准重大项目、安排政府预算和投资，同时也是政府制定该领域相关政策的重要依据。专项规划可以根据需要，进一步编制专项子规划，主要针对专项规划的主要方面或重点领域进行深化和细化，进一步展开，但子规划的编制必须符合专项规划的总体要求，两者之间要具有衔接性、匹配性。专项规划调控是指政府组织运用专项规划手段，有计划有目的地去执行和完成某一具体任务目标，这种调控方式有助于政府在完成其确立的任务目标时，有效达成组织共识，科学决策，树立长远发展规划，克服战略决策随意性和不确定性，同时也有利于政府组织提前谋划好战略任务目标的执行步骤、分目标、手段以及保障措施，使政府组织结构、人力资源规划、宏观政策配套等方面与战略任务目标有效匹配，并落实到具体的日常任务实施活动当中。

专项规划调控在中国的经济实践中被经常运用，如为突显粤港澳大湾区对外开放发展引领作用，2019年国家制定了《粤港澳大湾区发展规划纲要》；为实施乡村振兴战略的部署，2018年国家制定了《乡村振兴战略规划（2018—2022年）》；为应对2008年国际金融危机对中国实体经济的影响，国家有关部门绘制了钢铁、汽车、船舶、石化、纺织、轻工、有色金属、装备制造业、电子信息、物流业十个重点产业的调整和振兴规划。结构性改革战略是针对目前阶段中国经济现有机制架构无法驱动经济迈向高质量发展而由政府主观介入调控的一次以结构性调整为主导的重要改革，从社会生产供需两侧看，既有供给侧的问题也有需求侧的问题，同时还涉及政治、社会、生态等领域配套改革的问题，因此，为顺利推进结构性改革任务，政府运用专项规划手段加以调控，从战略上、总体上、全局上、系统上加以顶层设计，这既有利于供给和需求协调，也有利于经济、政治、社会、生态等多领域协同，从而全面快速完成结构性改革各项任务。

5.4.2 政策搭配调控

政策搭配调控是指政府利用货币、财政、金融信贷、产业、投资、消费、贸易、就业、收入、区域、国土、环保、创新等宏观政策相互配合，交错搭配实施，从而达到政府既定调控目标的过程。一般而言，货币和财政政策是一个国家的基本调控政策，影响力度较大，对国民经济发展具有全面深刻的影响，而金融、产业、投资等其他宏观政策相对而言具有局部的或政策影响力相对较小的影响,但在国民经济调控中也具有不可忽视地位。

在经济实践中,通常而言,为实现某种既定的经济发展目标,需要多种政策灵活搭配,同时协调,综合发力。如2008年下半年,受国际金融危机严重影响,国内经济困难明显增加,为适应形势发展变化,中国政府迅速果断地实施了积极的财政政策以及适度宽松的货币政策,同时也采取了加快保障性安居工程建设、农村基础设施建设、铁路等重大基础设施建设、医疗卫生和文化教育发展、生态环境建设、自主创新和结构调整、地震灾区灾后重建工作,提高公共投资的经济、社会和带动效应;提高城乡居民收入;稳定发展住房消费和汽车消费,重点推进旅游消费和服务消费;在全国全面实施增值税转型改革,减轻企业负担;加大金融对经济增长的支持力度等一系列扩大内需、促进经济增长的政策。同理,21世纪10年代以来,为促进经济高质量发展,保持经济平稳增长,中国政府实施经济结构战略性改革同样可以发挥多种政策的宏观调控作用。如为结构性改革营造稳定的宏观经济环境,可以实施宏观审慎政策,保持积极的财政政策和灵活适度的稳健货币政策;要调整优化需求结构,可以发挥消费政策作用;要优化投资结构和产业结构,可以发挥投资政策、产业政策、科技创新政策的协同作用;要强化节能减排和应对气候变化,可以发挥绿色产业政策、生态环保技术政策、国土空间开发和保护政策、生态补偿政策等作用;要增强区域发展协调性,可以发挥区域优先发展和开发政策;要缩小城乡发展差距,可以实施公共服务均等化政策、新型城镇化政策、农村地区发展优先政策;等等。

5.4.3 制度改革调控

制度是指要求大家共同遵守的办事规程或行动准则。制度改革就是打破现有约束社会生产力发展的既有规则,创造性地设立或建立一种新的规则以更好地适应和促进经济社会的发展。制度改革作为政府宏观调控的一个重要手段,与政策调控相比较更具体化、更加稳定规范以及影响更加长远。

改革开放以来,中国政府在各领域全面推进各项制度改革,极大地释放了社会生产力,促进了经济社会的快速发展。2010年之后,中国经济内部处于增长速度换档期、结构调整阵痛期、前期刺激政策消化期,"三期叠加"影响持续深化,外部处在国际金融危机后的深度调整期，经济下行压力加大，结构性改革尤其是供给侧结构性改革被中国政府提升为当前经济领域最重要的战略任务。为更好地完成结构性改革任务，须立足于经济供给和需求两侧，围绕资源配置结构、生产和产业结构、收入结构、城乡区域发展结构、投资和消费结构、内外部需求结构等结构性改革的重点领域和关键环节取得重大制度突破。要坚持使市场在资源配置中起决定性作用，打破行业垄断和地域壁垒，消除地方保护，提高企业对市场的调整和反应能力，提升资源要素的配置效率。进一步发挥好政府作用，着力解决市场体系不完善、政府干预过多和监管不到位问题。要加快形成国资国企改革制度，坚持政企分开和政资分开，积极推进混合所有制改革，进一步做优做强做大国有资本和国有企业。要支持民营企业发展，营造法治化制度环境，激发民营企业活力。要支持战略性产业和数字经济发展，推进传统制造业优化升级。要更多依靠市场机制和现代科技创新推动服务业发展。要深化金融体系改革，大力推动金融业脱虚向实，支持实体经济发展，消除系统性风险隐患。要健全多层次资本市场体系，提高直接融资比重。要实施收入分配制度改革，逐步缩小城乡居民以及城镇居民之间的收入差距。要深化财税体制改革，健全中央和地方财税分权体制，完善地方税体系，规范地方政府举债融资机制。要深化科技体制改革，建立健全鼓励原始创新、集成创新和引进消化吸收再创新的制度，健全技术创新市场导向机制和制度。要完善城乡健康发展制度，促进城镇化和新农村建设有机协调，逐步实现城乡一体化。要构建开放型经济发展新制度，逐步形成国内经济大循环为主体、国际国内双循环发展新格局。

5.4.4 政府投资调控

政府投资是政府运用税收、收费及发行债券等方式筹集资金，并作为投资主体将资金投向公共事业、基础设施以及关系国计民生、国家安全、关键产业等重要领域的经济行为。从全世界范围看，政府投资是世界各国普遍采用的经济发展干预和调控手段，但相对而言在社会主义市场经济体制国家政府投资的行为更为普遍，力度也更大，世界各国政府通过投资可以发挥引导投资、调整投资结构、扩大国内需求、贯彻产业政策、调节地区差距、促进地区协调发展等重要作用。

当前，中国经济发展的结构性失衡主要表现在供需结构、产业结构、投资结构、区位结构、收入结构、内外部需求结构、要素投入结构等方面，政府投资完全可以作为结构性改革的重要宏观调控手段加以合理运用。首先，政府投资可以平衡和调节经济投资总量。当社会投资旺盛、经济相对过热时，可以压缩政府投资，以缓解投资膨胀和经济过热；当社会投资低迷、经济不景气时，可以扩张政府投资，增加社会有效需求，平衡经济总供给和总需求。其次，政府投资能够引导和促进产业转型升级。对于传统企业，政府可以以贷款贴息等间接投资形式加大企业的挖潜改造和技术升级力度；对于节能环保、生物医药、人工智能、高端装备制造、新能源、新材料等产业发展，政府可以采取优先直接投资，率先在行业领域形成一批高科技国有混合制企业，发挥示范带动效应。第三，政府投资能够调节和优化投资结构。在市场经济条件下，社会投资应成为市场的投资主体，政府投资只能作为重要和有效的补充，但社会投资由于信息不对称以及信息不充分，投资信心较为敏感和脆弱，政府投资可以率先在某些重点和先导行业进行投资，起到一种先导和示范作用。除此之外，政府投资一般更多地投向公共基础领域，为社会投资营造了一个良好的公用设施和社会基础设施环境，在一定程度上也会带动社会投资的跟进。最后，政府投资能够缩小区域发展差距和收入差距。中国地域辽阔，地区经济发展极不平衡，政府投资通过在各地区的投资分配比例关系的设计，一方面调节了生产力地区布局和区域产业结构，另一方面对于调节地区差距、促进地区协调发展也极具关键作用。

5.4.5 政府监管调控

政府监管调控是指政府通过履行经济管理职能，对微观经济主体进行规范与制约，从而实现某些经济公共目标的过程。具体而言，政府在经济活动中主要通过对特定产业和微观经济活动主体的进入、退出、资质、价格及涉及国民健康、生命安全、可持续发展等行为进行监督、管理来实现。由于政府监督管理行为具有行政性，因而具有一定的权威性和强制性，对微观经济主体具有较强的约束性。但是，在大多数市场经济国家，政府监管大多是应对市场失灵而采取的一种弥补机制，如果政府监管对经济活动干预过于宽泛，必然又会跌入无效率的"深渊"。因此，政府监督管理作为政府宏观经济调控的一种手段，必然要慎之又慎。

为促进国家经济未来高质量发展，结构性改革作为政府在经济领域实施的一个阶段性战略任务目标具有一定的公共性，与此同时，部分经济结构的调整和优化其本身也涉及国家国民健康、生命安全、可持续发展等行为，政府监管完全可以在这些领域发挥调控作用，规范和促进结构性改革过程。具体而言，在促进产业经济与环境保护的关系结构转变上，政府可以实行严格的准入制度或标准，对未能符合环保要求的项目、企业，一律不能上马和开工；对违反国家环保政策的经济行为和活动，可以按照《环境保护法》等相关法律进行纠正和处罚；等等。在产业结构的转型上，政府可以制定各类产品的生命健康和产品安全标准并严格监督执行此标准，以此淘汰落后产能和部分粗放型企业，倒逼部分行业和企业转型升级；等等。在生产要素投入结构转变上，政府可以制定最低劳动工资标准和员工基本社会保障标准并执行，加大企业用人的刚性成本风险，促使企业向技术要效益，实现生产投入要素的转换。在配置资源的结构调整上，政府监管更应当"刀刃"向内，加大行政监管相互制衡力度，保持合理的行政监管边界，让市场和政府两种机制各司其职，最有效率地配置社会有限资源。在社会收入结构的调节上，政府通过严格监督执行合理的社会保障政策，确保生活困难、弱势等群体的基本收入保障，合理缩小社会收入差距。总之，政府监督管理在结构性改革过程中仍能与其他宏观调控手段协同配合发挥出应有的积极作用。

第6章 中国结构性改革实施供需双侧联动调控的重点领域

6.1 产业结构调控专题：产业结构变迁、要素效率与经济增长

6.1.1 引言

2008年金融危机以来，中国经济开启了波动式下滑模式，从2007年经济增长最高点14.2%下降至2010年10.6%，之后更是连年下滑，2016年经济增长速度下滑至6.5%。针对中国经济增速急剧下滑现象，国内学者从不同的角度给予了解读，例如张卓元从经济再平稳和再调整角度，胡乃武、李建伟从外部需求冲击角度，郎丽华、杨瑞龙从国内宏观调控政策转向变化角度等（郎丽华等）[136]。但较多的学者则认为当前中国经济增速下滑与经济结构特别是产业结构障碍密切相关（刘尚希等；[14] 刘燕妮等；[20] 袁富华 [136]；于斌斌 [137]）。与此同时，更有学者从理论上分析了产业结构障碍影响中国经济减速的机理，沈坤荣等指出，中国众多的生产资源向服务业集聚，但由于服务业市场存在较多管制，从而产生"结构负担"，造成增速下降 [134]。中国经济增长前沿课题组等指出，中国的产业结构逐步在由第二产业主导向第三次产业主导过渡的过程中，由于服务业劳动生产率增长低于工业劳动生产率增长，导致了中国整体经济增长率的下降 [138]。中国当前的经济增长率下降真如上述学者所述是由产业结构的不合理变迁所引致的劳动力要素效率下降引起的吗？毫无疑问，这一问题的明晰，对于中国当前产业发展的结构性改革具有非常重要的意义。但从目前的研究来看，这一问题虽有理论上的探讨，实证上却鲜有学者做出回应。基于此，本研究拟选取1979—2015年期间中国产业结构变迁和经济增长变化的数据，通过构建时间序列阈值协整模型对这一问题予以分析和解答。

6.1.2 理论关系阐述

产业结构表现为各产业之间的构成、联系和比例关系，其实质反映了一个国家或地区各种生产投入要素或资源的配置状态。Denison 曾指出要素或资源配置是影响经济增长的重要因素之一。产业结构的合理化变迁意味着一国资源配置效率提升[139]。Peneder 认为在技术进步和主导产业依次推动产业结构变迁的过程中，投入要素从低生产率向高生产率水平的部门流动，带动了整个社会生产率水平的提高，由此带来"结构红利"促进了经济增长[140]。20世纪中后期以来，众多的国内外学者对产业结构与经济增长的关系考察也证实了这一观点。Kuznets 通过截面和长期趋势方法考察了世界15~18个发达国家进入现代经济增长时期以来经济增长与产业结构的变化，发现各国现代经济增长以来人均产值均增长了5倍多或生产总值至少扩大15倍以上，但与之伴随的是在国民生产总值中农业部门所占份额持续减少，工业部门份额持续上升，以及服务业部门份额不怎么一贯的并有限度的上升[141]。Chenery 等在考察多国人均国民生产总值增长路径上的生产部门结构转换时发现，在工业化前期阶段，占统治地位的是农业生产活动，由于初级农业产品生产增长的速度慢，而工业制成品的有限需求限制了制造业不能成为总产出的主要来源，在此阶段总产出是增长缓慢的；在工业化阶段，制造业超过农业部门成为经济增长的主要贡献部门，农业向工业转移相联系的生产率增长增加了对产出的贡献；在发达经济阶段，由于制成品的收入弹性和总需求减少，制造业在国民生产总值中的份额以及在劳动就业中的比例均有所下降[80]。Nutahara 利用月份数据在研究日本1978—2006年间的产业结构变化与经济增长关系时发现，产业结构变化的长期趋势与经济增长具有显著的关联关系，产业结构变迁中新技术引致的新产业出现一般会导致长期经济增长[142]。Cortuk 等利用面板数据对印度2000—2006年期间的产业结构变化与经济增长关系进行了研究，发现这一时期的产业结构变化对经济增长率提升具有积极影响[143]。

具体到中国的产业结构与经济增长关系实践，国内外学者也给予了大量关注，其得到的观点和研究结论与前述研究基本一致。Fan 指出中国产业结构调整促使了劳动力跨地区跨部门流动，从而带来了中国整体经济效率的提升[144]。Cao 等指出中国农业部门的全要素生产率提升，使得农业部门每年的劳动力投入至少减了5%，这些减少了劳动力进入了物质和人力资本较高的非农业部门，从而从根本上影响改革后期的中国经济增长[145]。Valli 等在分析中国和印度两个国家的产业结构变化和经济增长关系时指出，中国在1987—2009年经济迅速增长的时期经历了复杂的产业结构变迁影响，这种产业结构影响主要来自产业内部变迁对生产率的影响。但与此同时指出，无论是产业内还是产业间的结构变迁，劳动力的较大规模重配时期对未来经济增长率的影响也将更为积极[81]。刘伟等通过测算产业结构变迁对全要素生产率的贡献，指出中国产业结构变迁对经济增长有积极贡献，但这种结构性的红利贡献是趋于逐步减弱的[146]。干春晖等通过实证研究指出，总体上中国产业结构合理化和产业结构高级化的演变均对经济增长产生正面作用[129]。周少甫等的研究同样表明，传统产业向现代产业转移使得现代产业部门能吸收更多的有技能劳动力，从而有助于提高人力资本的产出效率，促进了经济增长[147]。

综上所述，国内外学者对产业结构与经济增长关系的研究总体上认为产业结构变迁促进经济增长，而其根本原因是产业结构变迁中劳动要素生产效率的提升。但是，上述文献的研究却忽略了两个方面的问题：一是产业结构的变迁是否具有经济发展的阶段性？超越发展阶段的产业结构变迁是否会对经济增长起到反作用？二是产业结构变迁促进经济增长除了劳动要素起促进作用外，另一种重要的生产要素资本是否也会在产业结构变迁中发生作用，从而与劳动要素一起作用于经济增长？针对上述问题，本研究力求在以下两个方面有所突破：一是以理论分析为基础，将产业结构变迁、劳动要素生产率和资本要素生产率变化对经济增长的影响统一到一个计量模型框架中进行研究；二是建立时序阈值协整模型考察中国产业结构变迁路径上的经济增长效应，并结合经济发展阶段与产业结构的耦合性来解释当前中国产业结构变迁中经济增长减速的现象。

6.1.3 阈值协整模型构建

6.1.3.1 理论模型的构建

基于新古典增长 C-D 形式的社会产出函数：

$$Y_t = AL_t^{\alpha} K_t^{\beta} \tag{6-1}$$

两边同时取对数，得：

$$lnY_t = lnA + \alpha lnL_t + \beta lnK_t \tag{6-2}$$

其中，Y_t 为产出；A 为技术因素，为常数；L_t 为 t 期劳动力；K_t 为 t 期资本存量。α、

β 分别为劳动产出弹性和资本产出弹性。

一般而言，在社会生产过程中，劳动和资本的产出弹性会因为社会生产条件或环境的改变而改变，而社会生产条件或环境改变就包括产业结构在内的变化。当产业结构变化引起劳动和资本要素产出弹性增大，社会产出必然增加，经济增长；当产业结构变化引起劳动和资本要素产出弹性缩小，社会产出必然减少，经济衰退。为考察产业结构变化的这种效应，本研究将（6-2）式修改为：

$$INY_t = \mu_t + (\alpha_1 INL_t + \beta_1 INK_t) + (\alpha_2 INL_t + \beta_2 INK_t)(tv_t\phi\gamma) + \varepsilon_t \qquad (6\text{-}3)$$

（6-3）式可简记为：

$$INY_t = \mu_t + \omega_1'X + \omega_2'XI(tv_t\phi\gamma) + \varepsilon_t \qquad (6\text{-}4)$$

（6-4）式中 $\omega_1 = (\alpha_1, \beta_1)$，$\omega_2 = (\alpha_2, \beta_2)$，$X = (INL_t, INK_t)$；$tv_t$ 为阈值变量，本研究为产业结构；γ 为阈值；$I(\cdot)$ 是以 tv_t 为阈值变量的示性函数，当 tv_t 满足括号中的条件时为1，不满足条件时为0。模型（6-4）式反映了劳动、资本两种生产要素的产出弹性随阈值变量即产业结构的变化而变化的不同效应，也即劳动和资本对产出增长效应因产业结构变化而具有非线性转换特征。

（6-4）式也可扩展为双阈值的三机制模型，假定阈值 $\gamma_1\pi\gamma_2$：

$$INY_t = \mu_t + \omega_1'X + \omega_2'XI(\gamma_1 \leq tv_t \leq \gamma_2) + \omega_3'XI(tv_t\phi\gamma_2) + \varepsilon_t \qquad (6\text{-}5)$$

（6-5）式与（6-4）式各变量含义相同。如果（6-4）式和（6-5）式中各解释变量服从单位根过程，且残差 $\hat{u}_t \to I(0)$，那么（6-4）式和（6-5）式均为阈值协整模型。

6.1.3.2 变量及数据的说明

（1）变量说明

经济产出（Y）：被解释变量，为当年国内生产总值。

资本存量（K）：解释变量，为上年固定资本总额存量减去当年折旧与当年固定资本形成总额之和。

劳动力（L）：解释变量，为当年全国就业人口总数。

产业结构（TV）：阈值变量，为国民经济各产业产值之间的比例。根据研究的需要，本研究在此将第三产业与第二产业产值之比（FG）、第三产业与第一产业产值之比（FN）、生产性服务业与服务业产值之比（SF）设为具体的阈值变量。其中，生产性服务业是指服务业（第三产业）中的金融业、交通运输、仓储和邮政等行业。

(2) 数据来源说明

本研究研究的时间跨度为1979—2015年。变量数据来源说明如下：

经济产出（Y）来源于《中国统计年鉴（2015）》，并折算为1978年不变价。资本存量（K）根据单豪杰（2008）的估算方法，对中国1978年以后的资本存量数据进行估算，并延续至2015年。估算过程用到的当年固定资本形成数据来源于《中国统计年鉴（2015）》。资本存量以1952年不变价表示。劳动力（L）、产业结构（TV）来源于《中国统计年鉴（2015）》。为确保数据的平稳性，对经济产出、资本存量和劳动力数据进行对数化处理。

6.1.3.3 实证分析

(1) 实证检验

确定（6-4）式和（6-5）式是否为阈值协整模型，需要经过解释变量的共线性检验、变量的平稳性检验、模型设定形式检验和阈值协整检验等步骤。下面按上述步骤分别进行检验。

① 共线性检验。解释变量高度共线性容易导致奇异矩阵而无法正确估计。在（6-4）式中，变量 K 与 L 之间的相关性较强，相关系数达到0.996。为消除模型的共线性，利用 Kumar（2002）降低变量之间共线性的方法[148]，以 L 为被解释变量，K 为解释变量进行回归，以得到的残差代表 L，并以 LS 表示。调整后，模型解释变量 K 与 LS 的相关性非常弱，只有 0.92×10^{-13}。

② 变量平稳性检验。对（6-4）式中的变量进行 ADF 检验，Y、K、LS、FG、FN、SF 变量在5%的显著水平下显示不平稳。对其一阶差分后，在5%的显著水平下各变量序列显示平稳。因此，（6-4）式中的所有变量均是关于 平稳序列。

③ 模型设定形式检验。在时间路径上，劳动和资本要素对产出影响是否存在差异，需要检验劳动和资本要素对产出的影响是服从（6-2）式形式、（6-4）式形式，还是（6-5）式形式。这种检验涉及两个方面：一是检验设定的模型是否存在的阈值效应，即对（6-2）式和（6-4）式的检验；二是检验设定的模型是否存在多个阈值 γ，即对（6-4）式和（6-5）式的检验。

首先，对阈值效应进行检验。假定在（6-4）式中，设原假设 $H_0: \omega_2 = 0$，如果模型检验拒绝 H_0，则存在阈值效应；如果接受 H_0，则不存在阈值效应，设定模型服从（6-2）式估计。阈值效应检验可利用 Gonzalo 等（2006）提出的非线性约束检验 LM 统计量来进行[149]。LM 统计量为：

$$LM(\gamma) = \frac{1}{\hat{\sigma}_u^2} U' M X_\gamma (X'_\gamma M X_\gamma)^{-1} X'_\lambda M U \qquad (6-6)$$

在（6-6）式中，γ 为（6-4）式的估计值，$\hat{\sigma}_u^2$ 是（6-4）式在原假设条件下，对其估计而得的残差的长期方差的估计值，$M = I - X(X'X)^{-1}X'$。检验原理如下：如果采用 bootstrap 仿真试验计算的 LM 统计量的标准分布临界值 $LM^p \pi LM$，拒绝原假设 H_0，设定模型存在阈值效应，设定模型服从（6-4）式；反之设定模型则服从（6-2）式。

其次，对阈值个数进行检验。如果已经确定设定模型存在阈值效应，则进一步需要确定设定模型中阈值的个数，即设定模型是服从（6-4）式还是（6-5）式。根据 Teräsvirta（1994）提出的序贯检验思想[150]，假定在（6-5）式，设原假设为 H_{01}：$\omega_2 \neq 0$，$\omega_3 = 0$，如果（6-5）式的 LM 约束检验 $LM^p \pi LM$，则拒绝原假设，则设定模型服从（6-5）式；反之设定模型则服从（6-4）式。

重复以上步骤，进一步可以检验设定模型是否存在三个阈值的四机制效应，甚至 N 个阈值的 N+1 个机制效应。本研究由于的样本量的限制，模型的设定形式检验确定为（6-4）式和（6-5）式。

根据上述方法和步骤，分别以 FG、FN、SF 为阈值变量，对本研究设定的基本计量模型（6-2）式进行形式检验，结果如下（见表6-1）。

表6-1 模型设定形式检验

阈值变量	原假设	LM 估计值	Bootstrap P 值	$\hat{\gamma}$ 值	结论
FG	H_0：$\omega_2 = 0$	4.090	0.049	0.951	拒绝 H_0
	H_{01}：$\omega_2 \neq 0, \omega_3 = 0$	11.949	0.259	0.951，0.778	接受 H_{01}
FN	H_0：$\omega_2 = 0$	3.747	0.051	4.587	拒绝 H_0
	H_{01}：$\omega_2 \neq 0, \omega_3 = 0$	6.160	0.434	4.127，1.826	接受 H_{01}
SF	H_0：$\omega_2 = 0$	3.386	0.044	0.246	拒绝 H_0
	H_{01}：$\omega_2 \neq 0, \omega_3 = 0$	0.603	0.734	0.243，0.319	接受 H_{01}

注：bootstrap 的循环次数为1 000次。

可见当（6-2）式分别以 FG、SF 为阈值变量时，在5%的显著水平下（6-2）式存在阈值效应，并且服从（6-4）式形式，即存在1个阈值变量；而在以 FN 为阈值变量时，在10%的显著水平下（6-2）式存在阈值效应，同时也服从（6-4）式形式，即存在1个阈值变量。

④模型阈值协整检验。根据前面检验，（6-2）式在分别以 FG、FN、SF 为阈值变量时，均服从（6-4）式。进一步的，通过对（6-4）式进行 $C_{FMOLS}^{b,i}$ 统计量检验，可以确定（6-4）式是否为阈值协整模型。检验过程如下：根据表6-1中所确定的阈值，对（6-4）式进行完全修正最小二乘估计，基于估计得到的残差，利用基于使用部分残差计算的 $C_{FMOLS}^{b,i}$ 统计量进行计算（Choi et al.，2010）[151]，若计算的 $C_{FMOLS}^{b,i}$ 统计量小于其分布对应的临界值（临界值可通过 Monte Carlo 仿真试验确定），则（6-4）式为阈值协整模型。$C_{FMOLS}^{b,i}$ 统计量为：

$$C_{FMOLS}^{b,i} = b^{-2}\hat{\omega}_{i,u}^{-2} \sum_{t=i}^{i+b-1}(\sum_{j=i}^{t}\hat{u}_j)^2 \Rightarrow \int w^2(s)ds \quad (6-7)$$

其中，b 为所选取的部分残差样本容量，i 为部分残差的起点，FMOLS 为完全最小二乘估计方法，$\hat{\omega}_{i,u}^2$ 是 u 的长期方差 ω_u^2 的一致估计，$w(s)$ 为标准布朗运动。（6-4）式的检验结果如下（见表6-2）。

表6-2 模型阈值协整检验

模型形式	阈值变量	检验统计量	估计值	5%临界值	结论
模型（6-4）式	FG	$C_{FMOLS}^{b,i,\max}$	2.673	3.628	协整
	FN	$C_{FMOLS}^{b,i,\max}$	2.776	3.631	协整
	SF	$C_{FMOLS}^{b,i,\max}$	2.484	4.132	协整

由表6-2可见，（6-4）式在分别以 FG、FN、SF 为阈值变量的情况下，$C_{FMOLS}^{b,i}$ 估计值均小于5%的临界值，（6-4）式为阈值协整模型。

（2）实证结果分析

将表6-1中所确定的阈值代入（6-4）式，采用 FMOLS 法分别进行估计，得到具体估计结果（见表6-3）：

由表6-3可见，当中国第三产业与第二产业产值比 FG、第三产业与第一产业产值比 FN、生产性服务业与服务业产值比 SF 分别达到0.951、4.587、0.246时，产业结构对经济增长的投入要素资本和劳动产生不同的影响。具体而言，当第三产业与第二产业产值比小于0.951时，即在1979—2008年期间，资本和劳动分别以第一机制即0.703 8、0.321 9的产出弹性作用于经济增长；当第三产业与第二产业产值比大于0.951时，即在2009—2015年期间，资本和劳动分别以第一机制与第二机制之和，即0.707 1、-0.632 7的产出弹性作用于经济增长。当第三产业与第一产业产值比小于4.587时，即在1979—2009年期间，资本和劳动分别以第一机制即0.704 8、0.336 9的产出弹性作用于经济增长；当第三产业与第一产业产值比大于4.587时，即在2010—2015年期间，资本和劳动分别以第一机制与第二机制之和，即0.709 2、-0.734 3的产出弹性作用于经济增长。当生产性服务业与服务业产值比小于0.246时，即在2003—2006年、2010—2015年期间，资本和劳动分别以第一机制即0.697 4、0.035 9的产出弹性作用于经济增长；当生产性服务业与服务业产值比大于0.246时，即在1979—2002年、2007—2009年间，资本和劳动分别以第一机制与第二机制之和，即0.699 2、0.305 2的产出弹性作用于经济增长。

表6-3 （6-4）式估计结果

基本模型	模型(6-4)式		
阈值变量 tv	FG	FN	SF
常数	0.657 3	0.644 0	0.687 1
机制 1	$FG \leq 0.951$	$FN \leq 4.587$	$SF \leq 0.246$
α_L	0.321 9	0.336 9	0.035 9
β_K	0.703 8	0.704 8	0.697 4
机制 2	$FG > 0.951$	$FN > 4.587$	$SF > 0.246$
α_L	-0.954 6	-1.071 2	0.269 3
β_K	0.003 3	0.004 4	0.001 8

（3）研究结论

本研究以产业结构为阈值变量，考察第三产业与第二产业产值比（FG）、第三产业与第一产业产值比（FN）、生产性服务业与服务业产值比（SF）的变化对经济增长的影响，得到以下结论：①中国的产业结构变化对经济增长存在阈值效应，即当中国第三产业与第二产业产值比、第三产业与第一产业产值比、生产性服务业与服务业产值比分别达到0.951、4.587、0.246时，产业结构对经济增长会发生非线性转移现象即阈值效应。②改革开放以来，中国的三次产业结构变迁对经济增长发生了两次深刻变化,在第一次深刻变化中,即第一产业在三次产业产值中的比重下降、第二产业和第三产业产值比重同时上升时,促使了资本和劳动要素以较高的效率作用于经济增长,但在第二次深刻变化中,即当第一产业产值比重仍保持下降态势而第三产业产值比重接近和超过第二产业产值比重时,资本要素效率虽然保持基本不变,但劳动要素效率却大幅下降,劳动要素以较大负的产出弹性作用于经济增长。③当第三产业内部的生产性服务业产值比重下降至0.246以下时,劳动要素的产出效率大幅下降,其所对应的时期与第三产业产值比重接近和超过第二产业产值比重从而导致劳动要素效率下降所对应的时期是基本保持一致的,这说明第三产业内部生产性服务业产值比重下降这一结构变化与第三产业产值比重接近和超过第二产业产值比重这一结构变化共同作用导致了2009—2010年以后时期中国经济增长效率的下降。

6.1.4 产业结构变迁视角对中国经济增长减速的解释

国内外研究表明,在各国经济增长过程中或工业化过程中,必然伴随着产业结构的变迁即国民经济的主导产业由第一产业逐步向第二产业过渡,再向第三产业过渡,究其原因是产业结构的变迁导致劳动要素由低效率产业部门逐步向高效率部门流动,带动了劳动生产率的极大提升,进而持续推动经济增长。具体到中国的实践,中国改革开放以来的工业化进程同样遵守这一产业结构演变规律,但在2009—2010年以后即中国的工业化进程进入中后期阶段以后,三次产业发展的演变规律虽然仍保持着上述趋势,但劳动要素的产出效率却发生极大反转,由前一阶段较大的正产出弹性反转为较大的负产出弹性。究其原因,从2009—2010年以后的中国劳动要素投入总量及三次产业结构分布可以发现,劳动要素投入总量和第一产业劳动力变化趋势仍保持基本不变,即劳动投入总量仍保持逐年增加、第一产业劳动力仍保持逐年减少趋势,但第二产业劳动力却由逐年增加转变为逐年减少,第三产业劳动力仍保持逐年增加但总量上已超过第二产业,这一现象说明近年来中国劳动力的产业结构已经发生大的变化,已由过去的第二产业吸附劳动力为主转变为由第三产业吸附劳动力为主。进一步的,结合第三产业发展的内部结构变化分析,第三产业中生产性服务业比重近年来不断降低,说明第三产业吸附的大量劳动力主要流向了劳动效率较低的非生产性服务行业,由此拉低了整个社会平均劳动生产率。综上所述，改革开放以来，中国的工业化目前尚未完成，但产业结构却过早地向服务业变迁，同时伴随着第三产业内部产业结构过度的非生产性化倾向发展，从而导致了劳动要素效率的大幅下降，这也是中国近年来经济减速增长并且过度依赖投资拉动的重要原因之一。

6.1.5 结论与建议

产业结构的合理化是保持经济增长的重要前提，脱离经济增长阶段而过度追求产业结构的高级化即服务业化必然影响生产要素配置效率的发挥，造成欲速则不达的结果。中国2015年人均GDP约为49 992元，折算为1964年美元价格约为1 372美元。按照钱纳里的准工业化的划分标准，中国目前大约处于工业化过程中的第四阶段即工业化中后期阶段，但从产业结构看，服务业尤其是非生产性服务业发展占据了绝对优势，产业结构超越发展阶段出现过早的服务业化以及服务业非生产性化趋势。为此，调整产业结构，进一步激发劳动生产要素的效率促进经济增长显得尤为必要。一是大力发展现代农业。加快转变农业发展方式，大力推进农业机械化和规模化生产经营，在提高农业产业自身质量和效率的同时，不断使农业成为劳动力释放的源泉。二是要努力振兴传统制造产业。以《中国制造2025》实施为契机，提高制造业的创新能力和基础能力，推进信息技术与制造技术深度融合，推进制造业的高端和智能化发展。三是大力培育和发展战略性新兴产业。战略性新兴产业是新兴技术与工业产业不断深化和融合发展的结果，不断推进战略性新兴产业发展，可以带动整个社会劳动要素效率进一步的提升。四是重点推进生产性服务业发展。生产性服务业依附于第二产业发展，是产业结构逐步转型发展即第二产业向第三产业转型发展的过渡和衔接产业，由于生产性服务业具有较高的技术含量，保持了第二产业较高劳动效率的延续性，工业化中后期阶段大力发展生产性服务业，契合了产业结构发展的趋向。五是适当发展生活性服务业。相对于新兴制造工业和生产性服务业，生活性服务业的劳动生产率较低，但在工业化中后期阶段适当发展生活性服务业，既可满足了当前经济阶段丰富人民生活的需要，也不会立即对当前劳动生产率产生明显的拖累效应，同时在一定程度上也保持了后工业化阶段产业发展的衔接性。

6.2 体制结构调控专题：市场竞争、政府干预与要素资源配置效率

6.2.1 引言

改善要素资源配置效率是提升经济效率的重要途径，而要素资源配置效率的改善取决于市场与政府两种资源配置手段的协调。改革开放以来，中国持续推动市场经济体制改革，不断优化和完善生产要素资源配置方式，经济保持高速增长。现有部分文献研究表明，市场化改革优化了要素资源配置，提升了全要素生产率、资本效率以及自主创新效率，这是中国经济高速发展的关键（方军雄；樊纲等；成力为等）[152-154]。然而，2010年之后，中国经济增长跌至个位数之后，持续呈现下滑趋势，2019年跌至最低6.1%。究其原因，固然存在"三期叠加"因素，但是否也存在市场与政府矛盾加剧，导致要素资源有效配置失灵的原因呢？党的十八届三中全会就已提出，要进一步"深化经济体制改革"，"发挥市场在资源配置中起决定性作用和更好发挥政府作用"，这充分说明理顺资源配置中市场与政府关系已经再次成为党和国家高度关注的重大问题。部分文献研究指出，在市场化改革进入"深水区"后，政府经常采取财政补贴、银行信贷金融抑制、行政性市场进入壁垒、劳动力流动管制、行政腐败等隐蔽或非隐蔽方式干扰市场配置资源（韩剑等；左晶晶等，）[155-156]。因此，在此背景下，探讨市场竞争、政府干预与要素资源配置效率的关系，无疑对新时期进一步转变政府职能，完善市场机制，进而促进经济结构转型和高质量发展具有重要意义。

企业是市场经济活动的主体，受到市场和政府双重作用机制的约束，同时企业也是社会要素资源配置的主要载体，通过从企业层面分析要素资源的投入产出变化，可以有效评估社会要素资源配置受市场和政府驱动的影响。由此，本研究基于企业微观的视角，考察市场竞争机制对要素配置效率影响以及政府干预行为对二者的调节效应，试图为高质量发展背景下资源有效配置的市场与政府手段调整提供新的启示。

6.2.2 市场、政府与效率关系的理论文献回顾

市场、政府与效率关系的讨论自18世纪亚当·斯密使经济学成为一门独立的学科以来的两百多年间从未间断。斯密认为在商品经济中，每个人都以追求自己的利

益为目的,在"看不见的手"的指导下,即通过市场机制自发作用的调节,各人为追求自己利益所做的选择,自然而然地会使社会资源获得最优配置[92]。其后的萨伊、李嘉图、穆勒、马歇尔等古典经济学家继承和发展这一观点。20世纪二三十年代西方资本主义国家爆发经济大萧条,凯恩斯以"有效需求不足"为逻辑起点与理论前提,提出政府"有形之手"必需介入资源配置过程,主张对经济进行全面干预,并由此产生了著名的"凯恩斯革命"[94]。凯恩斯的主张在战后相当的一段时期受到西方资本主义国家大力推崇,并在经济实践中遵循。但20世纪70年代中后期后,资本主义国家阵营普遍出现"滞胀"现象,从而导致"凯恩斯革命"的失败,新经济自由主义思想出现。新经济自由主义代表人物弗里德曼提倡将政府的角色最小化以让自由市场运作,以此维持政治和社会自由[157]。卢卡斯提出著名的"卢卡斯批判"——在个人和企业进行理性预期条件下,政府干预的宏观经济政策是无效的[158-159]。哈耶克、Hayek认为有效的资源交换和使用只有可能由自由市场上的价格机制来维持。国家的主要角色应该是维持法治,并且应该尽可能地避免介入其他领域[160-161]。总而言之,新经济自由主义主张自由竞争,反对政府全面干预。进入20世纪中后期,随着大量学者对市场经济运行的研究,发现垄断、外部影响、公共产品、非对称信息、非完备市场等原因的存在容易导致经济"失灵"[162-165],因此,理论界在主张发展自由市场经济的同时加强政府调控以获得更加有效率的经济状态这一观点已基本形成了共识。

如果20世纪国内外学者关于政府、市场与效率的讨论聚焦于资源配置方式效率主导权的争论,那么当前的讨论则更加关注于政府如何有效地配合市场形成资源配置效率最大化问题。刘国光认为市场在资源配置中起决定性作用,但应限制在微观层次,政府要加强计划调控和管理宏观层次上的资源配置问题[166]。洪银兴认为在市场对资源配置起决定性作用后,更好发挥政府作用的一个重要标志是政府行为本身也要遵守市场秩序,政府作用机制同市场机制相衔接,在应该发挥作用的领域和层面上有效发挥作用,这样整个社会就可能做到效率和公平兼顾[167]。丁为民认为有为政府是有效市场得以出现和有效运作的前提和保障,政府调控可以在提供政治稳定、统一大市场和市场监管以及调控市场中各阶级、阶层之间的经济关系,形成动态均衡的市场社会结构等方面发挥重要作用[168]。当然,也有部分学者基于实证的视角,从微观利用企业数据检验政府在市场化资源配置过程中的影响,进而提出政府合理干预的建议。实证研究分为直接验证和间接反证两种研究思路展开,在直接验证思路下,如通过对企业融资(Boyreau-Debray 等;孙铮等;黎凯等)[169-171]、企业投资(徐一民等;强国令等;梁毕明等)[172-174]、企业创新(Thomson 等;叶祥松等;夏清华等)的检验,直接反映政府各种干扰对资本、技术等生产要素配置效率的影响[175-177]。而在间接反证思路下,则通过研究政府政策和制度是否导致社会资源错配(简泽;韩剑等)[178, 155],以及社会资源错配对经济增长效率和 TFP 增长率形成的损失(Hsieh;袁志刚等;罗德明等;尹恒等)[179-182],从而间接反映政府不当干预的存在。然而,综观现有实证文献在讨论政府对要素资源配置效率的影响时,要么局限于对某种单一要素资源配置效率的讨论,要么以社会资源配置效率总体指标进行讨论,较少有在一个研究框架内关注资本、劳动力以及技术进步等多要素的配置效率情况。此外,现有实证文献一般直接讨论政府干预对要素资源配置效率的影响,较少关注政府干预对市场机制影响资源配置的交互影响。由此,这为本研究提供了进一步的探讨空间。

6.2.3 研究设计

6.2.3.1 样本选择

本研究选择2009—2018年间全部 A 股上市的制造业企业为研究样本。之所以选择制造业企业,是因为制造业企业是中国工业化阶段生产要素资源配置的主要层面,外部市场竞争及政府的影响能否促进其劳动、资本和技术要素效率提升,在一定程度上反映了全社会生产要素资源配置效率的状况,因而具有一定的样本代表性。根据 WIND 数据库,在 2009—2018 年间沪深两市全部 A 股的制造业企业共计2 403 家,剔除关键变量存在缺失值的公司1 136家,得到1 267家有效样本,观测值12 670个,构建了2009—2018年的平衡面板数据。

6.2.3.2 研究模型与变量定义

(1)模型构建

借鉴以往研究市场、政府与生产要素效率影响关系的相关文献(方军雄;强国令等)[152, 173],本研究拟构建下列实证模型:

$$Efficiency_{it} = C + \beta_1 Market_{it} + \beta_2 Market_{it} \times Loan_{it} + \beta_3 Market_{it} \times Tax_{it} + \beta_4 Market_{it} \times Subsidy_{it} + \beta_5 Market_{it} \times Disturb_{it} + \beta_5 Loan_{it} + \beta_6 Tax_{it}$$

$$+\beta_7 Subsidy_{it} + \beta_8 Disturb_{it} + \beta_9 Size_{it} + \beta_{10} Age_{it} + \beta_{11} Lev_{it} + \beta_{12} Capidense_{it}$$
$$+\varepsilon_{it} \tag{1}$$

上述模型中，$Efficiency$ 指生产要素配置效率，$Market$ 指市场竞争，$Loan$ 指银行信贷，Tax 指税收优惠，$Subsidy$ 指政府补助，$Disturb$ 指其他行政干扰，$Size$ 指企业规模，Age 指企业年龄，Lev 指企业资产负债率，$Capidense$ 指企业资本密集度，ε_{it} 代表随机误差项。

（2）变量定义

①被解释变量：要素配置效率（Efficiency）。要素配置效率是指生产要素被分配于社会生产活动的合理程度，通常可以以在生产过程中要素被有效分配后的产出效率来反映。各要素被分配后的产出效率越高，表明生产要素配置越合理，配置效率越高。在本研究中，主要考察生产过程中所使用的劳动、资本和技术三要素的配置效率情况。劳动配置效率（Labeffi）本研究以企业营业总收入与劳动总人数的比值作为衡量代理指标。资本配置效率（Capieffi）本研究以企业营业总收入与固定资产总额的比值作为衡量代理指标。技术配置效率（Techeffi）本研究以企业的平均技术进步率来代理衡量。企业的技术进步率通常也叫全要素生产率（TFP）增长率。在现有的研究文献中，其估算通常借助柯布－道格拉斯生产函数，即估算出总量生产函数后，采用产出增长率扣除各投入要素增长率后的残差来测算全要素生产率增长率（舒元；王小鲁）[183-184]。

②解释变量：市场竞争（Market）。市场竞争是提升要素资源配置效率的重要手段。为赢得市场竞争，企业通常会精打细算购置生产要素，但同时也会采取一切可能手段促使生产要素发挥出最大效益。因此，企业的理性生产经营行为会促使全社会生产要素趋向合理流动。本研究用企业的销售费用与营业收入的比值作为衡量市场竞争的代理变量，因为当企业面临的竞争压力加大时，越愿意花更多的钱去促进企业销售。同时，这一做法也为其他学者所接受（聂辉华等；徐晓萍等）[185-186]。

③调节变量：政府干预会对市场配置资源形成重要影响。为更清晰地检验政府干预对市场竞争配置资源的调节效应，本研究将市场经济条件下的政府干预归纳为四种类型，即银行信贷（Loan）、税收优惠（Tax）、政府补助（Subsidy）和其他行政干扰（Disturb）。在产权公有制度的安排下，中国的国有或国有控股金融

企业（银行）与政府具有天然的密切关系，而一般企业生产经营所需资金主要来源于国有或国有控股金融企业（银行），因此银行信贷是政府影响企业配置资源的重要方式和手段。本研究用企业贷款总额占总资产的比值作为衡量银行信贷的代理变量。税收优惠也是政府影响企业资源配置的重要因素，税收优惠力度越大，政府影响企业配置资源的力度也就越大。参考夏清华等的研究[177]，选择企业实际缴纳的税金及附加总额与营业总收入的比值相反数作为衡量税收优惠的替代变量，其值越大，税收优惠程度越高。政府补助反映了政府对一般性企业的直接投入程度，对企业配置生产资源也形成了直接影响。本研究以政府补助总额占企业总资产的比值衡量政府补助规模。政府除了通过银行信贷、税收优惠、政府补助等渠道干预企业资源配置之外，罚款、索贿等也会对企业资源配置形成不可忽视的干扰。本研究以企业的罚没支出和其他支出的总额占总资产的比值作为衡量企业配置资源的其他行政干扰。为进一步检验政府干预这一调节变量对市场竞争配置资源效率的干扰，本研究以银行信贷、税收优惠、政府补助、其他行政干扰与市场竞争的交互项即 $Market \times Loan$、$Market \times Tax$、$Market \times Subsidy$、$Market \times Disturb$ 来分别表示。

④控制变量：本研究选取与企业生产要素配置效率密切相关的变量进行控制。a. 企业规模（Size），以当年企业总资产来衡量；b. 企业年龄（Age），以企业成立年份到数据观测当年的跨度来衡量；c. 资产负债率（Lev），以企业当年总负债与总资产的比值衡量；d. 资本密集度（Capidense），以企业当年固定资产占总资产的比值来测量。

（3）描述性统计

从表6-4可看出，制造业上市企业劳动的平均配置效率为13.576，资本的平均配置效率为0.51，技术的平均配置效率为-0.001。另外，从变量的均值、标准差来看，各变量基本符合正态分布且表现出一定的差异性。

表6-4 变量的描述性统计

变量	样本	均值	标准差	最小值	最大值
$Labeffi$	12 670	13.576	0.804	7.922	18.208
$Fcapieffi$	12 670	0.510	1.109	0	64.309
$Techeffi$	12 670	−0.001	0.636	−5.143	6.364

续表6-4

变量	样本	均值	标准差	最小值	最大值
$Market$	12 670	0.078	0.099	0	4.843
$Market \times Loan$	12 670	0.009	0.015	0	0.439
$Market \times Tax$	12 670	−0.001	0.008	−0.762	0.065
$Market \times Subsidy$	12 670	0.000 5	0.001 3	0	0.056 4
$Market \times Disturb$	12 670	0.000 03	0.000 41	0	0.028 68
$Loan$	12 670	0.153	0.149	0	3.563
Tax	12 670	−0.011	0.022	−0.849	0.544
$Subsidy$	12 670	0.006	0.016	0	1.169
$Disturb$	12 670	0.000 4	0.003 9	0	0.280 9
$Size$	12 670	8.61×10^9	2.42×10^{10}	2.54×10^7	7.83×10^{11}
Age	12 670	16.864	5.733	1	60
Lev	12 670	44.037	35.762	0.708	1 371.142
$Capidense$	12 670	39.081	16.444	0.085	95.523

6.2.4 实证结果分析

6.2.4.1 估计方法

在回归分析之前，对变量进行了相关性分析，表6-5的相关性分析结果显示：本研究设定的变量之间存在程度较高的密切关系。劳动配置效率与市场竞争显著负相关，与税收优惠与市场竞争的交互项显著正相关，与银行信贷、政府补助、其他行政干扰与市场竞争的交互项显著负相关。资本配置效率与市场竞争显著负相关，与银行信贷、其他行政干扰与市场竞争的交互项显著正相关、与税收优惠、政府补助与市场竞争的交互项显著负相关。技术配置效率与市场竞争显著负相关，与税收优惠与市场竞争的交互项显著正相关，与银行信贷、政府补助、其他行政干扰与市场竞争的交互项显著负相关。对解释变量之间的多重共线性进行方差膨胀因子分析，发现 VIF 值在1.03~3.08之间，表明解释变量之间不存在多重共线性。同时，对模型进行 Hausman 检验，发现设定固定效应模型较随机效应模型更为有效。但考虑到本研究样本数据为平衡面板数据且具有大 N 小 T 的特征，可能存在截面异方差、截面相关以及存在自相关等系列问题，因此逐一对模型进行以上检

表6-5 变量方差膨胀因子分析和相关性分析

变量	VIF	1	2	3	4	5	6	7	8	9	10	11	12	13	14	15
Labeffi	—	1.000														
Fcapieffi	—	—	1.000													
Techeffi	—	—	—	1.000												
Market	3.08	-0.179***	-0.009***	-0.098***	1.000											
Market×Loan	2.13	-0.141***	0.034***	-0.172***	0.418***	1.000										
Market×Tax	2.22	0.072*	-0.051***	0.097***	-0.596***	-0.120***	1.000									
Market×Subsidy	2.56	-0.137***	-0.018***	-0.036***	0.339***	0.177***	-0.084***	1.000								
Market×Disturb	1.41	-0.038***	0.015*	-0.033***	0.145***	0.072***	-0.099***	0.118***	1.000							
Loan	2.60	0.090***	0.067***	-0.071***	-0.177***	0.465***	0.057***	-0.090***	-0.012	1.000						
Tax	1.35	0.067***	-0.104***	0.150***	-0.205***	-0.083***	0.456***	-0.037***	-0.054***	0.086***	1.000					
Subsidy	2.20	-0.089***	0.009	-0.031***	0.011	0.001	0.011	0.689***	0.031***	-0.018***	0.033***	1.000				
Disturb	1.38	-0.021**	0.011	0.009	0.006	0.012	-0.010	0.039***	0.516***	0.007	-0.014	0.029***	1.000			
Size	1.03	0.256***	-0.002	0.122***	-0.065***	-0.018***	0.012	-0.053***	-0.008	0.072***	-0.009	-0.042***	-0.008	1.000		
Age	1.04	0.134***	0.022**	0.063***	0.021**	0.048***	-0.020**	-0.070***	0.021**	0.044***	-0.083***	-0.075***	0.046***	0.103***	1.000	
Lev	1.66	0.056***	0.046***	-0.008	-0.121***	0.250***	0.014	-0.037***	0.026***	0.615***	0.015*	0.015*	0.055*	0.005*	0.108***	1.000
Capidense	1.17	0.001	0.185***	-0.341***	-0.166***	0.076***	-0.006	-0.085***	-0.005	0.343***	-0.051***	-0.015*	-0.006	0.029***	-0.006	0.191***

注：*、**、*** 分别表示 Pearson 相关系数在 5%、1% 和 0.1% 水平上显著。

资料来源：根据 Stata16.0 软件计算并整理。

验，发现模型存在确实存在截面异方差、截面相关以及 AR（1）相关。综上，本研究最终选择 FGLS（可行的一般最小二乘法）进行回归分析，不仅可以解决异方差等问题，也可以得到较为稳健和有效的统计结果。

6.2.4.2 估计模型

运用 FGLS 回归方法对市场竞争与要素配置效率的影响，以及银行信贷、税收优惠、政府补助和其他行政干扰对市场配置要素效率的调节效应进行估计，其结果见表6-6。各个模型的统计量 Wald-chi^2 均显著，证明回归结果具有较好的统计效力。

表6-6 市场竞争与要素配置效率的回归结果及政府干预的调节效应分析

被解释变量(Efficiency)		模型1 劳动配置效率 （Labeffi）	模型2 资本配置效率 （Capieffi）	模型3 技术配置效率 （Techeffi）
被解释变量	市场竞争 （Market）	−11.015** （−2.50）	−21.629 （−1.29）	−9.710** （−2.12）
调节变量	银行信贷 （Loan）	0.159 （0.18）	−7.537** （−2.29）	0.056 （0.06）
	税收优惠 （Tax）	7.870*** （3.21）	−15.327 （−0.93）	34.519*** （3.49）
	政府补助 （Subsidy）	−5.332 （−0.48）	8.130 （0.46）	−21.108* （−1.94）
	其他行政干扰 （Disturb）	11.917 （0.52）	−397.254 （−0.76）	14.821 （0.94）
交互项	市场竞争 × 银行信贷 （Market×Loan）	−1.342 （−0.09）	174.507*** （3.07）	−16.996 （−1.24）
	市场竞争 × 税收优惠 （Market×Tax）	−596.056** （−2.17）	−534.364 （−1.35）	−704.708** （−2.18）
	市场竞争 × 政府补助 （Market×Subsidy）	561.868*** （2.73）	36.857 （0.06）	494.260** （2.04）
	市场竞争 × 其他行政干扰 （Market×Disturb）	−1 471.358*** （−2.78）	4 714.907 （0.40）	−441.913 （−0.97）
控制变量	企业规模 （Size）	Yes	Yes	Yes
	企业年龄 （Age）	Yes	Yes	Yes

第6章 中国结构性改革实施供需双侧联动调控的重点领域

续表6-6

被解释变量 (Efficiency)		模型1 劳动配置效率 （Labeffi）	模型2 资本配置效率 （Capieffi）	模型3 技术配置效率 （Techeffi）
控制变量	企业资产负债率（Lev）	Yes	Yes	Yes
	企业资本密集度（Capidense）	Yes	Yes	Yes
常数项	C	12.806*** （10.09）	-2.837 （-1.14）	-0.789 （-0.79）
Wald-chi^2		44.69***	32.38***	63.21***
观测值		12 670	12 670	12 670
样本		1 267	1 267	1 267

注：*、**、***分别表示回归系数在10%、5%和1%水平上显著；括号中的数值为回归系数的 Z 统计量。

资料来源：根据 Stata16.0 软件计算并整理。

从模型1看，市场竞争对劳动要素的配置效率会产生显著的负向影响（$\beta=-11.015$，$P<0.05$），这说明企业市场竞争活动的加剧，劳动要素的配置效率反而下降。在政府多种干预渠道中，只有税收优惠对劳动要素配置效率产生了显著的正向影响（$\beta=7.870$，$P<0.01$），而银行信贷、政府补助和其他行政干扰对劳动要素的配置效率影响不显著。进一步地，如果观察银行信贷、税收优惠、政府补助和其他行政干扰对市场竞争配置劳动要素效率的调节效应，可以发现政府补助对市场竞争配置劳动要素效率具有正向调节效应（$\beta_{market \times subsidy}=561.868$，$P<0.01$），税收优惠和其他行政干扰对市场竞争配置劳动要素效率具有负向调节效应（$\beta_{market \times tax}=-596.056$，$P<0.05$；$\beta_{market \times disturb}=-1\ 471.358$，$P<0.01$），银行信贷对市场竞争配置劳动要素效率的调节效应不显著。

从模型2看，市场竞争对资本要素的配置效率并不产生显著影响，这说明企业市场竞争活动的加剧，对资本要素的配置效率影响并不明确。在政府的干预渠道中，银行信贷对资本要素的配置效率会产生显著的负向影响（$\beta=-7.537$，$P<0.05$），而税收优惠、政府补助和其他行政干扰对资本要素的配置效率影响并不显著。但从政府干预的调节效应看，银行信贷对市场竞争配置资本要素效率产生了显著的

正向调节效应（$\beta_{\text{market}\times\text{loan}} = 174.507$，$P<0.01$），而税收优惠、政府补助和其他行政干扰对市场竞争配置资本要素效率的调节效应不显著。

从模型3看，市场竞争对技术的配置效率会产生显著的负向影响（$\beta=-9.710$，$P<0.05$），这说明企业市场竞争活动的加剧，技术要素的配置效率反而下降。在政府干预的渠道中，税收优惠对技术要素的配置效率产生了显著的正向影响（$\beta=34.519$，$P<0.01$），政府补助产生了显著的负向影响（$\beta=-21.108$，$P<0.1$），而银行信贷和其他行政干扰对技术要素的配置效率影响不显著。从政府干预的调节效应看，税收优惠对市场竞争配置技术要素效率产生了显著的负向调节效应（$\beta_{\text{market}\times\text{tax}}=-704.708$，$P<0.05$），政府补助对市场竞争配置技术要素效率产生了显著的正向调节效应（$\beta_{\text{market}\times\text{subsidy}}=494.260$，$P<0.05$），而银行信贷和其他行政干扰对市场竞争配置技术要素效率的调节效应不显著。

6.2.5 结论与建议

6.2.5.1 研究结论

本研究从企业微观的视角，研究市场竞争、政府干预与要素资源配置效率的关系，结论如下：

①市场竞争与劳动、技术要素资源配置效率呈现负相关关系，与资本要素资源配置效率关系并不显著。这意味着在样本期内，国内生产要素资源的市场有效配置机制还未能真正发挥作用，生产要素资源仍处于一种低效率的使用状态。

②在市场竞争对劳动要素资源配置的过程中，政府的税收优惠和罚款等其他行政干扰进一步扭曲了劳动要素的配置效率，而政府补助则有助于提升劳动要素的配置效率。

③在市场竞争对资本要素的配置过程中，银行信贷干预有效提升了资本要素的配置效率。

④在市场竞争对技术要素的配置过程中，政府的税收优惠扭曲了技术要素的配置效率，而政府补助则提升了技术要素的配置效率。

6.2.5.2 政策建议

①进一步梳理市场竞争与资源配置效率的传导和反应机制。市场竞争对资源配置效率不能起到有效的促进作用，关键在于二者传导和反应链条出现了失灵现

象。如企业背负过多的社会就业压力、低端劳动和资本密集型产业结构过重、企业对科技创新反应迟滞等都会在一定程度上降低市场竞争刺激资源配置效率提升的灵敏度。因此，发挥市场对资源配置起核心作用，提高资源配置效率，政府还必须更好地创造和构建市场机制起作用的环境和条件，如减少对企业强迫式社会责任干预，鼓励企业不断进行技术创新、引导社会产业升级转型等等。

②政府必须以合理的途径和渠道来干预要素资源配置。在市场经济发展过程中，政府适当干预是必要的，尤其是在市场机制还不健全的情况下，有效的政府干预可以提升要素资源的配置和使用效率。在样本期内，银行信贷、政府补助等政府相关行为提升了市场配置资本和技术要素的效率，但税收优惠和罚款等其他行政行为却干扰了市场对劳动和技术要素的配置效率，这是政府影响和配置要素资源尤其值得警惕的方面。

6.3 要素结构调控专题：劳动要素结构升级、人才资本驱动与经济增长

6.3.1 引言

改革开放以来，中国劳动年龄人口不断增加，2012年达到劳动力人口峰值9.22亿人，社会总抚养比呈现逐年降低态势。正是由于依赖这种巨大的劳动人口优势，中国经济实现快速发展，创造了罕见的世界经济奇迹。但2010年后，中国的劳动人口数量开始进入下滑通道，到2018年，劳动适龄人口减少了2 500万人，社会总抚养比也由2010年的34.2%上升至40.4%。与此同时，中国GDP增速也开始反转，由2010年的10.6%逐步下降至2018年的6.7%[①]，这种劳动人口与经济增长率同步双下滑趋势引起许多学者的关注，指出随着多年来驱动经济增长的"人口红利"因素逐步消失，必须要通过不断累积人力资本来提升劳动生产率，以使"人力资本红利"成为经济增长的新动力（胡鞍钢等；车士义等；张同斌）[187-189]。为此，在现阶段中国"人口红利"优势不再显著，甚至出现人口负增长时，研究不同质量层次的劳动要素变化对经济增长的贡献，对于加速中国人力资本投资推动经济增长由"劳动数量型"驱动向"劳动质量型"驱动转变是十分必要的，同时也是对

---

① 数据来源于：国家统计局发布的《人口总量平稳增长 人口素质显著提升——新中国成立70周年经济社会发展成就系列报告之二十》和中国统计年鉴。

当前学界因人口红利消失而担忧中国经济增长陷入长期困境的一种积极回应。

6.3.2 文献综述

人力资本是体现劳动者身上知识技能、管理技术水平和健康状况等,按照受教育年限的不同,可以分为不识字、小学、初中、高中、大专、大学本科、研究生等层次。然而人才的概念在中国则具有特定涵义,《国家中长期人才发展规划纲要(2010—2020年)》指出:"人才是指具有一定的专业知识或专门技能,进行创造性劳动并对社会作出贡献的人,是人力资源中能力和素质较高的劳动者"。因此,本书将接受过本科及以上学历教育的劳动者称为人才资本。

人力资本对经济增长影响的理论研究始于20世纪60年代。Becker首先提出人力资本对经济增长具有重要作用,在经济增长过程中,人力资本的积累比物质资本的增加更重要[190]。Nelson等进一步指出了人力资本——教育能够加速技术扩散过程,从提升劳动效率促进经济增长[191]。Lucas构建立了一个专业化人力资本积累的经济增长模型,该模型论证了人力资本可以提高劳动和物质资本的生产效率,进一步解释了长期经济增长的原因,成为内生经济增长理论分支的重要组成部分[192]。而在实证方面,国内外学者主要沿着两条思路来检验人力资本对经济增长的重要作用:一是将人力资本作为一种直接促进经济增长的投入要素进行检验。许多学者基于经济增长理论,建立人力资本与经济增长之间的关系模型,采用计量回归及增长核算等方法得到人力资本对经济增长的贡献程度,如Mankiw等基于扩展的Solow增长模型,测算了多国人力资本对经济增长的贡献率[193]。李建民等以"内生性经济增长"理论和新经济增长模型为理论依据,引入人才资源要素实证分析了京津沪3个地区的人才资源投入对经济增长存在显著正相关关系,并且弹性系数高于物质资本投入[194]。赖明勇等通过竞争性市场均衡的中国经验分析,发现人力资本积累有助于长期经济增长[195]。二是将人力资本视为促进技术进步的一个重要因素,即通过影响技术开发活动来间接促进经济增长(Nelson等;Romer)[191, 196]。Benhabib通过跨国比较研究,得出人力资本水平直接影响技术创新进而影响经济增长[197]。Vandenbussche等以中东和北非地区国家为例,研究指出人力资本不仅是一种生产投入要素,而且能够提升本国吸收国外先进技术的能力,从而能够改变现有投入要素的使用效率而促进经济增长[198]。赵冉等通过建立高等教育、人力资本质量和经济增长的空间杜宾模型,检验高级人力资本可以通过技术创新间接促进本地经济增长[199]。

总之,现有研究对人力资本与经济增长的关系进行了深入分析,其结论显然具有高度的一致性,即人力资本的积累对长期经济增长具有正面影响。但是,现有研究在考察人力资本对经济增长的影响时大多采用教育年限与劳动力数量的乘积作为人力资本积累总量来分析对经济增长的影响,较少涉及人力资本的分层研究。本书区别于以往文献选择人力资本总量研究方式,以内生经济增长理论为基础,构建柯布-道格拉斯生产函数,将人力资本中剥离出的人才资本和低层次人力资本假定通过对技术因素的影响纳入柯布-道格拉斯生产函数,对比分析人才资本和中、低层次人力资本三种质量层次不同的人力资本对中国以及不同地区的经济增长影响。

6.3.3 模型构建、变量讨论与数据描述

6.3.3.1 模型构建

本书以省级面板数据构建柯布-道格拉斯生产函数(以下称为C-D函数),考察从人力资本中剥离出人才资本、中层次人力资本和低层次人力资本,不仅充分考虑到体现在人才本身和社会经济效益上,以人才的质量和知识水平等所表现的大于中、低层次人力资本的价值,而且更能体现杰出人才本身的潜在资本带来的较大贡献[200]。因此,下文是对C-D生产函数的推导和变形,以便反映经济产出与高质量投入要素之间的函数关系和各要素之间的相互作用。

$$Y = AK^q L^{1-q} \quad (6-8)$$

其中,Y为产出变量,A为技术要素,K是资本投入,L是劳动力,q为产出弹性,将上述(6-8)式变形为单位劳动人均产出模型,表达式如下:

$$y = Ak^q \quad (6-9)$$

设人才资本TC为技术要素A的影响因素,并以指数形式进行影响,凸显出人才资本动能大的特性,表达式如下:

$$A = c e^{\delta TC} \quad (6-10)$$

将(6-10)式代入(6-9)式得:

$$y = c e^{\delta TC} k^q \quad (6-11)$$

为了消除异方差以及数据的波动，同时对等式两边取对数，表达式如下：

$$\ln y = \ln c + \delta TC + q \ln k \tag{6-12}$$

显然，参数 δ 反映了人才资本 TC 与人均产出的关系，为此将设定（6-12）式为最终模型，对比分析异"质"性人力资本对中国以及不同地区的经济增长影响。

6.3.3.2 变量讨论

（1）经济产出（Y）

在本书设定的模型中，Y 表示经济产出，以当年 GDP 值表示。y 表示单位劳动人均产出，以当年 GDP 值除以全部劳动人口表示。

（2）劳动力（L）

在本书设定的模型中，L 代表劳动力，但是由于数据的可得性，部分省份没有统计该指标，因此，在整个模型中选择用三次产业就业人数来替代劳动力，数据来源于各省统计年鉴和国家统计局。

（3）物质资本（K）

在本书设定的模型中，物质资本存量的估算采用1952年为基期的永续盘存法（Perpetual Inventory Method，PIM），借鉴南洋理工大学和南京大学合作项目中间成果，并对2013年后数据进行补全，其公式如下：

$$K_t = I_t / P_t + (1-\delta) K_{t-1} \tag{6-13}$$

其中，K_t 代表第 t 期的物质资本存量，P_t 为投资价格指数，δ 为折旧率，I_t 表示 t 期投入的资本，这里采用固定资本形成额，国家统计局在编制该数据时并没有进行折算，所以，本书以投资价格指数进行平减，并继续沿用项目成果中10.6%的折旧率计算出固定资本存量。由于1997年重庆从四川省分离出来成为直辖市，而核算基期开始于1952年，所以后面数据处理中直接统计为一个地区，另外西藏地区的数据存在遗漏，直接剔除，最终数据处理成30个地区（不包含港澳台数据）。

（4）人才资本（TC）

由于人才资本是通过有意识、高成本、长时间所形成的，凝结在人才体内能够产生巨大创造性成果的价值，故不能仅凭主观感觉进行教育年限和人力资本异"质"性的赋值，也不可简单折算为中、低层次人力资本的倍数。国家统计局相关报告对人力资本存量的衡量是通过数量的绝对增加来直观说明人力资本存量的增加，故此，本书也采用人才绝对数来表示人才资本。在人力资本层次的划分中，考虑到劳动者知识和技能创新对社会生产具有重要意义，而学历教育是劳动者获得知识和技能的主要途径，故本书将本科及以上学历的就业者划分为人才资本（TC），认为其经过多年的学习已具备一定的专业知识或专门技能，能够进行创造性劳动并对社会作出贡献。而中、低层次的人力资本取值范围则分别为大专学历、高中及以下学历教育就业者（分别以HC_L和HC_M表示），认为其具备一定的劳动技能和生产知识。2001—2017年，得益于中国九年义务教育的全面普及、高等教育"大众化"以及一系列人才政策的颁布和落实[15]，中国就业者中受教育人数稳步提升，总量由62 051.19万人增加至81 077.59万人，人才队伍也持续壮大，占比由1.61%上升到8.73%，年均增速达到27.6%。但与现阶段科学技术进步、产业转型升级以及社会经济变革对人才的急迫需求相比，中国仍面临着高素质、高技能人才在人力资本中占比偏低的事实，人才建设与发展现实需求之间还存在着明显差距，如图6-1所示。

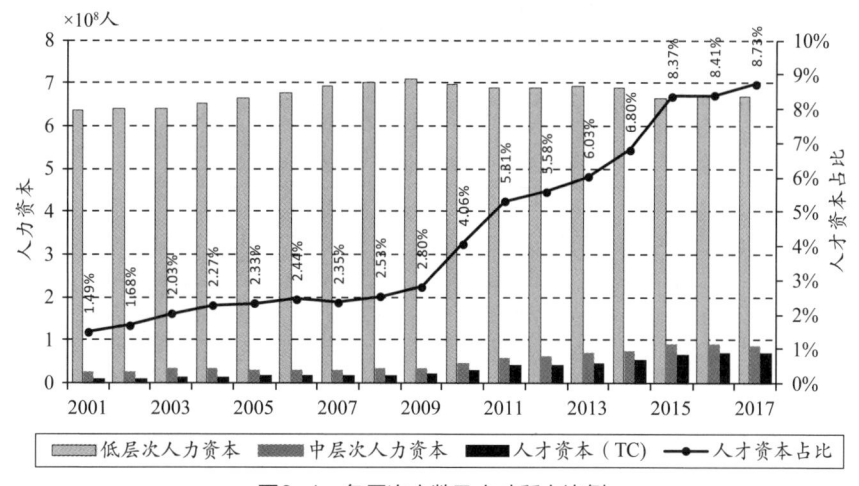

图6-1 各层次人数及人才所占比例

数据来源：中国统计年鉴和中国劳动力统计年鉴。

6.3.3.3 数据描述

本书利用2001—2017年30个省（自治区、直辖市）数据，研究分层人力资本对经济增长的作用。同时为了细化研究，将这30个省份划分为东、中、西三个区域，进一步考察不同层次的人力资本对区域经济增长的作用。本书划分的东部地区包括北京、天津、河北、辽宁、上海、江苏、浙江、福建、山东、广东、海南11个省（直辖市）；中部地区包括山西、吉林、黑龙江、安徽、江西、河南、湖北、湖南8个省；西部地区包括内蒙古、四川、重庆、贵州、云南、陕西、甘肃、宁夏、青海、新疆、广西11个省（自治区、直辖市），表6-7是各变量统计性描述。

表6-7　2001—2017年各变量描述性统计

变量	名称	平均值	方差	最小值	最大值
HC_L	低层次人力资本	23.290	16.367	2.572	60.049
HC_M	中层次人力资本	1.773	1.493	0.074	8.236
TC	人才资本	1.172	1.493	0.074	5.569
$\ln pgdp$	人均产出	10.690	0.774	8.609	12.323
$\ln fai$	人均固定资本存量	9.977	1.094	6.457	12.383

6.3.4 实证分析

6.3.4.1 全国整体性情况分析

本书选取2001—2017年各省面板数据，经Hausman检验采用固定效应模型更优（FE）。表6-8中分别为引入变量的计量结果。

表6-8　人力资本总体回归结果

变量	$\ln pgdp$		
	(1)	(2)	(3)
HC_L	−0.003 (−0.776)		
HC_M		0.010 (1.18)	
TC			0.036*** (3.746)
$\ln fai$	0.874*** (94.894)	0.862*** (70.074)	0.839*** (66.441)
常数	2.044*** (18.053)	2.072*** (18.271)	2.284*** (19.310)

注：括号内为t统计值，***、**、*分别表示在1%、5%、10%的水平上显著。

第6章 中国结构性改革实施供需双侧联动调控的重点领域

表6-8为不同层次的人力资本在整个观察期对经济增长影响的总体回归结果。从表6-8可以看出，中国30个省际区域的分层次人才资本研究中，人才资本（TC）与人均产出的影响系数为0.036，存在显著正相关性，而中、低层次的人力资本对人均产出的影响系数分别为0.010和-0.003，且均不显著。由此可见，人才资本通过其自身形成的递增收益和产生的外部溢出效应，能够助推经济破除结构性障碍，并成为经济增长最直接的推动力，此外，也说明中国当前走向现代化道路中人才资源的先导模式是最具前瞻性的战略选择。然而中、低层次人力资本的作用效果并不显著，甚至低层次的人力资本弹性系数为负，这也可以理解为大量低技能、低素质劳动者的存在使得本该出清的"过时""过剩"产业继续存活，但他们的存在又无法满足产业转型升级的需要，一定程度上对当前的经济产生抑制作用。

表6-9为不同层次人力资本对经济增长影响的分阶段回归结果。分阶段回归中，为了探究各种层次的人力资本在劳动力供给和经济增长双拐点前后对人均产出的影响，故将时间划分为2001—2010年和2011—2017年（2010年社会抚养比值为本书研究窗口期的最低点，同时2010年后经济增长率进入持续下降期）。从表6-9来看，2010年之前时期是经济较快增长期，人才资本影响系数为0.1179，中、低层次的人力资本影响系数分别为0.041、0.010，人才资本显著高于中、低层次人力资本对经济增长的贡献；2010年之后时期是经济增长下降时期，人才资本影响系数为0.06，中、低层次的人力资本影响系数分别为0.045、-0.025，人才资本对经济增长的贡献同样显著高于中、低层次人力资本对经济增长的贡献。这说明在本书研究窗口期，无论是中国经济处于较快增长期还是处于增长减速期，人才资本对经济增长均起到了首位支撑作用，表明中国近年来实施的一系列人才发展战略布局如人才强国战略、创新驱动发展战略等，正在逐步激活人才资本对经济增长的驱动效应。但对比中、低层次的人力资本对经济增长的影响系数，中等层次人力资本在2010年前后两个阶段内整体趋势基本不变，依旧保持对经济增长起正向促进作用，其弹性系数低于人才资本。而低层次人力资本对经济增长的影响系数从0.01下降到-0.025，对经济增长的影响由显著促进转为显著抑制。

由此可见，在经济腾飞的过程中，中低层次人力资本的增长确实促进了经济发展，但进入中国高质量发展阶段，低层次的劳动者并不能有效促进经济增长，而是需要更多依赖中高层次的人力资本的增长。

表6-9 分阶段人力资本估计结果

变量	2001—2010（ln*pgdp*）			2011—2017（ln*pgdp*）		
	（1）	（2）	（3）	（1）	（2）	（3）
HC_L	0.010** (2.517)			-0.025*** (-4.500)		
HC_M		0.041** (2.118)			0.045*** (5.008)	
TC			0.1179*** (5.644)			0.060*** (5.445)
ln *fai*	1.026*** (67.823)	1.035*** (74.633)	1.001*** (68.713)	0.537*** (25.627)	0.496*** (20.801)	0.476*** (18.880)
常数	0.302** (2.470)	0.401*** (3.215)	0.698*** (5.292)	6.133*** (21.551)	5.876*** (24.230)	6.091*** (23.772)

注：括号内为 *t* 统计值，***、**、* 分别表示在1%、5%、10%的水平上显著。

6.3.4.2 不同地区的差异性分析

考虑到东、中、西部地区的经济资源禀赋差异较大，经济发展的支撑能力悬殊，尽管在协调区域经济发展中，西部大开发、中部崛起、东北振兴等策略被落实，但是这种差距并不能消除，人力资本效用的发挥可能会受到地区发展水平的制约。因此，为了更充分说明各种层次的人力资本在区域增长中的影响，将中国30个省份分为东部、中部、西部3个区域分别进行研究。表6-10为分区域的不同层次人力资本对经济增长影响的回归结果。

表6-10 分区域估计结果

变量	东部（ln*pgdp*）			中部（ln*pgdp*）			西部（ln*pgdp*）		
	（1）	（2）	（3）	（1）	（2）	（3）	（1）	（2）	（3）
HC_L	0.005 (1.114)			0.004 (0.430)			-0.040*** (-4.471)		
HC_M		-0.014 (-1.121)			-0.032 (-1.620)			0.057*** (3.009)	
TC			0.037*** (2.708)			-0.053* (-1.815)			0.077*** (3.089)
ln *fai*	0.907*** (51.158)	0.938*** (34.110)	0.849*** (29.244)	0.839*** (50.937)	0.874*** (35.416)	0.888*** (30.521)	0.865*** (61.307)	0.837*** (46.531)	0.830*** (43.389)
常数	1.548*** (8.482)	1.383*** (5.212)	2.218*** (7.826)	2.218*** (9.564)	2.044*** (9.640)	1.909*** (7.422)	2.718*** (12.401)	2.196*** (13.480)	2.275*** (12.964)

注：括号内为 *t* 统计值，***、**、* 分别表示在1%、5%、10%的水平上显著。

由表6-10可知，东、中、西部地区各层次人力资本对经济增长的作用各有差异。首先，从人才资本来看，东部地区和西部地区人才资本对经济增长的影响系数分别为0.037和0.077，说明在东部地区由于拥有区位上的优势，不断吸引各区域、各专业优秀人才，大量高技能、高素质人才集聚促使了地区经济增长；西部地区依赖于2000年以来国家西部大开发战略中对人才政策的落实以及区域支柱产业、重点产业落地带动的大量人才流入，发挥了人才对经济增长的巨大促进作用，其效果甚至一度超过东部地区。而中部地区人才资本对经济增长的影响为 -0.053，在10%的显著性水平上出现了抑制作用，这可能是由于中部地区在地理位置上近靠东部，其大量的人才、投资、信息技术等会由于虹吸效应被东部地区吸引，最终导致中部地区人才流失较大，对经济产生抑制作用。其次，从中、低层次人力资本来看，东、中部地区的中、低层次人力资本对经济增长均未能有效发挥作用，但在西部地区，中等层次的人力资本仍然对西部地区经济增长发挥显著的促进作用，而低层次的人力资本则发挥了显著的抑制作用。

综上所述，在中国经济高质量增长时期，中、低层次的人力资本无论是在全国整体层面，还是在区域层面，越来越难以适应产业结构转型升级的需要，对经济增长越来越难以发挥出较大作用；而人才资本则表现出对经济增长的极大韧性，无论是在经济快速增长时期，还是中低速增长时期，均能对经济增长发挥出极大促进作用，这说明人才资本在当今时代是第一位的。

6.3.4.3 稳健性检验

为了观测计量结果的稳健性，本书采用卢卡斯（R.Lucas）模型即使用人力资本替代劳动力的柯布 - 道格拉斯生产函数[201]来测度各层次人力资本对经济增长的影响。

$$Y = AK^{\alpha}H_L^{\beta}H_M^{\gamma}(TC)^{\delta}e^u \tag{6-14}$$

其中，Y 为产出变量，K 为物质资本存量，A 为全要素生产率。H_L 为低层次人力资本，H_M 为中等层次人力资本，TC 为人才资本，其三类层次的人力资本统计范围与前述相同。α、β、γ、δ 分别是 K、H_L、H_M、TC 产出弹性。

对公式（6-14）取对数，得到以下线性方程：

$$\ln Y = \ln A + \alpha \ln K + \beta \ln H_L + \gamma \ln H_M + \delta \ln TC + u_0 \tag{6-15}$$

转换为差分方程的形式：

$$\frac{\Delta Y}{Y} = \frac{\Delta A}{A} + \alpha \frac{\Delta K}{K} + \beta \frac{\Delta H_R}{H_R} + \gamma \frac{\Delta H_C}{H_C} + \delta \frac{\Delta T_C}{T_C} \qquad (6\text{-}10)$$

由表6-11可知，在稳健性检验中，总体上人才资本对经济增长的影响显著为正，并且对经济增长的效用优于中、低层次人力资本对经济增长的作用；在区域层面，东、西部人才资本对经济增长的影响显著为正，中部地区人才资本的促进作用并不显著，这一结果基本符合本书前述研究所得到的结果。由此可见，该模型的回归结果与前文基本保持了一致，说明回归结果具有相当的稳健性。

表6-11 稳健性回归结果

变量	总体（ln pgdp）	东部（ln pgdp）	中部（ln pgdp）	西部（ln pgdp）
HC_L	-0.022 (-0.254)	0.163 (1.506)	0.044 (0.161)	-0.413*** (-2.717)
HC_M	-0.193*** (-3.908)	-0.274*** (-4.094)	-0.174* (-1.883)	-0.195** (-2.052)
TC	0.193*** (4.942)	0.373*** (6.755)	0.064 (0.944)	0.128* (1.762)
$\ln fai$	0.802*** (38.260)	0.672*** (17.126)	0.874*** (19.981)	0.863*** (25.313)
常数	3.159** (2.150)	0.141 (0.078)	2.873 (0.597)	9.775*** (3.800)

注：括号内为 t 统计值，***、**、* 分别表示在1%、5%、10%的水平上显著。

6.3.5 结论及建议

6.3.5.1 结论

本书利用2001—2017年的省际面板数据分别从全国、分阶段、分区域层面等不同视角实证检验了人才资本、中等层次人力资本、低层次人力资本三种类型人力资本对人均产出的不同影响，得到以下结论：（1）从全国整体层面来看，人才资本显著促进人均产出，发挥了其在经济增长中存量小、动能大的优势。中、低层次人力资本作用效果并不显著，甚至阻碍了经济的增长。（2）分阶段看，2010年中国社会抚养比趋势反转之后，人才资本对经济增长的作用依然显著为正，并且高于中等层次人力资本对经济增长的作用，表明人才资本已经成为驱动经济增长新的"红利"。而低层次人力资本对经济增长的作用由显著促进转为显著抑制，反映了知识经济时代，中国高质量发展所需要的并不仅仅是中、低层次的劳动者，更多的是高技能，具有创造性人才资本给经济带来的转型支撑。（3）从区域层面来看，不同层次的人力资本对经济增长的驱动效应呈现出非均衡现象，但总体上人才资本的促进作用趋势依然没有变，其中，东部地区具有区位优势，吸引大量高级人才、信息和技术等要素流入，实现人才资本对经济增长的稳定促进，而正是由于东部产生的"虹吸效应"，中部地区人才大量流出，导致经济增长更多依赖于人力驱动外的物质资本驱动，西部地区则得益于西部大开发以及相关人才政策的大力实施，激活了人才资本对经济增长的促进作用。

6.3.5.2 政策建议

当中国"人口红利"优势不再显著，甚至物质资本驱动也出现边际效应递减时，人才本身具有的巨大创造性、创新性所带来的边际递增效应将成为经济增长新的"红利"，并逐步成为驱动经济增长的主要动力。但是，相比于发达国家，中国人才资本占比依然较低，以人才驱动经济转型升级的机制还未完全激活，人力资本结构有待进一步完善。为此，本书提出如下建议：

①建立健全领军型人才、创新人才引进和培育机制，发挥人才资本在经济中的驱动效应。各区域充分发挥自身资源优势，在探寻符合自身要素禀赋发展之路的同时，完善人才引进和培育机制，尤其是要在政策、行动上体现出真正重视人才，积极推动海外人才回归以及高素质外籍人员的移民落户，并加大对本土高层次人才的开发投入和充分使用，创造有利于优秀人才脱颖而出的环境和土壤，进而提升地区对人才的吸引力，实现人才与地区经济协同发展。

②加大中、低层次劳动者的再教育和再培训。从中国人力资源的分布结构来看，迫切需要开发和整合低素质人力资源，建立起中、低层次人力资本发挥作用的运行机制。其中，高层次人才是从中、低层次劳动者成长而来，那么用好中、低层次劳动者，有利于人才脱颖而出，并充分释放人才资本对经济增长的助推作用。基于此，积极鼓励低素质劳动者，以就业为导向，抓住非学历教育、职业培训以及再教育再培训的机会，扩充职业技能，向技艺精湛的"高、精、尖"技能型人才靠拢，实现中、低层次劳动者素质整体提升，为人才充分涌现创造条件。

③促进人才的合理分布。人才的使用也要注意地区均衡，局部过多的人才"拥挤"也将产生边际递减效应。国家可以运用政府转移支付、专项计划以及补偿奖

惩机制等多项措施改善高素质人才区域分布不合理的现象。各地区也要充分重视本区域的人才留住问题，在安居补贴、医疗保险、子女就学等方面应积极出台更有针对性的政策措施，用心服务好各类人才，使其安心工作，潜心科研，为人才充分释放创新、创业以及社会经济发展提供强有力的外部支撑。

6.4 收入结构调控专题：城乡收入结构变化、农业人口转移与经济高质量增长

6.4.1 引言

缩小城乡收入差距一直是学界和政府关心的话题。2008年金融危机以来，城乡居民收入差距比值持续缩小，从2008年的3.11持续缩小至2019年的2.64，但同时中国经济增长也开始步入下滑通道，从2008年的9.7%下降至2019年6.2%，二者呈现出同向变化趋势，这不禁让人疑惑：难道城乡收入差距的缩小反而不利于经济增长？为回答和解释这一问题，本书拟从增长质量视角，系统考察城乡收入差距、对城乡收入差距产生重要影响的农业人口转移因素，以及二者的关联效应对经济高质量增长的影响，以期获得有价值的研究结论，为促进城乡收入分配公平、实现经济高质量发展提供智慧决策。

党的十九大提出，中国经济已由高速增长阶段转向高质量发展阶段。经济高质量增长是从增长质量的视角来检视经济增长的结果。目前，已有研究主要从两类视角来定义经济增长质量：一种是从狭义视角，将经济增长质量视为资源要素投入产出效率，即以单位产出所含有的剩余产品来衡量经济增长质量的高低（卡马耶夫；王积业；刘亚建；刘海英等）[202-205]。另一种比较主流的观点则是从广义视角，认为经济增长质量是相对于经济增长数量而言的一种规范性价值判断，具有丰富的内涵（托马斯等；刘树成；王君磊等）[206-208]。马建新等[209]认为"经济增长质量是一个经济体在经济效益、经济潜力、经济增长方式、社会效益和环境等诸多品质方面表现出的与经济数量扩张路径的一致性、协调性。"钞小静等[210]指出，经济增长质量是经济增长内在性质与规律的反映，应当从经济增长的过程和结果上来考量。而钞小静等[211]则认为经济增长质量不仅要考察经济增长的动态过程，也要讨论经济增长的初始条件与最终结果问题，应当从条件、过程和结果

三个层次来界定。

从现有的研究看，大多数考察城乡收入差距对经济增长的影响是以经济增长数量为出发点，其得到的结论主要有：①城乡收入差距扩大促进经济增长（Aghion等；童百利；韩宸）[212-214]。②城乡收入差距扩大不利于经济增长（Galor等；Fishman等；曹裕等）[215-217]。③城乡收入差距扩大对经济增长具有非线性影响。王少平等[218]研究发现中国改革初期的城乡收入差距对经济增长具有促进作用，而现阶段城乡收入差距的扩大对经济增长产生阻滞作用。陈安平[219]研究发现中国城乡收入差距对经济增长的促进作用只是短期效应，长期而言收入差距扩大会影响中国经济的持续增长。而本书从增长质量的视角分析城乡收入差距对经济增长的影响，其研究结论具有全新的意义。

农业人口转移是伴随经济工业化和增长过程出现的一种普遍现象。一方面，农业人口转移提升了劳动力的利用效率和生产效率，助推了经济增长（齐明珠；程名望等）[220-221]；另一方面，农业人口向现代产业部门转移，获取了相对农业部门更高的劳动报酬，有利于缩小城乡收入差距。蔡昉等[222]通过实证研究发现劳动力流动可以缩小城乡收入差距。张志新等[223]基于山东省17个地市2006—2015年的面板数据，构建两区域二元经济结构模型进行实证研究，发现农村劳动力的流动能显著缩小城乡收入差距。但也有部分学者研究发现，伴随着农村劳动力流动规模的扩大，城乡收入差距反而呈现出扩大的趋势（杨子帆等；蔡武；陶源）[224-226]。由此可见，农业人口转移与城乡收入差距之间存在密切复杂的联系，但同时也会对经济增长产生积极的影响。

已有研究从增长数量的视角探讨了城乡收入差距、农业人口转移与经济增长的关系，但鲜有从经济增长质量的视角，同时考虑城乡收入差距、农业人口转移及其交互效应对经济增长的影响。为此，本书将城乡收入差距、农业人口转移纳入统一分析框架，系统考察二者及其联动效应与经济高质量增长之间的关系。

6.4.2 机理分析与研究假设

6.4.2.1 城乡收入差距对经济增长质量的影响

城乡收入差距缩小是经济高质量增长的本质要求，即只有当经济增长的成果被绝大多数人享有时，经济增长才是高质的。从需求角度看，城乡收入差距悬殊会通过影响低收入者的消费和投资需求来阻碍经济高质量增长。凯恩斯消费理论指出，边际消费倾向会随着收入的增加而降低，即在财富分配差距较大的情况下，高收入人群虽然具备消费能力，但其边际消费倾向较低，低收入人群虽然具有较高的边际消费倾向，但其消费能力不足，进而导致全社会平均消费倾向缩减，阻碍经济高质量增长（高帆等）[227]。另一方面，在现有信贷市场规则下，城乡差距扩大会使大部分低收入人群面临信贷约束，导致其投资需求无法得到满足，财富积累效率低下，进而强化城乡收入差距，阻碍经济高质量增长；从劳动力供给角度看，低收入者往往没有足够的财富积累来进行高级人力资本投资，致使大量专业技能水平较低的劳动力长期困于低效率的行业中，不利于产业结构升级和全社会劳动力质量的提升，进而阻碍经济可持续增长（Galor等；钞小静等）[215, 228]。从政府税收和社会问题角度看，高额税收会降低富人的生产积极性，资源分配的高度不公平容易使人们产生不平衡心理，从而引发寻租、犯罪以及暴力活动等一系列社会问题，进而导致市场动荡，降低私人投资意愿，阻碍经济增长（Alesina；尹恒等）[229-230]。基于此，本书提出以下研究假说。

H1：城乡收入差距缩小有助于促进经济高质量增长。

6.4.2.2 农业人口转移对城乡收入差距的影响

农业人口转移对城乡收入差距的影响较为广泛，具有多种影响途径。首先，城镇化发展带来的要素聚集和结构变革极大地促进了二、三产业的发展，其劳动生产率往往高于传统农业，因此农业人口由传统农业部门转移到现代生产部门可以获取更多的工资性收入，从而有助于缩小城乡收入差距。同时，中国是以户籍口径来统计城乡居民收入的，而向城镇流动的农业转移人口中仅有一部分人会成为城镇居民，大部分农民工虽是在城镇赚取收入，但其户籍仍然在农村，这在统计数据上会使得城乡收入差距缩小。其次，当农村剩余劳动力转移的速度超过资本流入的速度时，会使得农村人均资源占有量得到提升，进而通过实现要素报酬的均等化来缩小城乡收入差距（范建双等）[231]。再次，城镇化进程中用地成本的不断上升会促使一部分企业开始向农村转移，一方面为农村居民创造了更多的就业岗位和收入来源，另一方面也使得部分劳动力和资本向农村"回流"，有利于促进农村基础设施建设和农业现代化生产，进而提高农村劳动生产率，缩小城乡收入差距。最后，随着城镇化的深入发展，城镇数量的增加和城镇规模的扩大加强了城镇的集聚功能和辐射功能，为周边农村地区提供了市场需求动力，促进了农村产业发展和农民增收，进一步缩小城乡收入差距。如图6-2所示。基于此，本书提出以下研究假说。

H2：农业人口转移有利于缩小城乡收入差距，进而间接促进经济高质量增长。

图6-2 城乡收入差距、农业人口转移对经济增长质量的影响机制

6.4.3 经济增长质量指标体系的构建、测度及评价

6.4.3.1. 经济增长质量指标体系的构建

测度地区经济增长质量是检验城乡收入差距、农业人口转移与经济高质量增长关系的重要前提。现有研究中，学者主要采用两种方式来测度经济增长质量：一种是以全要素生产率（TFP）作为度量经济增长质量的指标（孙玉阳等；余泳泽等）[232-233]。另一种则是从多维度视角出发，基于经济增长的不同方面来构建多指标评价体系进行综合测度（詹新宇等；魏敏等）[234-235]。但郑玉歆[236]认为用TFP来测度经济增长质量存在难以全面反映生产要素经济效果和低估资本积累重要性等若干局限。因此，本书以广义的经济增长质量理论内涵为基石，借鉴钞小静等的研究中构建的指标体系[211]，在兼顾经济增长条件、过程和结果的基础上，从国民经济素质、经济结构优化、资源配置高效、经济运行稳定、生态环境和谐和经济成果惠民6个维度构建地区经济增长质量评价指标体系（如表6-12所示）。

表6-12 经济增长质量评价指标体系

方面指数	分项指标	基础指标	指标属性
国民经济素质	基础素质	人均铁路、公路里程	正向
		互联网普及率	正向
		每万人拥有医疗机构床位数	正向
		每万人拥有公共交通车辆	正向
		每百万人拥有公共图书馆数量	正向
		人均城市道路面积	正向

续表6-12

方面指数	分项指标	基础指标	指标属性
国民经济素质	能力素质	人均受教育年限	正向
		教育支出占财政支出比重	正向
		R&D经费投入强度	正向
	协调素质	一般公共服务支出占财政支出比重	正向
		社会保障和就业支出占财政支出比重	正向
经济结构优化	产业结构	产业结构合理化[129]	逆向
		产业结构高级化[129]	正向
	金融结构	存款余额占GDP比重	正向
		贷款余额占GDP比重	正向
	投资消费结构	投资率	正向
		最终消费率	正向
	城乡二元结构	二元反差指数	逆向
资源配置高效	劳动效率	全社会劳动生产率	正向
	资本效率	资本生产率	正向
	土地效率	土地产出率	正向
	工业效率	规模以上工业企业成本利润率	正向
	能耗效率	单位能耗产出率	正向
经济运行稳定	国际依赖	外贸依存度	正向
		外资依存度	正向
	产出波动	经济波动率	逆向
	价格波动	通货膨胀率	逆向
	就业波动	失业率	逆向
生态环境和谐	生态代价	单位产出大气污染程度	逆向
		单位产出污水排放量	逆向
		单位产出固体废弃物排放量	逆向
	环境保护	生活垃圾无害化处理率	正向
经济成果惠民	收入水平	人均GDP	正向
	医疗福利	人均财政医疗卫生经费	正向
	文化福利	人均文化事业费	正向
	教育福利	人均教育经费	正向
	成果分配	劳动者报酬占比	正向

表6-12中，互联网普及率采用互联网上网人数占总人口比重来表示。人均受教育年限用6岁以上人口平均受教育年限来度量，即"人均受教育年限=（小学人口×6+初中人口×9+高中人口×12+大专及以上人口×16）/6岁以上总人口"。经济结构优化方面指数中，产业结构合理化测算公式为：

$$TL = \sum_{i=1}^{3} \left(\frac{Y_i}{Y}\right) \ln\left(\frac{Y_i}{L_i} \bigg/ \frac{Y}{L}\right) \qquad (6\text{-}17)$$

其中，i 表示产业，Y 表示产值，L 表示就业人数；产业结构高级化以第三产业产值与第二产业产值之比来表征；投资率、最终消费率分别采用固定资产形成总额、最终消费占支出法 GDP 比重来衡量；二元反差指数测算公式为：

$$R = \frac{1}{2} \times \left(\left|\frac{G_1}{G} - \frac{L_1}{L}\right| + \left|\frac{G_2}{G} - \frac{L_2}{L}\right|\right) \qquad (6\text{-}18)$$

其中，G 表示产值，L 表示就业人数，下标1、2分别表示农业部门和非农业部门。资源配置高效方面指数中，全社会劳动生产率采用2008年不变价 GDP 与从业人数比值来表示；资本生产率采用地区生产总值与固定资产投资总额之比来衡量；土地产出率采用农业总产值与农作物播种面积之比来表示；规模以上工业企业成本利润率使用规模以上工业企业利润总额与主营业务成本的比值来衡量；单位能耗产出率为地区生产总值与能源消耗总量的比值。经济运行稳定方面指数中，外贸依存度、外资依存度分别采用进出口总额、实际利用外资占 GDP 比重来表示；经济波动率采用2000年不变价 GDP 实际增长率变动幅度的绝对值来衡量。生态环境和谐方面指数中，单位产出大气污染程度、污水排放量以及固体废弃物排放量分别采用二氧化硫排放量、污水排放总量和一般工业固体废弃物生产量与 GDP 比值来衡量。

6.4.3.2 测度方法与数据来源

本书通过构建综合指数评价模型对中国2008—2017年各地区（西藏数据缺失较多，未进行测度）的经济增长质量水平进行实证测度。首先，考虑到所选指标体系数据集是同时具有时序特征和多属性特征的时序立体数据，为保证评价结果的客观性和动态可比性，采用郭亚军[237]提出的纵横向拉开档次法对基础指标进行赋权；其次，为使经济增长质量评价指数跨年度可比，借鉴王小鲁等[238]提出的定基功效系数法，以2008年为基期，对原始数据进行标准化处理。最后，构建多目标线性加权模型测算各省份经济增长质量综合评价指数。具体实施步骤如下：

（1）指标一致化、标准化处理

为确保逆向指标与经济增长质量的作用方向趋同，在无量纲化处理前先对逆向指标取相反数，然后采用极值标准化方法对进行指标无量纲处理。

（2）纵横向拉开档次法

纵横向拉开档次法是一种对面板数据进行动态评价的客观赋权法，它以最大可能地体现各被评价对象的差异为原则来确定指标权重系数。

设 $\{x_{ij}(t_k)\}$ 为原始时序立体数据集，$x_{ij}(t_k)$ 表示第 i 个省份第 j 个指标在第 t_k 年度的原始值，$x_{ij}\times(t_k)$ 为 $x_{ij}(t_k)$ 经指标一致化、无量纲处理后的值，$\omega=\{\omega_1,\omega_2,\cdots,\omega_m\}^T$ 为 m 个指标的权重系数向量。对于时刻 $t_k(k=1,2,\cdots,N)$，取综合评价函数 $y_i(t_k)=\sum_{j=1}^{m}\omega_j x_{ij}(t_k)$，则各被评价对象之间的差异可用 $y_i(t_k)$ 的总离差平方和 $\sigma^2=\sum_{k=1}^{N}\sum_{i=1}^{n}\left(y_i(t_k)-\overline{y}\right)^2$ 来刻画。原始数据经标准化后，可将其变形为 $\sigma^2=\sum_{k=1}^{N}\sum_{i=1}^{n}(y_i(t_k))^2=\sum_{k=1}^{N}\left[\omega^T H_K \omega\right]=\omega^T\sum_{k=1}^{N}H_k\omega=\omega^T H\omega$，其中，$H=\sum_{k=1}^{N}H_k$ 为 $m\times m$ 阶矩阵，$H_k=A_k^T A_k$，$A_k=[x_{ij}\times(t_k)]$ 为一个 $n\times m$ 阶矩阵。由此可以证明，若限定 $\omega^T\omega=1$，当 ω 取矩阵 H 的最大特征值 $\lambda_{\max}(H)$ 所对应的特征向量时，σ^2 取最大值。为避免权重系数向量部分分量为负，则可进一步限定 $\omega>0$，即通过解析式（6-19）的线性规划问题来对权重序列进行归一化处理，从而求得最终权重系数向量。

$$\max \omega^T H\omega \quad \text{s.t.} \ \|\omega\|=1 \quad \omega>0 \quad (6\text{-}19)$$

（3）定基功效系数法

为使经济增长质量指数跨年度可比，本书以2008年为基期，采用定基功效系数法对原始数据进行标准化处理。具体公式为：

$$s_{ij}(t_k)=\begin{cases}\dfrac{x_{ij}(t_k)-\min\left[x_j(t_1)\right]}{\max\left[x_j(t_1)\right]-\min\left[x_j(t_1)\right]} & x_j\text{为正向指标}\\[2mm] \dfrac{\max\left[x_j(t_1)\right]-x_{ij}(t_k)}{\max\left[x_j(t_1)\right]-\min\left[x_j(t_1)\right]} & x_j\text{为负向指标}\end{cases} \quad (6\text{-}20)$$

其中，$x_{ij}(t_k)$ 和 $s_{ij}(t_k)$ 分别表示第 i 个省份第 j 个指标在第 t_k 年度的原始值和标准化后的值，$\max[x_j(t_1)]$ 和 $\min[x_j(t_1)]$ 分别表示所有省份第 j 个指标在基期的最大值和最小值。

（4）构建多目标线性加权模型测算各地区经济增长质量

综合权重系数向量和经定基功效标准化处理后的指标数据，采用多目标线性加权函数测算第 i 个地区在第 t_k 年度的经济增长质量指数 $I_i(t_k)$。

$$I_i(t_k) = \sum_{j=1}^{m} \omega_j s_{ij}(t_k) \qquad (6\text{-}21)$$

本书所采用数据来源于历年《中国统计年鉴》《中国卫生健康统计年鉴》《中国教育统计年鉴》《中国文化和旅游统计年鉴》《中国贸易外经统计年鉴》《中国能源统计年鉴》《中国科技统计年鉴》以及各省份统计年鉴。其中，2010年不同学历人口抽样数据缺失，采用前后两年均值弥补缺失值。2017年互联网上网人数缺失，采用 Holt-Winter 二次指数平滑法进行预测。山西省、黑龙江省部分年度三产从业人数缺失，分别采用国泰安数据库和前瞻产业研究院公布的数据予以弥补，其余指标少部分缺失值均采用线性插值法补充完整。

6.4.3.3 中国地区经济增长质量的评价

图6-3展示了中国各地区2008—2017年经济增长质量评价指数的变动情况。从整体来看，2008年以来中国各省份经济增长质量有明显改善且大都呈现出稳步增长的态势。分区域来看，中国地区经济增长质量总体呈现出"东部沿海＞中部地区＞西部地区＞东北地区"的分布格局，区域经济增长质量差异化明显。从个体经济增长质量演变趋势来看，全国30个测度地区中仅有辽宁省经济增长质量在2015年后出现骤降，这与辽宁省近几年经济负增长相呼应，说明本书构建的指标体系是合理的，能较为准确地反映各省份经济增长质量的变动情况。

6.4.4 实证分析

6.4.4.1 计量模型设定与变量选择

为进一步检验农业人口转移进程中城乡收入差距对经济增长质量的联动效应，本书在线性模型基础上引入了农业人口转移与城乡收入差距的交互项，构建双向固定效应模型对理论机制加以验证，故将模型设定为：

$$QEG_{it} = \alpha_0 + \alpha_1 Theil_{it} + \alpha_2 Rpt_{it} + \alpha_3 Theil_{it} \times Rpt_{it} + \sum_{j=1}^{3} \beta_1 x_{ijt} + \lambda_t + \mu_i + \varepsilon_{it} \qquad (6\text{-}22)$$

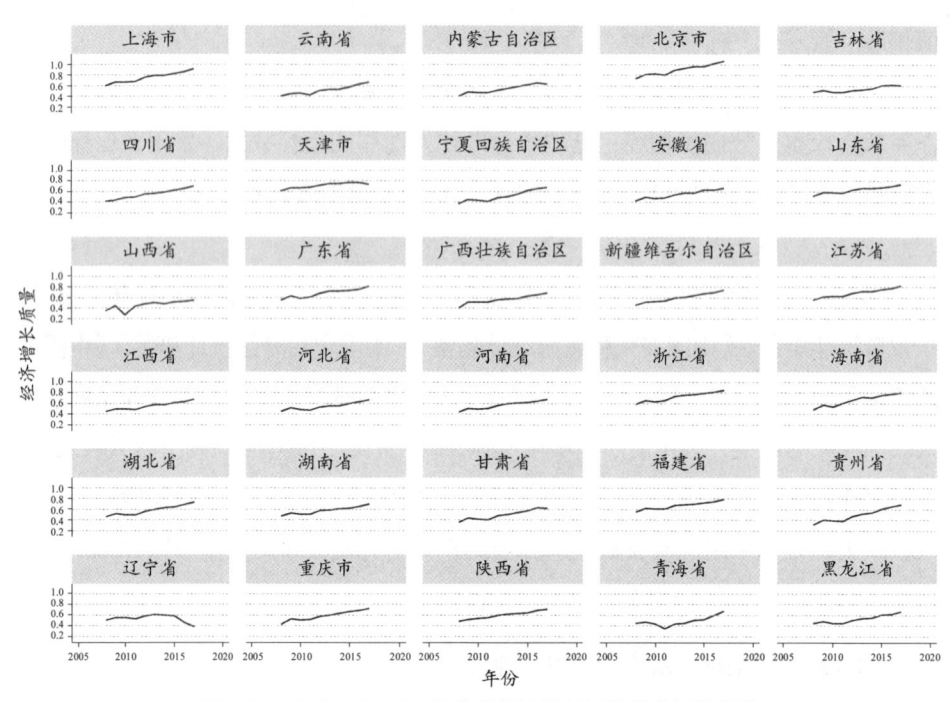

图6-3 2008—2017年各省份经济增长质量综合评价指数

式中，下标 i、t 分别为地区标识和年份标识；λ_t 为时间固定效应；μ_i 为个体效应；ε_{it} 为随机误差项。QEG_{it}、$Theil_{it}$ 和 Rpt_{it} 别为第 i 个省份第 t 年的经济增长质量水平、城乡居民收入差距和农业人口转移。其中，地区经济增长质量水平选取前文测算的经济增长质量综合评价指数来表示。关于城乡收入差距的确定，常见的用于测度城乡收入差距的指标有城乡收入比、基尼系数和泰尔指数，在实证研究中，泰尔指数能够比较真实地反映城乡收入水平且计算难易程度适中，因此本书选择采用泰尔指数（Theil index）来衡量城乡收入差距[①]。而农业人口转移是一个较为宽泛的概念，在现实情况下，中国农业转移人口既包括由农业户籍转变为城镇户籍的转移人口，也包括工作生活在城镇但户籍仍属于农村的流动人口，因此，本书选取常住人口城镇化率来表征农业人口转移这一指标。

---

① 泰尔指数（Theil index）的计算公式为：$theil_{it} = \sum_{j=1}^{2}(I_{ijt}/I_{it})\ln\left[(I_{ijt}/I_{it})/(P_{ijt}/P_{it})\right]$，其中，$theil$ 表示泰尔指数，$j=1$ 表示城镇地区，$j=2$ 表示农村地区，I_{ij} 表示 i 地区的城镇或农村居民总收入，I_i 表示 i 地区居民总收入，P_{ij} 表示 i 地区城镇或农村居民人口数量，P_i 表示 i 地区城乡总人口。

此外，由于影响经济增长质量的因素有很多，本书还选取了一些重要的控制变量，包括：①技术进步（SC），借鉴谢晓芳[239]的做法，从技术产品规模、技术资本投入和技术劳动投入这三个方面分别采用三项专利申请授权量、研究与试验发展（R&D）经费内部支出和研究与试验发展（R&D）人员全时当量这三个指标进行综合测度，测度方法与本书测度经济增长质量指数的方法一致。②城乡居民消费水平差距（Consumption），以城乡居民人均消费支出比重来表示。③国有化率（National），以国有投资占全社会固定资产投资比重来表征。

为检验2008年金融危机后城乡收入差距与经济增长质量之间的关系，本书选取样本区间为2008—2017年。由于北京、上海和天津三个直辖市成立时间较长，其城镇覆盖面积较广，城乡发展水平也相对稳定，为更大程度地体现中国大部分地区城乡收入差距对经济增长质量的影响，故在进行经验检验时将其剔除，选取了除西藏以及这三个直辖市以外的省份进行分析。

6.4.4.2 实证结果分析

由表6-13可见，在中国经济发展中确实存在城乡收入差距、农业人口转移影响经济增长质量的机制。泰尔指数每上升1个单位，经济增长质量降低0.794 1个单位；常住人口城镇化水平每提升1个单位，经济增长质量提升0.495 9个单位；泰尔指数与常住人口城镇化水平交互项每增加1个单位，经济增长质量提高1.084 8个单位。检验结果表明，城乡收入差距对经济增长质量的影响是显著负向的，说明城乡收入差距扩大的确会抑制经济增长质量的提升。其次，无论是否考虑其他控制因素，常住人口城镇化率对经济增长质量的影响都是显著为正的，说明农村剩余劳动力由农村流向城市能有效提高经济增长质量。从两者的交互项来看，城乡收入差距、农业人口转移对经济增长质量存在正向且显著的联动作用，即农业人口转移可以通过缩小城乡收入差距来间接促进经济增长质量提升。其他一些回归结果显示，技术进步对经济增长质量具有显著正向影响，技术进步指数每增加1个单位，经济增长质量将提升0.012个单位。城乡居民消费水平差距对经济增长质量的提升具有显著的抑制作用，城乡居民人均消费支出比每增加1个单位，经济增长质量将降低0.020 6单位。国有化率对经济增长质量的影响是负向的但不显著，说明当前国有投资虽然对经济增长质量没有明显的抑制作用，但国有化投资占比过大会在某种程度上挤占其他投资主体在各领域进行投资的机会，不利于市场化发展，进而可能阻滞经济高质量增长。

表6-13 城乡收入差距、农业人口转移与经济增长质量关系检验结果

变量	模型1	模型2
$Theil$	-0.667 4** (-2.44)	-0.794 1** (-2.36)
Ubr	0.615 0** (2.48)	0.495 9* (1.91)
$Ubr \times Theil$	0.834 8** (2.91)	1.084 8*** (3.25)
SC		0.012 0** (2.28)
$Consumption$		-0.020 6* (-2.11)
$National$		-0.019 9 (-0.42)
常数项	0.216 0 (1.69)	0.343 0** (2.48)
观测值	270	270
时间固定效应	控制	控制
R^2	0.864 4	0.867 0
省份数	27	27

注：括号内为系数的t统计值，*、**、***分别表示在10%、5%和1%的水平上显著。

6.4.5 研究结论及建议

本书从经济增长质量视角出发，对城乡收入差距、农业人口转移影响经济高质量增长的作用机理进行阐释，并以2008—2017年中国27个省份的面板数据为样本，构建双向固定效应模型对理论假说进行经验检验，得出以下结论：①城乡收入差距对经济高质量增长存在着显著的负向影响，即城乡收入分配越不公平，农村居民就不能较好地共享经济发展成果，从而导致经济增长质量不佳。②农业人口转移可以直接通过促进现代部门劳动力要素供给来促进经济高质量增长。③对城乡收入差距、农业人口转移交互项的检验结果表明，农业人口转移可以通过缩小城乡收入差距来间接促进经济高质量增长。④实证研究还发现了其他影响经济

高质量增长的因素，如技术进步对经济高质量增长存在显著的积极影响，而城乡居民消费水平差距扩大和国有化投资占全社会固定资产投资比重的增加对经济高质量增长具有负向影响。综合上述研究结论，本书提出如下政策以促进中国经济高质量增长。

第一，继续加大"三农"支持力度，在财政补贴、税收政策和金融政策等方面进一步向农村倾斜，切实增加农村居民收入，缩小城乡收入差距。加强农村基础设施建设，多渠道筹措资金加强以水利为重点的农田基本建设，农村道路、电信、公共服务设施建设和农村环境改造，改善农民基本生产生活条件。大力发展乡镇企业，推进农业产业化经营，多渠道创造就业岗位，转移农村剩余劳动力，增加农民收入来源。

第二，加快户籍制度改革，逐步放宽农村户籍人口落户城镇准入条件，加速市民化进程。削弱户籍附加利益，着力改革并最终取缔与户籍制度的挂钩，实现城乡居民在住房、医疗、教育和就业等社会福利和社会保障方面的待遇均等化。逐步建立城乡统一的劳动力市场和公平竞争的就业制度，提高就业服务信息化水平，积极为农业转移人口提供就业指导和职业技能培训，引导农村劳动力的转移就业，使人力资源在较大程度上进行合理配置，提高经济高质量增长水平。

第三，加强技术创新，着手布局高新技术产业，引导创新资源向科技创新领域汇聚，鼓励高新技术企业之间开展合作，打破区域间人才流动壁垒，加强关键核心技术创新和成果转移转化，以创新驱动促进经济增长质量提升。转变发展理念，放宽非国有经济投资领域，拓宽非国有经济融资渠道，鼓励非国有经济主体以多种方式参与经济生产，激发市场主体活力，促进经济可持续高质量增长。

6.5 投资结构调控专题：投资主体结构、经济增长贡献率与区域发展差异

6.5.1 引言

改革开放以来，中国经济发展取得了令人瞩目的成就。然而随着经济发展的不断推进，发展中的弊端日益显现，其中区域经济发展不平衡问题表现最为突出。如图6-4所示，2006—2017年，东中部和东西部人均GDP差距呈逐年扩大的趋势，区域差异过大不仅会制约中国经济的协调发展，并将引发社会、政治和宗教等一

系列矛盾。究竟是什么原因导致了中国的区域差异？已有的研究主要从科技、要素禀赋、产业结构等角度分析了区域发展差异形成（范柏乃等；何雄浪等；贺珍瑞等）[240-242]。但毫无疑问，即使在当前科技等生产要素相对重要性日益提升的同时，区域的发展在相当程度上仍取决于资本的数量及效率，而区域投资主体结构差异恰能反映这一特征事实。如图6-5、图6-6和图6-7所示，在2006—2017年这段时期内，东部、中部和西部地区的投资主体结构及其变化趋势具有明显的差异，这种差异是否是导致中国东中西部区域发展差异的重要原因？本书试图对这一问题展开深入研究，以期为各级地方政府努力缩小区域发展差距提供新的政策启示。

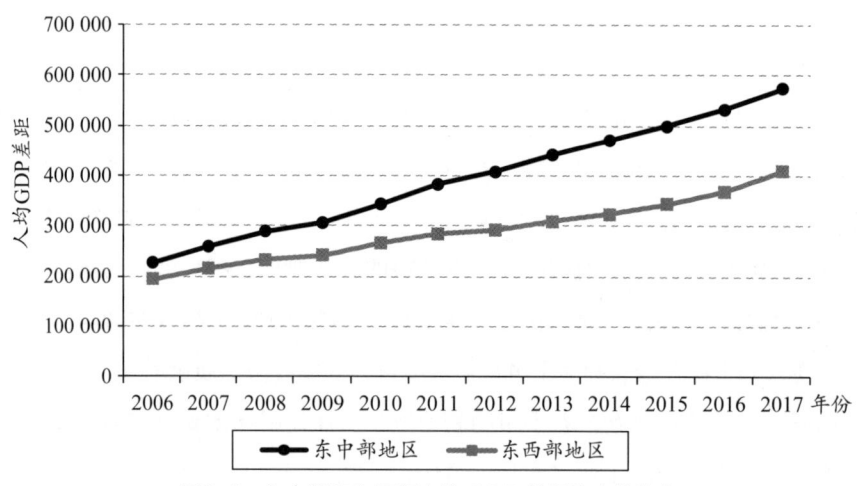

图6-4 东中部和东西部人均GDP差距的变化趋势

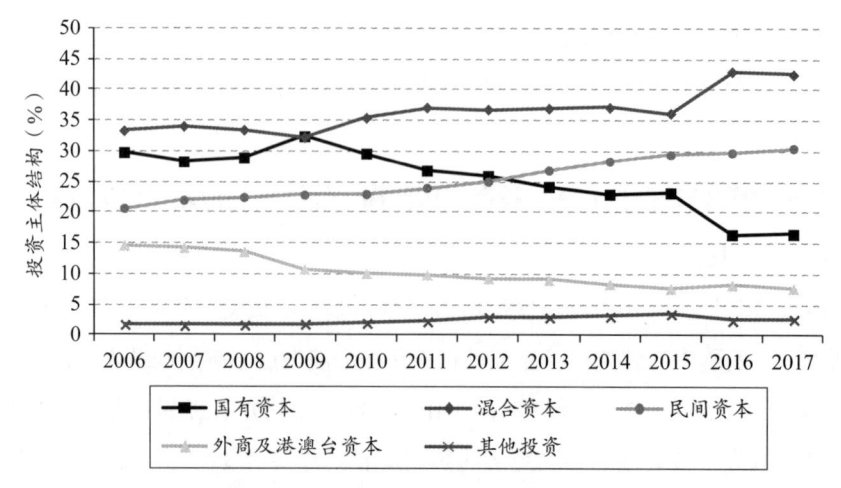

图6-5 东部地区投资主体结构变化趋势

· 第6章　中国结构性改革实施供需双侧联动调控的重点领域 ·

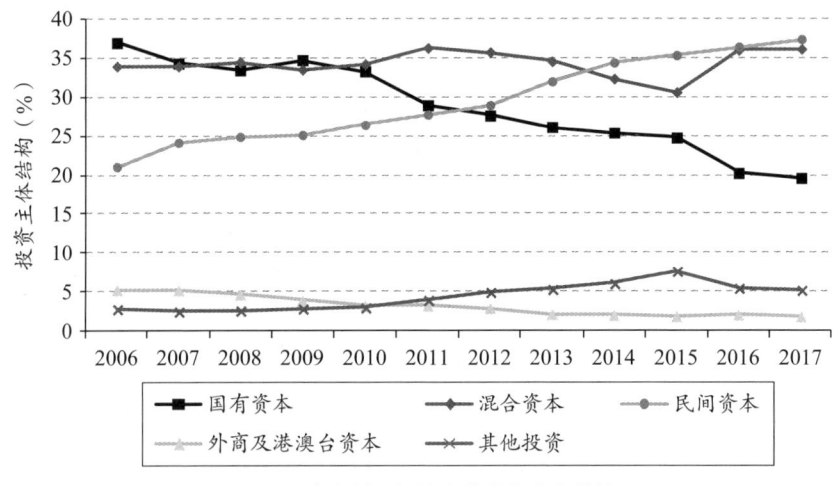

图6-6　中部地区投资主体结构变化趋势

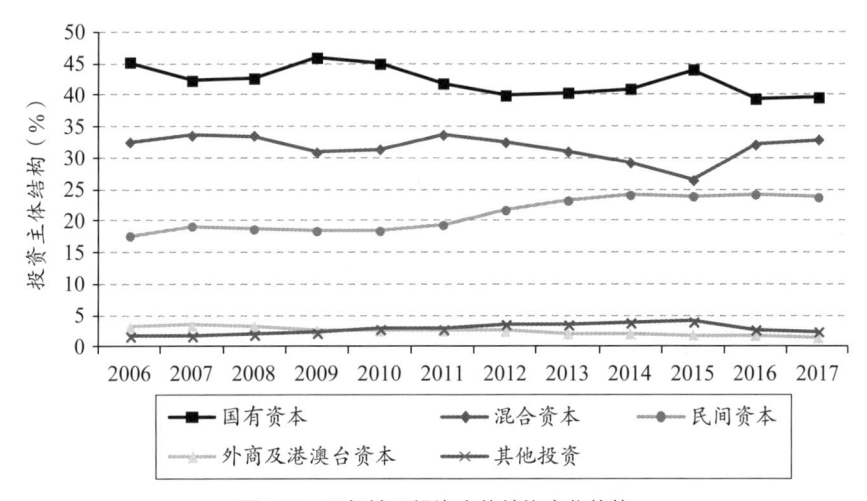

图6-7　西部地区投资主体结构变化趋势

6.5.2 文献综述

对于区域经济发展差异形成的原因，现有文献从多个研究视角进行了分析。部分学者认为技术进步是地区经济增长的动力差异，而导致区域经济不平衡发展（洪名勇；朱勇等；白嘉；唐兆涵等）[243-246]；

部分学者认为劳动、资本和人力资本等多要素的投入差异是影响区域经济差距变化的重要因素（郭金龙等；裴怀娟；王小鲁等；楚尔鸣等）[247-250]；此外，还有部分学者在承认要素禀赋作用的同时，提出政策制度因素更是致使差距扩大的重要原因（李兴江等；彭文斌等）[251-252]。

但是，从目前来看，现有文献从投资主体结构视角来分析区域差异形成相对较少，更多的文献是分析不同主体的投资对区域经济增长的影响。苗建军等通过分析得出，国有经济固定资产投资对东部地区经济增长的作用最大，其次是西部地区，最后是中部地区[253]；熊杨等认为国有经济投资与非国有经济投资对经济增长的影响效果大小不一致[254]；崔宏凯等通过测算，发现民间投资对地区经济增长有比较显著的促进作用[255]；薛俭等认为 FDI 对中国区域经济增长的作用由东部地区向西部地区递减[256]。由此可见，由于不同主体的投资效率不同，对各地区的经济增长贡献率不同，这将带来各区域的经济增长效果差异，从而加大了地区发展差距（张永鹏）[257]。

显然，上述研究是考虑了投资主体结构对经济增长的"单向"影响，并没有考虑经济增长对投资主体结构的反向影响。从实践来看，区域经济增长差异必然引致区域投资环境的差异，这又会对不同地区吸引不同投资形成影响，进一步强化或异化现有的投资主体结构，从而使得投资主体结构与地区经济增长之间形成闭环交互式影响。因此，本书从投资主体结构与经济增长之间的"双向"影响出发，分析不同投资主体结构对地区差异形成的影响，从而得出相关结论并提出建议。

6.5.3 理论分析及假设

一般而言，资本的效率会因不同的主体使用而存在较大差异。一个地区的投资主体结构决定了该地区资本使用的效率结构。资本作为经济产出的重要生产要素，其使用效率不同必然导致各区域产出不同，从而形成地区经济增长率差异。反过来，地区经济增长差异也会造成对投资主体结构的影响，一方面，经济增长程度较高的区域，经济活跃程度加剧，投资机会增加，加之当地政府比较注重当地经济发展环境的优化，能够吸引更多更优质的投资主体，对投资产生"虹吸效应"，进一步优化了当地的投资主体结构，形成一个"良性循环"；另一方面，经济增长程度较低的区域由于投资机会减少，对投资主体吸引力差，以至于越高效的投资主体越愿意退出该地区投资，从而造成当地的投资主体结构异化，形成一个"恶性循环"，这两种循环最终导致中国区域发展呈现出"强者愈强、弱者愈弱"的马太效应。其作用机理如图 6-8 所示。

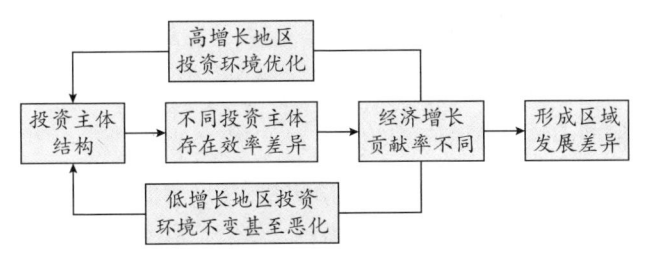

图6-8 投资主体结构与区域发展差异形成的作用机理

通过上述分析，本书提出两个研究假设：

假设1：不同主体的投资由于投资效率不同会对东中西部地区经济增长产生不同的贡献作用，从而形成区域发展差异。

假设2：区域增长差异所带来的投资环境和机会不同会引起投资主体异动，又因为投资主体的效率差异，从而进一步扩大区域发展差异。

6.5.4 投资主体结构、经济增长贡献率与区域差异形成关系的经验检验

6.5.4.1 模型构建

分析不同投资主体对各区域经济增长的贡献程度，本书构建不同主体的投资对经济增长影响的线性计量模型，模型设定如下：

$$pgdp = \beta_0 + \beta_1 k_i + \beta_2 tra + \beta_3 open + \beta_4 ren + \beta_5 ind + \varepsilon \quad (6\text{-}23)$$

在式（6-23）中，$pgdp$ 代表经济发展水平；k_i 为不同所有权性质的固定资产投资，即 k_g、k_h、k_m、k_w、k_q，分别代表国有资本投资、混合资本投资、民间资本投资、外商及港澳台投资和其他投资；同时借鉴逯进[258]、文荣光[259]以及陈杰[260]等多个学者对经济增长的分析，将交通基础设施（tra）、对外开放水平（$open$）、人力资本（ren）及产业结构升级（ind）作为控制变量；ε 表示随机误差项。

为分析各地区经济增长对不同投资主体的吸引作用，本书设定式（6-24）如下：

$$k_i = \alpha_0 + \alpha_1 pgdp + \alpha_2 tra + \alpha_3 ind + \alpha_4 tec + \mu \quad (6\text{-}24)$$

在式（6-24）中，k_i 表示5类不同主体的固定资产投资，即分别为国有资本投资、混合资本投资、民间资本投资、其他投资及外商投资；$pgdp$ 代表地区经济增长水平；从理论上来讲，吸引不同主体投资除了地区经济增长水平之外，地区的基础设施、产业结构、技术水平同样是影响各类投资的重要因素，因此本书将地区交通基础设施（tra）、产业结构水平（ind）以及技术水平（tec）这三个变量作为模

型的控制变量；μ 表示随机误差项。

6.5.4.2 指标与数据说明

本书构建模型中的主要指标说明如下：

① 经济增长水平（$pgdp$），用各省市的地区生产总值与总人口的比值来表示。② 国有资本投资（k_g），是国有经济及集体经济全社会固定资产投资之和与整体全社会固定资产投资之比。③ 混合资本投资（k_h），是股份合作、联营、有限责任公司、股份有限公司全社会固定资产投资之和与整体全社会固定资产投资之比。④ 民间资本投资（k_m），是私营及个体全社会固定资产投资之和与整体全社会固定资产投资之比。⑤ 外商及港澳台投资（k_w），是外商投资及港澳台投资全社会固定资产投资之和与全社会固定资产投资之比（下文简称外商投资）。⑥ 其他投资（k_q），即全社会固定资产投资中的其他投资与整体全社会固定资产投资之比。⑦ 人力资本（ren），利用普通高校在校人数占地区常住人口数的比例来衡量。⑧ 对外开放水平（$open$），用各省市的经营单位所在地进出口总额与国内生产总值的比值来表示，体现了当地的经济开放程度。⑨ 产业结构水平（ind），用各省市第三产业增加值占第二产业增加值的比重来表示，体现当地的产业结构水平。⑩ 交通基础设施（tra），以公路里程来反映，体现当地交通基础设施建设水平。⑪ 技术水平（tec），用各省专利申请受理项来反映，体现当地科技水平。具体变量说明与描述性统计见表6-14。

表6-14 变量说明与描述性统计

指标	变量	单位	平均值	标准差	最小值	最大值	测度方法
经济发展水平	$pgdp$	元/人	10.837 4	3.029 1	−2.5	19.2	各省市的地区生产总值/总人口
国有资本投资	k_g	%	3.422 6	0.365 6	2.511 8	4.353 9	国有和集体全社会固定资产投资之和/全社会固定资产投资
混合资本投资	k_h	%	3.487 3	0.306 9	1.785 9	4.213 8	股份合作、联营、有限责任公司、股份有限公司全社会固定资产投资之和/全社会固定资产投资
民间资本投资	k_m	%	3.110 9	0.475 3	1.388 3	3.925 8	私营和个体全社会固定资产投资之和/全社会固定资产投资
外商及港澳台投资	k_w	%	1.260 7	1.004 8	−2.399 9	3.191 2	外商和港澳台全社会固定资产投资之和/全社会固定资产投资
其他投资	k_q	%	0.783 5	0.911 0	−3.107 5	2.511 2	其他全社会固定资产投资/全社会固定资产投资

续表6-14

指标	变量	单位	平均值	标准差	最小值	最大值	测度方法
人力资本	ren	%	0.5026	0.3391	-0.5108	1.2613	普通高校在校人数/地区常住人口数
对外开放水平	open	%	2.8796	0.9724	0.5247	5.1484	经营单位所在地进出口总额/国内生产总值
产业结构水平	ind	%	-0.0596	0.3840	-0.6991	1.4438	第三产业增加值/第二产业增加值
交通基础设施	tra	万公里	2.3449	0.8457	0.0392	3.4965	公路里程
技术水平	tec	项	9.7947	1.7408	4.4886	13.3500	各省专利申请受理项

本书采用2006—2017年31个省（自治区、直辖市）的数据，各变量原始数据主要来源于《中国统计年鉴》、国家统计局以及EPS数据平台等。本书所缺失的数据采用插值法，同时为了减少原始数据的异方差且保证其变化趋势不变，对变量数据进行对数化处理。

6.5.4.3 模型检验

（1）多重共线性检验

本书利用方差膨胀因子（VIF值）检验多重共线性问题，结果发现VIF的最大值为4.86<5，因此其回归方程不存在多重共线性。

（2）数据平稳性检验

为避免计量回归中存在的伪回归问题，本书在进行计量分析前对变量进行面板单位根检验。本书依次使用LLC检验和HT检验方法，分别对样本数据进行面板单位根检验。检验结果表明只有k_m这个变量不存在单位根，其余变量均显示存在单位根，不平稳。但对变量序列进行一阶差分后检验，变量序列均平稳。

（3）豪斯曼检验

由于本书设定的实证模型是面板数据模型，因此需要通过豪斯曼（Hausman）检验来确定构建固定效应模型还是随机效应模型。经检验，模型结果均拒绝原假设，且在1%水平上显著。因此，本书应用固定效应模型来进行分析。

6.5.4.4 实证结果分析

（1）不同投资主体对各地区经济增长的贡献分析

为了解不同地区之间各投资主体对经济增长的贡献效率差异，本书将31个省份划分为东、中、西部三个区域（东部地区包括北京、天津、河北、辽宁、上海、江苏、浙江、福建、山东、广东、海南11个省、直辖市；中部地区包括山西、吉林、黑龙江、安徽、江西、河南、湖北、湖南8个省；西部地区包括内蒙古、广西、重庆、四川、贵州、云南、陕西、甘肃、宁夏、西藏、新疆、青海12个省、自治区、直辖市），并依次对这三个区域进行回归检验和差异性分析。

如表6-15所示，在东部地区，国有资本投资、混合资本投资、外商投资及其他投资均与人均GDP呈负相关关系，即当这四类投资主体每提高1个单位比重时，分别会使东部地区的人均GDP下降0.576 9、0.222 3、0.387 9与0.034 1个单位，但混合资本投资和其他投资对东部地区经济增长的作用效果并不显著；民间资本投资与人均GDP呈正相关关系，民间资本投资每提高1个单位比重，会使当地的人均GDP增加0.59个单位。

表6-15　东部地区各类投资对经济增长的影响

变量名称	pgdp	pgdp	pgdp	pgdp	pgdp
k_g	−0.576 9*** （−3.98）				
k_h		−0.222 3 （−1.31）			
k_m			0.595 5*** （8.53）		
k_w				−0.396 5*** （−4.76）	
k_q					−0.034 1 （−0.68）
open	0.250 8*** （5.56）	0.145 5*** （3.24）	0.257 7*** （7.30）	0.387 9*** （6.40）	0.149 3*** （3.03）
tra	0.087 7* （1.78）	0.211 2*** （5.39）	0.074 6** （2.11）	0.140 6*** （3.56）	0.237 5*** （4.81）
ind	0.080 8 （0.92）	0.374 6*** （3.66）	0.636 1*** （8.71）	0.242 6*** （3.46）	0.264 7*** （3.30）
ren	1.167 1*** （8.65）	1.365 4*** （10.21）	1.233 6*** （11.44）	0.989 7*** （6.81）	1.391 0*** （9.57）

注：*、**、*** 分别代表在10%、5%、1%的水平上显著。

在中部地区，各投资主体对当地经济增长的作用均是显著的。国有资本投资、外商投资与人均GDP呈负相关关系，当国有资本投资、外商投资分别提高1个单位比重时，会使中部地区的人均GDP下降0.47、0.44个单位，且国有资本投资对经济增长的负效应大于外商投资；而混合资本投资、民间资本投资及其他投资与人均GDP呈正相关关系，当这三类投资主体每提高1个单位比重时，分别会使人均GDP增加0.73、0.43、0.18个单位，且混合资本投资对中部地区经济增长的作用最大，其次是民间资本投资，最后是其他投资。如表6-16所示。

表6-16 中部地区各类投资对经济增长的影响

变量名称	$pgdp$	$pgdp$	$pgdp$	$pgdp$	$pgdp$
k_g	-0.4722*** (-5.03)				
k_h		0.7264*** (3.26)			
k_m			0.4332*** (3.99)		
k_w				-0.4394*** (-11.40)	
k_q					0.1759*** (3.19)
$open$	-0.2292*** (-2.79)	-0.2656*** (-2.92)	-0.1723** (-2.02)	-0.0517 (-0.86)	-0.0814 (-0.87)
tra	0.0611 (0.65)	0.2529*** (2.65)	0.0705 (0.71)	0.1531** (2.39)	0.0788 (0.76)
ind	0.1432 (1.37)	0.1786 (1.57)	0.1071 (0.98)	-0.1198 (-1.53)	0.0244 (0.21)
ren	1.4818*** (9.20)	1.6961*** (10.42)	1.5664*** (9.49)	1.4993*** (13.43)	1.6349*** (9.79)

注：*、**、***分别代表在10%、5%、1%的水平上显著。

在西部地区，国有资本投资和外商投资与人GDP呈负相关关系，当国有资本投资和外商投资每提高1个单位比重时，会使西部地区的人均GDP下降0.30、0.19个单位，且国有资本投资对经济增长的负效应大于外商投资；而混合资本投资、民间资本投资及其他投资与人均GDP呈正相关关系，当这三类投资主体每提高1个单位比重时，分别会使人均GDP增加0.12、0.117、0.002个单位，但统计上并不显著。如表6-17所示。

表6-17 西部地区各类投资对经济增长的影响

变量名称	$pgdp$	$pgdp$	$pgdp$	$pgdp$	$pgdp$
k_g	-0.302 3** (-2.21)				
k_h		0.123 9 (0.98)			
k_m			0.117 5 (1.16)		
k_w				-0.198 1*** (-4.58)	
k_q					0.001 6 (0.03)
$open$	-0.212 7*** (-3.46)	-0.174 8*** (-2.84)	-0.200 5*** (-3.21)	-0.113 3* (-1.92)	-0.184 0*** (-2.99)
tra	0.012 5 (0.22)	-0.017 4 (-0.28)	0.017 6 (0.31)	0.032 1 (0.60)	0.005 4 (0.09)
ind	0.075 4 (0.57)	0.092 2 (0.54)	-0.020 9 (-0.17)	-0.346 6** (-2.50)	-0.022 0 (-0.17)
ren	0.951 8*** (9.04)	1.018 1*** (9.96)	0.982 2*** (9.20)	1.016 5*** (10.63)	1.017 5*** (9.55)

注：*、**、*** 分别代表在10%、5%、1%的水平上显著。

比较东、中、西部三个区域的实证结果，发现国有资本投资对东部地区经济增长的负作用效果大于中、西部地区；混合资本投资对中、西部地区经济增长的作用为正，但对中部地区作用效果更好，对东部地区经济增长的作用为负；民间资本投资对东部地区的经济增长作用效果大于中西部地区；外商投资对各地区经济增长都为负效应，但其中对中部地区的负效应最大，其次是东部地区，最后是西部地区；其他投资对中部地区的经济增长作用效果最大且显著，对西部地区经济增长作用效果不明显，而对东部地区的经济增长呈反向影响。由上述可见，各类不同主体的投资对东中西部地区经济增长的作用效果完全不同，这必然是各地区发展差异形成的重要原因。由此，6.5.3中提出的研究假设1得证。

（2）东、中、西部地区经济增长对投资主体的吸引力分析

为了对研究假设2进行验证分析，同样本书采用固定效应模型来分析各地区因经济增长差异而导致对各投资主体吸引程度的差异，表6-18显示了式（6-24）的估计结果：

第6章 中国结构性改革实施供需双侧联动调控的重点领域

由表6-18可知，当东部地区的人均GDP增加1个单位时，国有资本投资下降0.46个单位比重、外商投资下降1.43个单位比重，而混合资本投资会增加0.16个单位比重、民间资本投资会增加0.68个单位比重、其他投资会增加1.69个单位比重。这意味着东部地区人均GDP的增长会带来国有资本投资和外商投资的减少，也会带来混合资本投资、民间资本投资及其他投资的增加。

表6-18 东部地区经济增长对投资主体的影响

变量名称	k_g	k_h	k_m	k_w	k_q
pgdp	-0.460 9*** (-5.68)	0.158 5** (2.24)	0.683 6*** (5.43)	-1.431 0*** (-8.32)	1.687 3*** (7.16)
tra	-0.307 9*** (-10.27)	0.048 8* (1.87)	0.359 1*** (7.72)	-0.539 7*** (-8.49)	1.032 2*** (11.85)
ind	-0.246 3*** (-5.13)	0.392 5*** (9.39)	-0.783 7*** (-10.52)	0.196 4* (1.93)	-0.781 3*** (-5.60)
tec	0.126 8*** (4.66)	-0.082 3*** (-3.47)	-0.147 7*** (-3.50)	0.463 9*** (8.04)	-0.620 4*** (-7.85)

注：*、**、***分别代表在10%、5%、1%的水平上显著。

由表6-19可知，当中部地区的人均GDP增加1个单位时，国有资本投资下降0.19个单位比重、外商投资下降0.99个单位比重，而混合资本投资会增加0.06个单位比重、民间资本投资会增加0.11个单位比重、其他投资会增加0.47个单位比重。这意味着中部地区人均GDP的增长会带来国有资本投资、外商投资的减少，也会带来混合资本投资、民间资本投资及其他投资的增加，但混合资本投资和民间资本投资增加现象不显著。

表6-19 中部地区经济增长对投资主体的影响

变量名称	k_g	k_h	k_m	k_w	k_q
pgdp	-0.188 9** (-2.06)	0.064 9 (1.35)	0.107 8 (1.28)	-0.992 7*** (-6.92)	0.469 1** (2.42)
tra	0.134 4 (1.06)	-0.173 4** (-2.61)	-0.025 9 (-0.22)	-0.343 9* (-1.73)	0.826 1*** (3.07)
ind	0.184 9* (1.87)	-0.147 9*** (-2.85)	-0.058 4 (-0.64)	-0.302 6* (-1.95)	0.520 3** (2.48)
tec	-0.159 3*** (-3.03)	0.023 1 (0.84)	0.148 3*** (3.07)	0.144 6* (1.76)	0.026 4 (0.24)

注：*、**、***分别代表在10%、5%、1%的水平上显著。

由表6-20可知,当西部地区的人均GDP增加1个单位时,国有资本投资会增加0.01个单位比重、其他投资会增加0.23个单位比重,而混合资本投资会减少0.04个单位比重、民间资本投资会减少0.09个单位比重、外商投资会减少0.78个单位比重。这意味着西部地区人均GDP的增长会带来国有资本投资和其他投资的增加,但国有资本投资增加不显著;同时也会带来混合资本投资、民间资本投资及外商投资的减少,但混合资本投资减少不显著。

表6-20 西部地区经济增长率对投资主体的影响

变量名称	k_g	k_h	k_m	k_w	k_q
pgdp	0.010 7 (0.31)	−0.043 9 (−0.96)	−0.085 3** (−1.94)	−0.777 5*** (−6.96)	0.234 3* (1.84)
tra	0.244 9*** (6.72)	0.031 8 (0.66)	−0.448 4*** (−9.69)	−0.336 4*** (−2.86)	0.287 4** (2.15)
ind	0.199 4*** (3.21)	−0.836 9*** (−10.19)	0.179 0** (2.27)	−1.433 7*** (−7.15)	0.667 8*** (2.92)
tec	−0.150 5*** (−9.99)	0.084 2*** (4.23)	0.236 0*** (12.32)	0.344 9*** (7.09)	−0.022 0 (−0.40)

注:*、**、***分别代表在10%、5%、1%的水平上显著。

比较东、中、西部三个区域的实证结果,发现东、中、西部地区的人均GDP若同时增加时,东、中部地区的国有资本投资会减少,且东部减少比重大于中部,而西部的国有资本投资会增加;东、中部的混合资本投资和民间资本投资会增加,且东部增加比重大于中部,而西部的混合资本投资及民间资本投资比重会减少;东、中、西部地区的外商投资比重均会减少,其减少比重东部最大,中部次之,西部最后;而东、中、西部的其他投资比重均会减少,其减少比重东部最大,中部次之,西部最后。由上述可见,各地区的经济增长对不同主体的投资吸引带来较大差异。

(3)区域投资主体结构趋势演化下的区域增长测算

根据不同主体投资对各区域经济增长的贡献以及各区域经济增长所引致的不同主体的投资增减情况实证分析,在假定各区域经济不断增长的情况下,可以测算出经济增长与投资主体结构变动交互影响下的各区域每1单位当期人均GDP的增长所带来的下一期人均GDP的增量。计算公式如下:

第6章 中国结构性改革实施供需双侧联动调控的重点领域

各地区下一期的人均 GDP 增量 = 各地区当期1个单位的人均 GDP 增长所带来的不同主体的投资流入量（或流出量）× 各地区不同主体的投资带来的人均 GDP 产出量

依据这个计算公式，东中西部地区在假定当期增长的情况下，未来一期的地区增长效果可测算如下：

$$y_{东部} = -0.576\ 9 \times (-0.460\ 9) + (-0.222\ 3) \times 0.158\ 5 + 0.595\ 5 \times 0.683\ 6$$
$$+ (-0.396\ 5) \times (-1.431\ 0) + (-0.034\ 1) \times 1.687\ 3 = 1.147\ 7$$

$$y_{中部} = -0.472\ 2 \times (-0.188\ 9) + 0.726\ 4 \times 0.064\ 9 + 0.433\ 2 \times 0.107\ 8$$
$$+ (-0.439\ 4) \times (-0.992\ 7) + 0.175\ 9 \times 0.469\ 1 = 0.701\ 7$$

$$y_{西部} = -0.302\ 3 \times 0.010\ 7 + 0.123\ 9 \times (-0.043\ 9) + 0.117\ 5 \times (-0.085\ 3)$$
$$+ (-0.198\ 1) \times (-0.777\ 5) + 0.001\ 6 \times 0.234\ 3 = 0.135\ 8$$

由上述计算可知，在投资主体结构与区域经济增长的交互影响下，东部地区未来一期经济增长效应最大，达到1.147 7；其次是中部地区，达到0.701 7；最后是西部地区，达到0.135 8。这种增长的差异也导致东、中部地区的增长差距达到0.446个单位，东、西部地区增长差距达到1.011 9个单位，也即各地区在当期每增加1个单位的产出，在投资主体结构的影响下，未来一期将给东、中部地区带来0.446个单位的增长差距，给东、西部地区带来1.011 9个单位的增长差距。经过多期循环往复，东、中部地区和东、西部地区的增长差异将呈现逐年递增趋势，6.5.3中提出的研究假设2得到验证。

6.5.5 结论及建议

本书分析了投资主体结构与区域发展差异形成之间的关系，并运用2006—2017年中国31个省（自治区、直辖市）的面板数据进行实证检验，其结果表明：①不同投资主体对东、中、西部地区的经济增长存在贡献效率差异，这是导致区域发展差异形成的重要原因。②东、中、西部地区的经济增长对不同投资主体存在吸引差异，由此带来各地区投资主体结构的变化，基于投资效率的不同，这种投资主体结构的变化，又将进一步引致地区发展差异的扩大。

基于以上结论，本研究提出以下政策建议：一是各地区需要因资施策，有针对性地诱导各类资本合化流动，优化投资主体结构。东部地区应进一步鼓励民间资本投资，中部地区应注重鼓励混合资本和民间资本的投资，西部地区相对而言可以进一步鼓励国有资本和外商资本投资，以减少这两种资本效率在东、中部地区的边际递减效应。二是中、西部地区需要进一步优化区域投资环境，如加强中西部地区的基础设施建设、优化当地的产业结构布局、吸引更多地高层次人才、增强技术创新的能力等，打破各类资本投资的地区选择循环效应，以消除区域发展的马太效应。

第7章 中国结构性改革实施供需双侧联动调控的对策

如前所述,经济结构性问题已经成为中国经济高质量发展的最大障碍,党的十八大和十九大均提出要"深化供给侧结构性改革",为此,必须加快新体制、新技术变革,提高全要素生产率,以转换经济增长动能,激发新的增长潜力,显著增强经济质量优势和竞争优势。但中国的结构性改革不是一蹴而就,而是一项长期改革任务,这就需要做好顶层规划,区分好短期和中长期任务,立足供给和需求两侧,合理利用宏观政策加以引导和调控,从而实现经济结构"渐进式"改革。短期而言,需要着重关注需求侧变化,通过对投资、消费和出口等结构的调整和优化,合理配置市场需求要素,以求"三驾马车"协调拉动经济增长,实现短期供给和需求动态均衡,为中长期结构性改革提供稳定的经济发展预期和发展环境。中长期而言,需要着重从供给侧入手,突出供给体系的转型升级和活力再造,从要素、产业、区域、体制等方面入手,改革不合理的制度障碍,调整和优化要素结构、产业结构、区域结构、体制结构等,从而为经济"治本"和长期高质量发展铺垫基础。由此,需求侧为供给侧提供基础,供给侧进一步丰富和发展需求侧,两者齐头并进,以供给侧结构性改革为主线,有效推动供给侧和需求侧双向发力,达到联动调控的效果[261]。

7.1 短期内中国结构性改革实施供需双侧联动调控的对策

任何改革都存在较大风险,中国的结构性结构改革也不例外。为避免改革风险对经济造成"休克"式冲击,采取短期稳态路径下"微式"调整,以量变积累求质变的改革路径往往更能取得成功。中国的结构性改革是14亿多人口大国的改革,"保民生、保就业、保稳定"始终是经济发展的基本取向,任何内外部突发性风险冲击都有可能造成不可预测的经济损失和严重的社会影响。因此,中国结构性改革必须注重短期路径上政策调控与风险管控。一方面，立足供给侧当前任务，积极控制无效增量供给，合理化解存量库存，大力增加有效供给，有效缓解短期内供需错配等问题和矛盾。另一方面，充分合理运用需求侧政策工具，实施需求总量"逆向"调控政策，保持社会总需求与总供给的相对稳定，防止短期经济的大起大落而带来负面影响。

7.1.1 短期内中国结构性改革实施供需联动调控的供给侧对策

结构性改革是一项系统繁杂的以经济改革为主导的综合性改革，其主要矛盾聚焦于供给侧。化解供给侧矛盾既需要着眼于长期调理解决，也需要关注当下"重症"缓解，长期调理解决的是供给侧的增量转型，而短期"重症"缓解的是注重供给侧存量矛盾的化解，二者相互协同，短期为长期创造基础和条件。其一，短期供给侧调控可以舒缓当下经济运行高风险。当前，供给侧结构性矛盾已经积累到相当深的程度，如不加以及时疏导，采取治标调控，必然引发企业破产、大量工人失业、银行坏账高企等经济运行系统性风险，甚至引发社会动荡等严重后果，结构性改革必将无法在长期路径上顺利实施和推进。其二，短期供给侧调控可以增强当前微观主体活力。通过政府的短期调控，企业无效产能压缩，产品库存出清，债务杠杆降低，营商环境优化，运营成本减少，微观主体焕发出蓬勃的生机活力，这必将为顺利推进结构性改革提供了良好的基础和环境。

7.1.1.1 推动更多产能过剩行业加快出清

中国拥有比较完整的工业体系，部分产业产能一直处于世界前列，但随着国内经济建设日臻完善，中低端市场趋于饱和，传统产业产能普遍过剩，特别是一些能耗和排放较高的行业如钢铁、煤炭、煤电、水泥、电解铝以及平板玻璃等尤为突出。2015年的中央经济工作会议首次提出"去产能、去库存、去杠杆"为供给侧结构性改革的当前和首要任务。2016年、2017年、2018年，连续将钢铁、煤炭、煤电三个行业的去产能目标列入政府工作报告，2019年中央经济工作会议提出要继续巩固"三去"成果，持续推动产能过剩行业加快出清，基本达到过剩产业产能总量与环境承载力、市场需求和资源能源保障相适应，进一步推动相关产业发展质量明显改善。为此，一是充分发挥行业规划、政策、标准的引导和约束作用，坚决遏制产能过剩行业盲目扩张，修改完善行业准入标准，严格项目土地管理，严禁建设新增产能项目。二是实施环保硬约束监督管理和推行产能严重过剩行业产品质量分类监管，淘汰和退出落后产能，实施差别电价和惩罚性电价、水价，合理引导产能有序退出。三是合理运用信贷支持、过剩产能压缩奖补、税收优惠等金融财政政策，鼓励产能严重过剩行业企业兼并重组、转型转产、产品结构调整、技术改造和向境外转移产能。四是加快推进乡村振兴战略，努力开拓国内市场需求，依托"一带一路"，积极拓展对外发展空间，巩固和扩大国际市场。

7.1.1.2 降低全社会营商成本

高质量产品供给和市场繁荣取决于微观主体活力，但市场上微观主体活力来源于有利可图的生产。一般而言，企业有利可图的生产活动一是靠节约生产成本，二是靠创新产品获取部分垄断利润，同时生产成本节约又有助于企业创新发展。因此，"降成本"对于提升企业活力和促进市场繁荣发展具有实质性意义。当前，企业生产经营主要面临六大成本，即税费成本、物流成本、融资成本、土地房产成本、劳动力成本和制度成本。这六大成本的降低既有政府短期内可以通过政策调控和制度改革实现的，也有需要政府长期内持之以恒加以政策引导和深化改革才能实现的，因此，政府可以系统考虑，统筹兼顾，当前实施以迅速缓解企业成本过高的短期调控措施为根本，兼顾长期内有望持续降低企业成本的长远措施为补充，全面优化企业营商环境，有效形成企业成本持续下降的市场合理预期，为保障供给侧的繁荣稳定奠定基础。短期内，一是通过调整增值税、电价、水费、工本费等，合理降低税费成本；二是合理调整最低工资标准，最低工资标准增速以不超过当地GDP增速为宜，适当调整"五险一金"的费率和费基，缓解企业用工成本。三是大力推进政府"放管服"改革，推广实施电子政务，让"办一件事只跑一次"成为政府服务理念并形成制度化。四是强化物流体系的合理规划，形成当地铁路、水路、公路、航空的无缝对接，降低企业的转运成本。长期内，主要是在降低企业融资成本、用地用房成本、物流成本等方面下功夫，一是优化融资结构，大力推进科创板等直接市场融资力度，逐步完善征信体系建设，扩大信用贷款力度，着力解决中小微企业融资难、融资贵问题；二是改革建设用地制度，加快建立健全城乡统一的建设用地市场，盘活存量土地和无效用地市场，扩大土地供应，降低地价房价；三是优化产业布局和市场布局，形成适当距离的上中下游产业配套，尽量靠近消费地实施生产布局，最大限度地减少企业生产配送和销售运输成本。

7.1.1.3 加大基础设施领域补短板力度

基础设施是保障社会生产顺利进行的基本条件，生产基础设施越完善，社会生产就会越便利，产业发展就会越兴旺，经济就会越有活力，社会生产体系就会处于良性循环状态。当前，社会生产基础设施经过政府多年持续的投入，已有较大的改善，已能基本满足社会生产的需要，但在一些支撑关键产业发展、重点领域发展、重点区域发展，如农业农村、生态环保、公共服务、区域均衡发展、智慧城市、工业互联网、物联网等方面仍然存在着不平衡不充分问题，急需补齐铁路、公路、机场、水运、水利、能源资源管网、信息网络、数据等基础设施短板。一是加强基础设施重大项目规划。对接经济发展和民生需要的紧急先后，分近期、中期、长期三类储备一批补短板基础设施重大项目，形成项目建设和储备的滚动接续机制。二是强化财政支持。财政部门要合理安排地方政府专项债券对补短板在建项目和预期实施重大项目的资金需求，或鼓励通过发行公司信用类债券，或鼓励政府和社会资本合作，实施PPP、TOT、ROT等市场化方式开展补短板重大项目融资。三是加大金融支持。对必要的或对有稳定盈利模式的在建项目，引导商业银行按照风险可控、商业可持续的原则加大信贷投放力度，支持开发性金融机构、政策性银行结合各自职能定位和业务范围加大相关支持力度。发挥保险资金长期投资优势，积极为补短板重大项目提供融资。鼓励金融机构按照风险缓释和市场化原则保障融资平台公司基础设施建设项目的合理融资需求。四是充分调动民间投资参与积极性。以市场化原则运营基础设施建设项目，合理推出推介一批投资回报机制明确、商业潜力大的项目，推动符合条件的民营企业参与补短板重大项目，持续激发民间投资活力。

7.1.2 短期内中国结构性改革实施供需联动调控的需求侧对策

短期内如果不存在重大突发性冲击，经济运行机制将保持原有惯性或态势增长，这是经济发展的基本客观规律。改革开放四十多年来，中国经济保持持续稳定增长态势，即使近年来经济增长的速度有所下降，但继续维持中低速增长仍是基本合理的判断。因此，作为配合近期或短期内的中国经济结构性改革的需求侧调控，其政策重心必然要聚焦于"逆周期"调控的总量需求政策上，从消费、投资以及出口方面挖掘消费潜力,尤其是当前受新冠疫情的影响,外部需求极度萎缩,更需要运用相关政策刺激和扩大国内需求,以保障生产供给体系的正常运行。

7.1.2.1 挖掘消费潜力,提升消费能力

(1) 开拓农村市场

改革开放以来,中国城乡二元结构尤为明显,农民收入较低且增长缓慢,消费基础设施落后,对衣、食、住、行等传统消费需求还有较大空间,因此,在短期内可以通过政策手段和改革举措刺激和增加农村居民消费,使农村消费成为扩大消费市场的新动能。一是加快农村信息化基础设施建设的投入力度,完善互联网、移动互联网、物流等基础设施,大力发展农村电商平台,提升农村居民网上消费力度。二是在国家乡村振兴战略的大背景下,推动传统农业向现代农业的转变,提升农业产业化的经济规模效应,使富余劳动力向城镇转移,拓宽农村居民就业空间和增收渠道。三是深化农村土地制度和相关产权制度改革,千方百计增加农村家庭和居民财产性收入,不断增强农村居民的消费能力。

(2) 激发城镇居民消费潜力

刺激城镇居民增加消费最大的关键在于保持城镇居民收入的稳定以及防范过度储蓄心理的形成。一是可以通过税收等手段鼓励多种形式的就业,促进和拓宽城镇居民的劳动收入。二是完善金融投资市场,防范金融系统性和非系统性风险,确保城镇居民的财产性收入保值增值。三是深化改革,降低城镇居民教育、医疗、住房等方面的大额开支预期,提升居民当期消费意愿。四是完善社会失业、养老、医疗保障,实施与物价挂钩的最低工资增长制度,确保城镇低收入和困难人群基本生活保障,消除城镇居民消费担忧。

(3) 发挥政府消费"稳定锚"的作用

政府消费因消费资金来源于全体纳税人而不宜扩大规模,但因维持一个国家的正常运转,实际消费支出不可避免,并且总量规模不可小视,如2018年中国政府消费规模达到132 131亿元,占最终消费约为27.5%。[①] 因此,通过合理调配政府消费支出的时间、规模和结构,在短期内可以实现对消费总量进行调剂,进而发挥需求侧"稳定锚"的作用。一是调整政府消费支出时间,针对国内消费市场的景气状态,实施"逆向"采购商品和服务,即当国内消费市场景气时,政府消费

---

① 数据来源于世界银行统计数据库。

支出在保证政府正常运转的情况下，压缩支出规模或延迟支出的时间；当国内消费市场疲软时，政府消费可以加大采购规模和提前采购，进而发挥消费引领和示范作用。二是调整政府消费支出的结构，支出结构包括市场对象结构和支出产品结构的调整。针对国内消费市场疲软的特点，在不违反市场公平公正的前提下，有区分地对某些特定厂商、特定产品进行采购，形成对某些产品的示范消费效应；当然，也可调整政府消费支出的商品和服务结构，在市场意愿消费不强的前提下，加大商品的采购力度，形成直接货物商品消费，如果市场消费意愿较强，也可适当增加服务商品采购，间接增加各类服务人员的收入水平，从而间接带动消费水平提升。

7.1.2.2 激发民间投资动力，择机实施政府替补性投资

（1）**充分调动民间投资积极性**

民间投资是市场经济的投资主体。短期内投资需求的稳定与提升，关键取决于民间投资的积极性。一是放宽行业准入。制定允许和放宽社会力量进入相关领域和行业进行投资的办法和措施，尤其是涉及社会需求大、供给不足、群众呼声高的医疗、健康、养老、教育等社会领域，以及带有自然垄断性的供水、供电、燃气、能源、电信等行业，鼓励地方政府先行先试。二是扩大融资渠道。针对民间投资融资难问题，出台专项债券指引、商业银行抵押品指引，鼓励地方政府设立产业投资基金、风险补偿基金参股等措施为民间投资增信。三是认真落实土地税费政策。对政府鼓励领域和行业进行投资，在新增用地指标、农用地转用指标分配给予适当倾斜，落实税收优惠和水电气热等价格优惠政策。

（2）**择机实施政府规模投资**

政府投资是投资需求的有效组成部分，但长期大规模地实施政府投资必然带来挤出效应等弊端。从经济发展的一般规律来看，经济的短期下行波动不可避免，这一时期，部分市场投资主体由于对经济前景的担忧，会压缩部分投资项目，从而可能导致市场投资需求不足。因此，在经济低迷时期，政府可以实施积极的财政政策，加大政府投资的力度，以弥补市场投资的萎缩，促进就业、增收、消费提振的良性循环，确保经济稳定增长。当然，短期内的"逆"周期补偿性投资可结合长期的供给侧结构性改革实施，着重应关注"补短板"领域项目投资，包括聚焦航运、机场、公路铁路、能源、水利、生态环保、脱贫攻坚、乡村振兴、社会民生等重点领域短板,以及5G基建、大数据中心、人工智能、工业互联网、城际高速铁路和城市轨道交通、特高压、新能源汽车充电桩等"新基建"领域。

7.1.2.3 扩大对外贸易范围,降低对外贸易成本

短期内,受产业结构调整制约,对外贸易产品结构难以改变,依靠提质增值扩大外贸出口难度较大。与此同时,制约外贸需求的外国经济发展和居民收入水平短期内难以改变,因此,一方面依靠进一步开拓海外市场,另一方面通过降低贸易产品竞争成本来实现扩大出口需求应为短期内可行之策。

(1)继续做好"搭台唱戏"外贸工作

打造良好的贸易环境特别是在政策沟通、资金融通、信息畅通等方面扎实推进各项工作,结合"去产能、去库存"任务,扩大"一带一路"沿线国家贸易往来。当前,中国的外贸市场主要集中于美国、日本、欧盟和东盟等地区,但是受次贷危机和欧债危机的双重影响,这些地区存在着经济下行的潜在风险,外贸出口充满不确定性风险。因此,必须开辟贸易出口的第二战场,全方位做好外贸"搭台唱戏"工作,确保对外贸易出口的基本稳定。

(2)降低贸易成本,提升贸易产品市场竞争力

随着"人口红利"的衰减,东部沿海地区用工成本逐渐上涨,进一步出台鼓励加工贸易企业落户中西部地区优惠政策,使加工贸易企业重获低廉劳动力成本比较优势。进一步深化政府对外贸企业的"放管服"改革,提高贸易便利化水平,优化外贸企业营商环境,全面推进"三互"大通关改革与国际贸易"单一窗口"建设,有效帮助外贸企业降低运营成本,提升效能。灵活运用出口退税政策,在外部贸易环境急剧恶化时,加大出口退税的力度和产品范围,进一步提升贸易产品的竞争力。

7.2 中长期内中国结构性改革实施供需双侧联动调控的对策

中国结构性改革短期内主要突出供需暂时性矛盾化解,但在长期内却要注重结构调适,重点解决经济发展内部结构的长期失衡问题以刺激经济长期向好发展。从长远看,结构性失衡主要集中于要素、产业、投资、市场需求、区域、城乡等层面,因此,有必要从供给侧和需求侧持续加以政策和改革对策调控,保持宏观政策和改革对策的连续性、有效性和针对性，将经济结构转换到适应阶段性经济发展和满足人们日益增长的经济需要预期上来。对于要素构成层面，通过优化劳动力、土地、资本、技术、信息等要素配置，打破要素配置的瓶颈，实现从要素投入驱动向创新驱动转变；对于要素配置体制机制层面，从源头上破除体制约束，减少政府对微观经济的干预，充分发挥市场机制作用，让市场在资源配置中起决定性作用，构建在政府作用的前提下市场能够充分自由配置资源的体制机制；对于产业构成层面，通过限制高污染、高能耗产业发展，逐步退出产业链，逐步化解过剩产能，实现市场自动出清，以技术创新为主导，大力培育新产业、新业态、新模式，促进产业结构优化和转型升级；对于投资投向层面，合理控制投资总量规模，优化投资主体结构，大力培育市场投资主体，积极引导投资投向基础设施、农村农业、高新技术、"边、老、山、少"区等领域或区域，减少经济长远发展制约短板；对于市场需求层面，扩大内需对经济拉动的主导作用，构建驱动经济增长的内需外需双循环支撑体系，优化消费、出口的内部结构，加速消费和出口结构升级，合理诱导供给和产业结构转型；对于区域和城乡层面，大力支持东部地区产业梯度转移，大力开展优势特色产业扶贫，增加公共服务供给，盘活农村资产，拓宽农村和落后地区居民增收渠道，缩减城乡和区域差距。

7.2.1 中长期内中国结构性改革实施供需联动调控的供给侧对策

7.2.1.1 释放要素再配置潜力

党的十九大报告指出："经济体制改革必须以完善产权制度和要素市场化配置为重点，实现产权有效激励、要素自由流动、价格反应灵活、竞争公平有序、企业优胜劣汰。"由此可见，要素再配置是供给侧结构性改革的关键，也是完善社会主义市场经济体制的内在要求。过去高速的经济增长得益于跨行业、跨地区、跨所有制的生产要素再分配，但随着经济的迅速发展，要素再配置的驱动力在递减，究其原因还是一系列制度的扭曲和错配阻滞了生产要素合理流动和灵活搭配。为此，改革劳动、资本、资金、技术、信息、土地、体制等不合理的制度约束，提升要素的使用效率，推动发展方式由要素驱动转向创新驱动，中国经济必然呈现新的发展格局。

（1）用活土地要素

土地是社会生产重要的构成要素，并且具有不可再生和有限使用等特性。近年来，随着中国工业化、城市化进程加快，建设用地迅速增长，土地使用率大大提升，土地逐渐成为制约经济长期发展的稀缺要素资源。为缓解生产用地需求日益紧张的局面，合理有效地利用和保护国土资源，逐步调整和改革现行的土地管理制度具有必要性。当前，中国土地资源有效配置的阻碍主要表现在：用地审批效率低，建设项目落地难；建设用地在三次产业中分配不均，住房与生产的比例不协调；用地效率不高，盲目投资、低水平重复建设大量占地现象还大量存在；城乡土地市场分割，市场准入机制还不健全；区域建设用地不均衡，经济发达区域耕地流失过快等等，这都是土地制度改革和宏观调控所要解决的问题[262]。

①改革建设用地审批制度。2008年起，中央政府对各省区市建设用地实施"额度管理、严格审批"制度，即中央每年对各省区市要使用的土地给一个额度指标，各省区市在额度指标范围内进行项目分配和管理，但各省区市利用这个额度形成的一个个具体项目还需要报中央审批，农转用程序也需要报中央审批。这种制度由于审批层级高、环节多、时间长，并且中央政府审批容易出现信息不对称，导致效率低下。2020年3月，国务院颁布实施了《关于授权和委托用地审批权的决定》，将永久基本农田以外的农用地转为建设用地审批事项授权省一级地方政府批准，同时在北京、天津、上海、江苏、浙江、安徽、广东、重庆试点，将永久基本农田转化为建设用地和国务院批准土地征收审批事项委托省级政府批准。这一用地审批权下放的改革，极大提高了地方政府用地自主权，提升了用地保障率，有效推进了投资项目及时落地。尤其是，随着进一步扩大用地审批权制度在环渤海湾、长三角、珠三角、成渝等地区改革试点的成功，并在其他地区复制推广，这对促进中国城市集群和产业集群发展，形成新的经济增长动力具有重要影响。

②提高土地资源利用效率。一是推进节约集约用地，严格实施规划许可用地制度。政府部门应重视各区统筹规划，合理确定城镇功能定位、产业布局以及开发边界，确保城市规划以及土地利用有法可依，杜绝随意开发导致土地资源浪费现象。二是提高土地使用效率，强化土地审批监督。土地审批不仅要依据相关规划要求，还要综合考虑土地资源综合利用效率问题，对于一些低水平、重复建设、经济效益和社会效益低下的项目要严格土地供应，国土部门严格发挥监督职能，

强化对城市土地资源利用的全面监督。三是最大程度运用市场化手段配置土地，加大有偿划拨或出让建设用地力度，减少无偿使用建设用地方式，避免土地资源的低效和浪费。

③建立城乡一体化土地市场制度。目前中国城乡土地二元结构并存，城市土地归国家所有且其使用权可进行交易，机制相对完善；农村土地是农业用地，所有权归集体所有，农业用地转为建设用地并进行交易的前提是必须要进行政府征用，转为国有土地后才能进行，并且手续繁杂，这在很大程度上导致城市和农村建设用地存在不能同等入市，同权同价，土地市场畸形发展。建立城乡一体化土地市场，一是要构建新土地管理法律制度，消除城市用地国有制和农村用地集体所有制差异；二是明确土地产权关系，加快完成地籍调查，尽早完成确权颁证，进一步明确集体土地的所有权、使用权权属；三是建立入市交易的土地成本价格测算机制，合理形成土地交易价格，实现城乡建设性用地同等入市，同权同价；四是积极探索土地增值收益的分配方式，认真处理好土地增值收益分配调节金的问题，维护和保障好农民权益，使农民公平分享土地增值收益。

④化解区域建设用地紧张矛盾。长期以来，中国东部地区城市化和工业化进程较快，建设用地需求极大，而国家耕地保护的硬约束则进一步加剧了东部地区建设用地紧张的局面，致使耕地保护与保障经济社会发展用地成为东部地区的两难选择。相反，在土地资源比较富集的内陆地区、中西部地区，可补充的耕地后备资源很多，但由于经济欠发达，土地价值难以实现。因此，尽快探索形成补充耕地指标跨省域交易机制，建立全国性建设用地调剂市场尤为必要。一方面，耕地后备资源区域分布不均匀的省市，尤其是东部地区省市，在本省（市）范围内难以落实耕地占补平衡的，可以申请由国家统一组织实施在全国范围内统筹实施耕地占补平衡。另一方面，加快形成全国建设用地调剂市场，中西部地区如果增加建设性用地指标，在满足自身需要并有使用节余的情况下，可以把富余指标转让给东部，实现东西部之间建设用地指标增减挂钩，但全国范围内建设用地增量为零，这一举措既能使得东部地区加快发展进程，同时也能西部地区通过指标转让换取更为稀缺的发展资金。

（2）挖潜人力要素

劳动力作为生产要素之一在改革开放之后对经济增长起到至关重要的作用。

第7章 中国结构性改革实施供需双侧联动调控的对策

李克强总理曾指出:"中国过去30年取得的巨大成就,很大程度上是靠'人口红利',也就是中国人的勤劳。"但近年来,中国老龄化加速,"未富先老"的现实给经济带来巨大挑战,廉价劳动力越来越少,企业成本上升,竞争力逐渐下降,人口红利正在衰减。但令人欣喜的是,中国政府早在20世纪70年代就提出"教育现代化"的战略理念,党的十七大、十八大、十九大都将教育列为国家发展建设的重要事项。2018年9月,习近平总书记在全国教育大会上的讲话中明确指出:"教育是国之大计,党之大计。"经过半个世纪的教育发展,中国的人口素质大幅提升,正在由人口数量大国向人才储备强国转化。因此,长期路径上,中国供给侧结构性改革必须把握劳动力要素这一核心发展趋势,不断优化改革举措,充分释放"人才红利",由高度依赖"人口红利"的要素配置格局逐步向依赖"人口红利"和"人才红利"并举,再向"人才红利"的要素配置格局过渡转化。

①构建适应现代经济发展的高等教育体系。高等教育是将人力资源转化和打造为人才资源的核心"工厂",高等教育体系的布局关系到人才资源的结构分布以及是否能够适应现代经济发展的需求。1977年恢复高考以来,尤其是1999年中国高等教育扩招以来,高等教育规模迅速扩大,2019年各类高等教育在校学生总规模达到4 002万人,高等教育毛入学率达到51.6%。2018年国家统计局抽样调查,6岁以上人口中本科及以上学历占比达到14.01%。但不可否认的是,近年来大学生就业难的问题日益突出,而另一方面企业和产业发展却找不到相应合适的技术人才,庞大的人才队伍却满足不了社会对劳动力的需求,充分说明教育结构不合理引致了结构性失业现象,造成了人才资源的极大浪费。因此,构建适应现代经济发展的高等教育体系成为关键。一是加强高等教育内涵建设,有效提升高等教育质量。高等教育是培养国家高级专门人才的根本途径,而提高高等教育质量则是确保高级专门人才培养符合现代经济社会发展需要的关键。通过加强学科建设、科学研究、优化队伍等内涵建设,全面提升人才培养质量。二是持续动态优化和调整高等教育结构。为适应国家和区域经济社会发展需要,持续动态调整和优化高等教育相关学科、专业、类型和层次结构,重点扩大创新型、应用型、技能型以及复合型高级专业人才培养规模。三是积极鼓励发展职业教育和继续教育。职业教育、继续教育等跟生产实践密切相关,是提升劳动者的素质迅速适应用人单位要求的有效形式,要继续鼓励发展高等职业技术教育和成人继续教育,满足经

济社会对高素质劳动者和技能型人才的需要。

②适宜放开生育政策。随着人口、社会环境的变化，稳健的人口政策和生育政策，可以保障更适量更优质的劳动力供给。中华人民共和国成立以来，中国并未实行人口计划生育政策，建国初期人口呈现爆发式增长，但随着资源对人口的承载能力接近极限，从20世纪70年代开始，中国开始把控制人口增长的指标纳入国民经济发展计划。1982年党的十二大把计划生育确定为基本国策并写入国家宪法。经过四十余年严格的人口政策控制，中国的人口出生率得到了有效控制，但另一方面也加速了人口的老龄化，导致企业逐年出现招工难、用工荒、用工成本过高等问题。2015年中国政府对人口政策实施了重大调整，实施全面二孩政策，但从目前政策实施的效果看，自2016年以来连续四年人口的出生率呈现下降趋势，人口新增没有达到预期效果。究其原因，一方面是因为经济社会的快速发展，人们的生育观念已经发生很大改变，另一方面也是因为教育、医疗、社会保障等社会政策配套体系不健全，社会抚养成本高，降低了人们的生育热情。因此，面对当前中国人口生育事实和现状，一是做好"全面二孩"生育政策的社会配套政策衔接，给予生育二孩家庭提供更多的政策支持，避免妇女因为生育而遭遇经济风险和就业困难，激发符合生育条件的城乡居民家庭生育热情。二是在严密监控当前生育政策效果的基础上，科学研判人口生育趋势和劳动人口发展趋势，适时调整人口生育政策，在特定时期不排除实施全面放开生育政策，以保障中国人口延续和劳动力资源供给战略安全。

③放宽户籍政策。面对各地区人口红利逐步消失而造成的劳动力成本上升、利润被压缩、发展遇到困境的问题，政府可以进一步调整户籍管理政策，挖潜现有的"人口红利"和放大"人才红利"的聚焦效应。一方面要改革农民工户籍制度，使得农村进入城市的2.6亿农民工能够获得城镇户籍，同居同权，让他们扎根城市，避免农民工每年在返城和返乡中浪费工作时间，同时也延缓农民工过早回归农村而带来的大量劳动力浪费，有效延缓"刘易斯拐点"出现，大大增加城市化过程中的人口红利。另一方面逐步有差异化地放开大中小城市的落户政策，近年来由于城市产业结构转型升级日益迫切，储备支撑高新技术产业发展的人才尤为关键，谁能拥有更多高素质的人才和充满活力的劳动力人口，谁就能拥有更加美好的发展未来。为此，必须合理设置劳动力入户城市的门槛条件，尤其是高校毕业生和

高端、高技术人才落户北京、上海、广州、深圳等一线特大城市条件，有效破除城市之间由于落户政策而导致的人才受阻现象，实现城市人才聚集和产业聚集共生共荣的良好局面。

（3）促活资本要素

相较于发达国家，许多发展中国家并不是因为资金过度短缺而发展停滞，而是因为其资本配置效率较低，产业畸形发展，经济缺乏后劲。资本配置不合理的直接后果将形成各行业发展的资本拥挤和稀缺，一方面过多的资本投入到产能过剩的行业中去，形成产能积压，降低资本产出效率，另一方面大量新兴和高技术行业资本得不到满足，高附加值产业难以形成，资本的边际产出效应难以提升。因此，长期而言，对于资本要素的供给侧结构性改革关键举措是如何有效提升资本的配置效率。

①着力完善金融市场的资本配置功能。资本的有效配置是通过金融市场来完成的，金融市场体系建设越成熟，资本配置越合理。如果金融市场的信息揭示功能发生扭曲，必然导致金融资产的错误定价和稀缺资金的错误配置，不能实现金融效率的帕累托效率最优，甚至发生金融资源的"逆配置"。为此，一是健全和完善直接融资市场。直接融资通过发行长期债券和股票，筹集的资金具有可以长期使用的特点，有利于企业长期战略决策，进而提升资金的使用价值。同时，由于直接融资中，资金供求双方直接形成债权和债务关系，债权方自然十分关注债务人的经营活动，形成债权人对债务人的直接监督，从而也会促使资金使用效益提高。当前，中国资本配置市场中直接融资和间接融资比例倒挂，据中国人民银行统计，2019年年末社会融资总规模为251.31万亿元，其中机构贷款规模达到172.57万亿元，占社会融资总规模的68.7%，而通过未贴现的银行承兑汇票、企业债券、政府债券、非金融企业境内股票等形式融资额度仅为71.89万亿元，占社会融资总规模31.3%。因此，政府必须进一步完善和壮大证券市场，尤其是股票市场，健全股市进入和退出机制，逐步推进注册制和退市制度以及不同板块之间的平稳转化制度，确保股票市场能够有效发挥其资金融通和资本配置功能。二是加强监管防范风险。金融风险尤其是系统性金融风险的爆发必然带来金融市场的坍塌，有效地资金配置将无从谈起。中央经济工作会议强调："必须牢牢守住不发生系统性风险的底线"。2017年中国的金融监管模式由"一行三会"变成"一委一行两会"，

监管框架的改变在一定程度上弥补了金融复杂跨行业经营所带来的监管真空，缓解了金融跨行业经营所带来的风险积累，但风险防范一直是金融业永恒的主题，进一步强化风险意识，与时俱进地重塑金融监管体制机制，完善宏观审慎管理框架，将有利于进一步的风险防范，保障资金配置正常运转。三是坚持服务实体经济导向不偏离。实体经济是银行业发展的根基，所谓"百业兴则金融兴，百业稳则金融稳"，银行业必须要深刻认识到与实体经济一荣俱荣、一损俱损的利害关系，强化以服务实体经济为根本的经营理念。一方面，紧密对接国家的产业政策和区域政策，将信贷资金投向有利于促进产业结构调整，有利于缩小区域发展差距等领域。另一方面，不断创新服务方式，大力提高服务水平，尤其是提高对民营企业和中小微企业的服务水平，缓解其融资难和融资贵的问题，根据中小微企业特点积极推进小额化、脱媒化、便捷化的经营模式，开发"量体裁衣"式服务产品，满足实体经济多样化需求。最后，加强监管，科学设立银行体系服务实体的考核标准，有效减少资金在金融体系内空转的情况。

②破除资金配置壁垒，实施资金无障碍流动。中国渐进式的经济体制改革是在政府主导下完成的，政府对经济活动的干预和管制在中国是一个普遍现象，特别是对微观企业和银行的管制，使资源配置表现出显著的非市场特征，形成错综复杂的银企、政企等关系。党的十九大报告指出，"要坚决破除制约使市场在资源配置中起决定性作用、更好发挥政府作用的体制机制弊端"。目前，政府和市场配置资金的弊端主要表现在两个方面：一是基于所有制偏好和风险控制的需求，控制大量资金的国有银行体系将过多的资金资源向国有企业倾斜配置，产生资金拥挤效应，造成资源浪费，而另外需要大量资金需求的民营、中小微、"三农"客户等得不到满足。二是社会资金进入供水、供电、燃气、电信、铁路运输等自然垄断行业还存在较为严格的限制和壁垒，社会资金不能实现同市同回报。为此，一方面必须引入竞争和价格机制，运用市场化手段调节资金流向，实现社会资金的无障碍流动和资源的合理配置。另一方面，进一步降低市场进入门槛、拓宽民间资本和外资的进入行业和领域，允许民间资本公开、公平、公正地进行投资和经营，让更多形式的资金参与竞争，提高市场活跃度，丰富社会公共产品供给。

（4）创新技术要素

相比于其他生产要素，技术要素具有共享性、可发展以及低成本复制的特点，强化对科技要素的使用并不会出现传统经济边际效率递减的现象，反而会提高经济增长的效益和速度，如大数据、人工智能、物联网、区块链等新一轮技术要素的创新和发展极大改变了社会生产和生活方式，提高了生产和生活效率。因此，未来社会生产有必要加大科技投入，实现以技术要素驱动经济增长转变。当前，国家到地方政府高度重视技术创新发展，不断深化改革，制定和出台了一系列政策和制度，正在逐步建立和完善符合现代科技创新和成果转化规律的市场机制，但仍然需要政府高度重视当前科技成果产权界定模糊、利益分享机制不健全、专利技术量大不优、科研成果转化率较低等问题。为此，需要借鉴发达国家经验，建立健全科技投入和立项、成果评估、产权界定和保护、利益分配机制，完善成果转化路径，才能真正激发科技创新的活力和智能经济发展的潜力。

①加大科技创新的多渠道投入。目前，中国科技投入大多来自国家或者地方政府，企业创新主体投入不足，导致科技创新和孵化资助形式过于单一。因此，可以制定相应政策，大力鼓励企业、高校、科研工作者联动协作，促进产学研深度发展。同时，政府可以集中精力把宝贵的公共资金资源投入国民经济发展急需或关键领域，充分发挥科技引领和示范作用。

②建立科学合理的成果评估与检测机制。科技成果的评估除了一般要从成果的真实性、创新性、技术特征、达到的技术水准、应用的价值等方面对成果本身进行评价外，还要对成果可实现的外部环境进行科学合理的评价，这是评价成果可转化的重要依据。因此，构建科学的成果评估体系和建立客观公正的第三方评估机构市场对于提升科技创新水平和促进成果转化至关重要。

③完善科技成果保护法律体系。进一步完善知识产权立法，严格执法，对非法手段侵犯知识产权以及虚假交易等行为进行严厉打击和整治，为知识产权保护和转化提供良好的法律环境。进一步加强市场监管力度，完善产权化合同登记制度，维护技术开发者的合法权益，保护技术创新与技术转移。

④完善技术市场信息网络平台建设。强化技术市场的咨询、中介、代理等功能，针对科技成果转化和产业化过程中，企业、科研机构、大学、技术研究者等各类主体的不同需求，提供相应的科技成果交易服务网或交易市场，实现技术双方的精准配对以及基本信息的共享制度，克服信息不对称造成的转化不畅问题。

（5）发掘数据要素

数据是数字经济时代的新型生产要素，也是关键要素。2020年4月，中共中央、国务院《关于构建更加完善的要素市场化配置体制机制的意见》中首次突破性地将数据被视为独立的生产要素，与资本、劳动力等传统要素并列提出，不仅跻身技术、能源等核心战略资源之列，还成为数字经济时代提升全要素生产率的统领。但是，数据生产要素在汇聚、运输和应用中涉及产权界定、数据平台建设、隐私安全以及治理体系等系列问题，即如果数据要素产权属性界定不清晰，相关方权益将难以得到保障；数据交易平台不能统筹联动，将形成信息孤岛；受利益驱使容易致使个人隐私保护、国家数据安全受到威胁；治理体系机制不健全难以满足数字经济发展需要等等。为此，需设计相应的配套制度，加强数据治理，使具有时代特征新的数据要素发挥战略性作用。

①加强数据产权的界定和保护。数据在使用之前必须确定其归属权是属于数据产生源的个人还是搜集数据的运营方，若数据要素的产权归属得不到清晰的界定，在很大程度上会产生较大争议，导致相关方权益难以得到保障。因此，数据要素在使用前必须遵循公平与效率原则，合理界定产权归属，以避免不必要的纠纷。

②保护个人隐私和国家安全。数据是一个国家内的社会人群生产和生活相关活动的真空记录，任何个人和公司在使用数据时必须考虑隐私保护和国家安全的需要，这也是现代法治社会公民权利保护和国家利益安全的体现。因此，必须尽快完善适用于大数据环境下的信息安全等级保护法律制度，建立兼顾个人隐私保护、数字产业发展以及国家公共安全的数据管理和保障体系，避免数据使用者因趋利违规泄露用户隐私数据或公共数据，损害公民个体利益和国家利益行为。

③建设数据流通交易平台。数据流通和交换才能产生价值，为了破除数据孤岛现象，有必要引导和培育大数据交易市场，探索成立全国性数据交易中心，建立健全数据交易体系，加强政府监管，保证数据和数据利用的合法性，为数据流通交易提供公平、公正、开放、透明的交易环境。

7.2.1.2 推动产业结构持续优化

产业结构优化是指适应经济发展阶段的不同产业、产业内不同行业以及行业内产业链处于相互协调发展的状态。就产业间结构优化而言，是指一、二、三产业比

第 7 章　中国结构性改革实施供需双侧联动调控的对策

例协调发展；就产业内结构优化而言，是指第一、二、三产业内部不同的细分行业处于比例协调发展；就产业链结构优化而言，是指产业在产业链的位置不断处于由下级向上级越升的状态。目前，中国产业结构在三个层面均存在不少问题：一是产业间结构调整的速度有待进一步商榷。一、二、三产业在比值结构上的变化发展趋势基本符合现代经济发展规律要求，但问题是第三产业超越第二产业发展的速度不能匹配当前的经济发展阶段。一方面，中国处于工业化中后期，但这并不意味着中国经济马上进入服务经济或追求生活质量阶段，工业化是一个长期而漫长的发展阶段，2008年全球金融危机的惨痛教训使美国经济谋求"再工业化"转型的实例充分说明，工业制造业尤其是高端实体制造工业在本国产业发展中具有"定海神针"的作用，过度或者较快地超越本国经济发展阶段只能造成本国经济空心化。另一方面，第二产业向第三产业快速转移的同时，如果要确保本国经济继续保持较快平稳增长，必然建立在第三产业高度发达尤其是高效的生产性服务业发展基础上，否则劳动、资本等要素迅速地向第三产业转移必然会带来生产效率的衰减，从而导致经济减速。二是产业内和产业链结构不合理，主要表现在两个方面：其一是，第二产业内部高能耗、高污染和产能过剩的传统行业占有较大比例，并且处于产业价值链的中低端。根据中国统计年鉴统计显示，2017年在41个工业行业规模以上企业中，平均每亿元营业收入能源消费量指标高于全行业平均值的为10个行业，占到24.4%。2018年在41个工业行业规模以上企业中，平均每万人利润值指标低于全行业平均值的为24个行业，占到58.5%[1]。其二是，第三产业内部生活性服务业和生产性服务业比例失衡，生产性服务业占比较小，服务业效率低下，难以对第一和第二产业发展形成有效支撑。生产性服务业主要包括现代物流服务、金融服务、信息服务、节能与环保服务、专利事务、设计服务、人力资源管理与培训服务、品牌营销服务、会计审计事务、法律事务、管理咨询等行业，参照西方发达国家"生产性服务业占服务业增加值的70%"标准，2019年中国的生产性服务业只占服务业比重约为34.7%左右[2]，远低于西方发达国家标准。

为此，一是强化政府产业规划，确保产业升级有计划实施。国家和地方政府结合产业结构变化趋势，因地制宜，合理制定全国以及地方产业发展规划，实现

---

[1] 根据2018年和2019年《中国统计年鉴》相关统计数据计算得出。
[2] 根据2019年中国统计公报数据计算得出。

对产业结构有序调整和升级换代，切不可因为追求产业结构的高级化而"伪高级化"。二是加大政策引导力度，鼓励发展高新技术产业。对符合国家产业规划和产业政策要求的高技术产业如电子信息、航空航天、光电子、生命科学、新材料、新能源、生态科学、地球科学、海洋工程、医药科学等领域项目，或传统产业技术改造项目等优先给予信贷、税收、技术研发基金、产业引导基金等政策支持，加快高新技术产业发展。三是严格市场准入标准和产业政策，加强对钢铁、水泥等过剩产能项目的审批，防止高能耗、高污染、产能过剩行业的盲目扩张。强化产业环境影响评价，对于高污染行业采取严格限制等方式使其退出产业链。四是大力支持生产性服务业发展，确保生产性服务业占服务业的主体地位。制造业是社会生产的主体行业，通过政策引导、制度创新、构建价值链、打造专业化分工等措施，加快建立生产性服务业和制造业融合发展生态体系，以制造业的繁荣带动生产性服务的发展。加快培育服务业新兴业态，在深入推进设计研发、创新创意、外包、信息、商务、供应链管理、金融、节能与环保等传统生产性服务行业发展的同时，进一步谋划和培育未来新兴服务产业发展，借助物联网、人工智能、大数据、区块链等新技术发展，及时对接企业研发设计、生产制造、市场经营、销售、售后服务等各环节应用，不断拓展和延伸生产性服务业发展维度和深度。加快品牌经营和集群发展，打造技术、标准、品牌以及服务等质量优势，提升产业链整体质量水平，不断向高端化和品质化转型；通过并购重组、联盟合作等方式做大做强，引导生产性服务企业在制造业集中区域、现代农业产业基地以及各区域中心城市集聚，推进规模集群发展，实现规模效益和特色发展，充分发挥辐射和带动作用。

7.2.1.3 促进政府与市场协调有序高效配置资源

要素资源高效配置是处理政府与市场关系的根本准则，也是市场经济体制改革的核心和关键。新古典、货币主义、理性预期、芝加哥学派等自由主义经济学派强调"市场看不见的手"能够对经济运行进行自发调节，实现资源的最优配置。但实践证明，一味尊崇自由市场，必然导致"市场失灵"和经济周期所引发的增长大起大落。计划与市场作为经济体制运行的两种资源配置方式，必须有效协调，政府需要根据不同阶段经济发展的特征调整决策目标，主动调整经济职能、简政放权，以弥补市场的失灵，保证经济平稳有序运行，尤其是在经济发展的特殊时期，如中国经济发展新常态下，面临着结构调整、动力转换、前期政策消化等多个艰难任务，有效协调好市场和有为政府之间的关系，使其相辅相成，有机结合，统一于高质量的发展过程，共同推进结构性改革顺利完成，构建更加成熟的社会主义市场经济[263]。

（1）充分发挥市场对资源配置的决定性作用

建设中国特色社会主义市场经济就是要充分发挥市场对资源配置起决定性作用。市场经济要求运用包括价格机制、供求机制、竞争机制等在内的一系列市场机制调控和引导社会生产和需求，实现社会总供求平衡，使生产要素的价格和流向、产品的分配和消费、利润实现和利益分配主要依靠市场交换来完成。在当前，要发挥好市场对资源的决定性配置作用。首先，健全和完善产权基本制度。产权制度是社会主义市场经济体制的基础性制度，各类型经济和产权界定清晰和严格保护，有利于规范市场主体生产经营行为、优化资源配置、降低市场交易成本、形成良好市场秩序。同时，建立健全产权制度可以有效激发市场主体活力和创造力，稳定社会预期，有利于营造公平公正稳定的社会环境，增强经济发展的持久动力。其次，建立和完善适应现代市场经济发展的法律体系。市场经济就是法律经济，要维护现代市场经济的公平与竞争，保证市场的正常秩序，就必须要有与之相适应的经济法律法规作保障。最后，完善充分发挥市场作用的体制机制。完善市场供求决定市场价格的形成机制，建立统一规范的市场竞争规则，形成公开、公正、透明、统一的市场体系。

（2）合理界定政府在经济发展中的职能边界

美国经济学家罗斯托指出，在经济起飞阶段，需要政府强力推动，因为这个阶段市场体系尚未形成，政府的作用自然可以大一些强一些。然而，随着经济的发展，政府过多的介入资源调配和经济运行，体制僵化和寻租腐败导致的增长效率低下将不可避免。为此，政府需要简政放权，合理清晰地定位在市场经济条件下角色，既要避免"越位"，又要弥补"缺位"，既要把该放的权力放掉，又要把该管的事务管好。具体而言，一方面就是把在计划经济体制下掌握在政府手中的微观经济权力转交给市场，放弃各种决定微观经济活动的权力，目前主要集中在市场准入和资源配置环节上，也就是企业和个人的某些参与市场经济活动的自主决定还要由政府进行审查和批准，市场上的要素资源流动和流向还受到政府公共权力的影响和左右，因此，必须把减少行政审批和行政干扰作为政府职能转变的突破口。另一方面，就是要解决好政府对市场的"监管"和"服务"缺位问题。监管和服务是在市场经济条件下政府新的职能定位和新的作用领域，目前中国市场经济秩序还很不成熟和规范，政府简政放权绝不是一放了之，在放权的同时必须加强市场监管和服务。对于那些不具有一定能力的企业和个人，必须要进行某种限制，不能让其随心所欲地参与市场经济活动，以维护好市场秩序，保护人民群众的身心健康和生命安全。但仅有限制是无法实现激发市场主体创造活力和增强经济发展内生动力的，市场主体的能力是可以后天培养的，为此，政府还必须提供和创造必要的条件帮助暂时不具备市场能力的企业和个人养成市场主体能力。总而言之，政府简政放权，职能"正位"和"补位"，是解决好当前政府与市场关系的关键，是确保政府和市场手段有效配置资源的前提。

（3）构建"相辅相成"的政府和市场关系

政府统揽和市场自由放任都不是科学合理的资源配置方式。改革开放以来，中国政府驾驭市场的能力愈发成熟，在市场的基础上合理发挥政府适度干预，基本形成市场和政府作用的有机统一以及相互促进的新格局。2014年3月14日习近平总书记在中央财经领导小组第五次会议上的讲话中强调："市场起决定性作用，是从总体上来说的，不能盲目绝对的将市场起决定性作用，而是既要使市场在资源配置中起决定性作用又要发挥好政府的作用。"而十八届三中全会提出的"更好发挥"和"决定性作用"进一步指出了政府和市场互融共生、相互促进和有机结合的局面。现阶段，随着现代经济朝着信息化、复杂化和全球化方向发展，要实现经济的长期平稳发展，必须处理好政府和市场的关系，如果过度倚重政府的作用则会导致经济增长对政府产生新的路径依赖和阶层对立等负面现象，而过度市场化又会导致风险的快速聚集和经济安全问题的出现。因此，现代市场经济发展既要保持市场对资源配置的决定作用又要发挥好"有形的手"，在尊重市场的基础上，精准把握政府的制度优势和市场的效率优势，从而达到两者同时发挥的动态平衡，共同推进市场和政府融合发展，形成有效市场和有为政府的新格局。

总之，随着改革进入深水区和攻坚期，体制机制和政府行为的细微变革都会牵动着整个社会经济的发展。为此，政府应当积极扮演好一个"监管者"和"服务者"的角色，为市场经济发展提供良好的法治环境和公平竞争的经营环境，充分调动企业家的创造性和积极性，激发市场活力，而不是过度干预市场、干预微观经济，左右企业的生产活动。政府必须充分尊重市场规律，归还企业在市场中的主体地位，才能更好地发挥市场对资源配置的决定性作用。

7.2.1.4 弥补区域和城乡发展短板

经济的区域结构和城乡结构不合理，即区域和城乡发展差距过大是导致长期经济发展不稳定的重要因素之一。首先，区域和城乡差异导致资源分布不均。经济发达和城市区域通常会吸引大量劳动力、技术、信息等要素资源，但中西部不发达和广大农村地区却拥有丰富的土地、农产品、矿产等自然资源，由于各种要素在区域上的分布偏差，必然导致生产要素在局部的"稀缺"和"过剩"，引发配置成本过高。其次，区域和城乡差异长期存在会导致区域"拥挤"或"城市病"问题。由于经济发达和城市地区基础设施完善，生活较为便利，必然吸引大量不发达和农村地区人口拥入，导致城市资源紧张，承载能力脆弱，城市治理难度加大，长此以往必将削弱以发达地区和核心城市为经济增长极的极化功能。最后，区域和城乡差距长期存在影响经济增长的可持续性。广大不发达和农村地区的人力资源是支撑中国未来经济可持续发展不可或缺的要素，而农村和经济不发达地区长期存在的在教育、医疗、消费、公共投入等方面的不均衡，严重限制了农村和经济不发达地区人力资源的开发和利用，影响支撑经济增长的人力资本形成。

为加强地区经济发展的协调性，提高国民经济发展的可持续性，采取合理措施弥补区域和城乡发展短板势在必行。一是贯彻落实好区域发展战略，尤其是西部大开发、东北全面振兴以及中部地区崛起战略应得到全面强化和推进；大力推进京津冀、粤港澳大湾区、长三角和成渝经济圈等区域板块建设；深入推进黄河流域生态保护与高质量发展和长江经济带建设。大力支持民族、边疆、贫困地区以及革命老区加快发展。二是布局完善空间发展格局，贯彻落实主体功能区战略，增强发展优势区域（城市）的经济和人口承载能力，更加有效地保护三江源、三峡、阿尔泰、黄土高原、长白山、大小兴安岭等重要生态功能区，坚持全局观、系统观，推进不同区域治理和发展，形成区域分工协调发展局面。三是落实脱贫攻坚和乡村振兴举措，大力开展就业、易地扶贫搬迁、兜底保障等扶贫形式，确保农村地区整体脱贫摘帽；加大财政投入，完善农村农业发展和乡村振兴的农田水利、人居环境等基础设施。四是加快区域和城乡之间基础设施一体化建设，加速密集东西部地区、中小城市之间、城市和农村之间的交通、电力、自来水、通信等网络基础设施联接，缩小沿海与内地地区、城市和农村之间的公共基础设施差距，为不发达和农村地区追赶发展铺垫基础。五是强化区域之间基本公共服务均等化，加快推进基本公共服务标准化建设和管理，开展公共服务保障区域协作联动与共享，逐步提升欠发达地区的教育、医疗、健康、养老等基本公共服务保障水平。

7.2.2 中长期内中国结构性改革实施供需联动调控的需求侧对策

7.2.2.1 培育消费潜力，提升消费结构

中国正处于大众消费阶段，消费结构也从为满足自身基本需求的发展型消费向进一步丰富物质和精神生活的享受型消费转变。国家"十三五"规划建议提出："要着力扩大居民消费，引导消费朝着智能、绿色、健康、安全方向转变，以扩大服务消费为重点，带动消费结构的升级"。消费作为拉动经济增长的需求主动力，能够在经济疲软之时通过短期刺激，拉动经济增长，但这仅是短期内需求侧的调控策略；长期而言，需求侧的调控必须提升居民长期消费能力、改善居民消费环境、破除消费市场壁垒，配合供给侧的产业结构变化趋势培育新的潜在消费热点，促使消费结构不断更新换代。

（1）培育消费长期增长动力

居民消费是驱动一国经济增长的永恒动力，尤其是中国正处于中华民族伟大复兴之际，外部发展环境面临百年未有之大变局，依托消费内需构建"国内循环"经济体系显得尤为重要，这也是保障国家经济安全和稳定发展的根本所在。然而，构建起强大的消费内需动力取决于源源不断的消费增长，而持续的消费增长来源于居民稳定的收入增长。有学者认为，中国只有形成纺锤形的中产阶层分布，消费市场才能稳定发力，释放出驱动经济增长的强大动力。为此，促进居民收入增长，稳步扩大中产阶级群体成为培育消费持久动力的根本保障。一是稳定就业，稳定就业就是稳定居民工资性基本收入，建立起工资收入与经济、物价同步增长的协调机制，确保居民工资性收入适度增长。二是确保居民的财产性收入稳步增长。完善居民投资理财市场，防范和化解系统性金融风险，确保居民金融性财产安全

和保值增值。稳步推进农村居民宅基地、承包地等确权颁证以及村集体清产核资工作，确保农村居民财产性收入稳步提升。三是做好收入再分配工作。通过个人所得税、房地产税、遗产和赠与税等税种的合理设计，调节过高收入者的收入；通过最低工资保障制度、社会保险制度的合理设计，增加低收入者的收入和生活保障。

（2）优化消费环境

良好的消费环境是促进长期消费向好的基本条件。当前，中国消费市场出现商品虚假广告宣传、消费者个人信息泄露、服务消费霸王条款、商品假冒伪劣、商品虚假打折和价格欺诈等现象屡见不鲜，说明中国的消费市场环境还亟待优化。一是加大执法，强化市场监管。对食品、医疗、美容、保健、理财等重点消费领域展开重拳出击，以行政处罚、刑事追责等严厉的手段打击假冒伪劣商品制售、随意泄露消费者信息、虚假广告宣传行为。二是建立负面商家名单制度，加强社会舆论监督。对不良商家和违法经营行为给予及时曝光，建立非诚信经营企业黑名单，提高企业违法经营成本。三是加强政策引导，弘扬诚信经营氛围。鼓励商家诚信经营、良心经营，对遵守市场规则，诚实有信商家给予信贷、税收等政策方面的倾斜，积极营造健康向上的商业环境。四是培育消费者理性消费意识，增强消费能力。健康的消费市场需要理性的消费者参与，通过宣传普及消费者权益保护、消费物品真伪识别等相关知识，提高消费者的消费知识储备，提高消费者消费维权、辨别商品真伪的能力，倒逼商家改进产品和服务质量，间接促进消费市场和消费环境的优化。

（3）有序培育新消费热点

消费热点是某种或某类商品和服务在一定时期内被大众消费者普遍接受和认同，并成为占主导地位的消费对象的经济现象。消费热点一旦形成，在短期内可以形成巨量的消费额，同时也为社会产业发展提供了较为清晰明朗的市场预期，在一定程度上诱导社会产业结构的缓慢调整。消费热点既可由市场自发形成，也可由政府政策引导形成，但市场自发形成消费热点时间较长，热点转换慢，并且有一定的盲目性和无序性，而政府政策引导形成的消费热点则恰恰能弥补这些不足。当前，中国居民消费结构不平衡，城市居民消费已由衣食住行等基础型实物消费转向服务型和高质量消费，而农村居民消费则刚刚由温饱型消费向小康生活型消费迈进，因此，中国的消费市场必须实施分层培育和启动消费热点，以针对性地解决城市市场由于产品创新不足而不能满足消费者需求致使大量高品质消费需求转向海外市场、农村市场无热点导致消费萎靡不振等削弱国内有效需求问题。为此，政府可以通过消费政策、价格政策、金融政策、产业政策以及舆论引导，对城市和农村消费者行为分别进行引导和支持：在城市消费市场，可以结合消费观念个性化、高端化、品质化等特点以社会发展的老龄化趋势，逐步在智能居家、健康养生、高端医疗、海外旅游等方面形成新的消费热点；在农村消费市场，可以在参照城镇消费结构变化规律，有序在家电、汽车、住房、信息、养老育幼、餐饮娱乐、旅游休闲等方面引导形成热点。通过消费热点培育和有序热点转换，以消费需求诱导和促使产品、产业逐步升级，实现产业质量提升和经济结构改善。

7.2.2.2 稳定投资预期，优化投资结构

投资既是需求侧牵引经济增长的重要"引擎"之一，也是供给侧形成有效产出供给的基本手段。因此，长期而言，一方面需要市场投资主体对经济发展前景形成乐观预期，不断加大市场投资力度，形成长期稳定的投资需求源；另一方面也需要合理优化投资结构，包括投资主体结构、投资产品或产业结构、投资区域结构等，为产品、产业或供给结构的调整奠定基础，也为区域或城乡结构的改善贡献力量。

（1）稳定投资预期

预期决定经济行为，如果市场主体对经济发展趋势把握不准，就会采取保守的方式或最大程度规避风险的准则来行事，毫无疑问这将在一定程度上阻碍投资、创新等经济行为，给长期经济增长带来困难。目前，国内外经济形势依然复杂严峻，逆全球化和贸易保护主义抬头，全球经济不确定性风险加大，国内经济处于较长时期的调结构转方式，经济下行压力较大，市场展现给国内外投资主体的前景并不明朗。因此，当前及今后一段时期内稳定投资预期已经成为稳增长、推动经济高质量发展的重要前提。毫无疑问，对于稳定经济主体投资预期，一是要引导市场经济主体着眼长远，对经济发展的未来态势形成清晰合理的判断，全面理性把握经济发展大局，从而激发投资信心。二是要保持宏观经济政策的稳定性，要协调好当前和长远发展的关系，减少政策制定的随意性，要以长期政策稳定来引导

市场投资主体好的经济预期的形成。三是要切实转变政府职能,优化营商环境,推动投资重点领域和关键环节改革,以深化改革手段切实化解经济不确定性对投资影响的冲击。四是要及时加强舆论引导,积极回应社会关切,尽可能消除给投资主体带来市场误判的噪声和杂音。

(2)优化投资结构

对于国民经济长期发展而言,合理的投资结构有着首要和根本性的影响。不合理的投资结构可能会导致政府投资依赖症、投资动力衰竭、盲目投资和重复建设、产业结构低级化和区域发展差距拉大等系列问题。因此,在需求侧注重对投资数量调控的同时,必须加大对投资主体、投资对象和投资区域等结构的调整,以投资结构的优化带动产业、区域、城乡等经济结构的改善。

一是逐步调控形成民间投资为主体,政府投资为引导和补充的投资主体结构。随着一系列优化营商环境、支持民营经济发展政策的实施,民间投资的积极性逐渐高涨,但不可忽视的是当前制约民间投资的因素依旧不少,部分行业、领域针对民间投资的准入门槛(主要是隐性门槛)依旧设置很高、融资难融资贵现象仍然大量存在,市场投资交易成本居高不下,为此,需要进一步改革民间投融资体制机制,在更大程度上释放民间投资发展的活力和动力。具体而言,首先,坚持国家各类投资项目信息发布公开制度,尤其是做好向民间资本推介的项目清单,使民间资本在充分享受市场信息对称的前提下实现自由投资的合理选择。其次,深化投资领域"放管服"的改革,优化民间投资项目审批程序,减少冗余繁杂审核事项,破除行政隐性障碍。再次,加速放宽社会资本准入渠道,推动准入标准公开化、透明化,创造公平竞争、平等准入的市场环境,鼓励民间资本重点投入国家重大战略及补短板领域项目。最后,加强对民间投资的服务,清理不利于民间投资发展的有关规定,保护民间资本的合法权益,鼓励在有效防范风险的前提下加大对民间投资的融资支持,进一步解放思想,真正做到对公有制经济和非公有制经济一视同仁。

二是逐步调控形成兼顾短期生产和长期高质量供给能力形成的投资去向结构。在需求侧的投资调控中,既要保证当期社会生产平稳运行和供需基本匹配,同时更为重要的是要保证在未来形成社会高质量供给体系,以不断满足未来人们不断增长的高品质生活需求。社会高质量的供给体系,一方面包括形成高级化的产业结构体系，另一方面包括形成为产业体系配套的基础设施供应体系。因此，在投资去向中，其一是加大向以信息、生物工程、海洋、先进制造、新医药、新材料、新能源等为重点的高技术产业投资、向传统产业技术更新投资，向新技术、新业态、新模式、新应用等领域投资。其二是加大向为传统工业经济发展服务的铁路、公路、航空、水运、道桥、港口、水库、大坝、污水处理、通信、信息网络、天然气、电力等交通、市政、环保、能源动力基础设施方面，以及为加快未来数字经济发展的包括5G、数据中心、工业互联网、云计算等在内的新型基础设施方面投资。其三是进一步向乡村振兴、教育医疗卫生、保障性安居工程、棚户区改造、医疗卫生服务体系、养老生育社会保险等基础产业和社会民生领域倾斜投资。

三是逐步调控形成"东轻西重"和"城少乡多"投资区域格局。由于初始的经济发展和区域位置优势，东部沿海和城市区域明显具有投资"洼地效应"，东部沿海地区的投资总量明显高于中西部地区，城市明显高于农村地区，而随后的"马太效应"又强化了这一趋势。但是，区域和城乡发展不平衡越来越成为制约中国经济高质量发展的短板，国家必须持续关注区域协调和城乡协调发展，注重从投资和项目层面加以引导，以投资和项目为主要手段改变中西部和农村地区发展落后的局面。一是加大财政转移支付力度，确保中西部省份公共财政逐年增长，使欠发达地区有财力履行政府基本投资职能。二是加大中央政府和省级政府跨区域公共投资职责，注重解决落实围绕深入推进西部大开发、中部崛起、东北全面振兴、长江经济带、成渝经济圈等重点区域发展的基础设施重点工程，加大对西电东送、南水北调、东西干线、西北防护林、黄河流域生态保护等跨区域重大项目的支持力度。三是改善营商环境，开放发展，合理引导民间资本和境外资本参与中西部和乡村建设，缓解中西部和乡村建设资金紧缺的局面。

7.2.2.3 转变外贸方式，助长出口需求

改革开放以来，中国政府逐步扩大了对外经贸往来，尤其是2001年成功加入WTO后，牢牢把握全球竞争的战略机遇，积极扩大进出口，实现贸易顺差逐年递增，从2001年的225.5亿美元增加到2015年的顶峰5 939亿美元[①]。随着中国对外贸易的迅速扩大，外汇储备的增加，近年来针对中国的全球贸易保护主义出现，贸

---

① 数据来源于中国统计年鉴。

易制裁和贸易摩擦不断,加之国际形势的动荡和疫情等外部冲击,使得中国的出口战略机遇期发生重大变化,出口形势不容乐观。但针对中国这样一个大国而言,发展国际国内经济"双循环"体系,助推中国经济结构性改革顺利实施必不可少。因此,长期而言需求侧的出口调控必然要深层次的考虑和谋划。

（1）继续打造和维护好"一带一路"对外经贸发展大平台

加快构建高层次、高规格和高标准对外贸易开放发展平台,大力促进海外市场开拓与经贸合作,持续提升一国经济外部需求动力。借助"一带一路"经贸发展大平台,继续加强与"一带一路"沿线国家和地区经贸往来,坚定不移地推进中非、中欧、中亚等合作,持续推动中美、中加、泛太平洋、跨大西洋等双边和多边自由贸易协定谈判进程,维护多边贸易体制,为国内外贸企业开拓更大的海外出口市场。紧密对接"一带一路"经贸发展大平台,深入挖掘中西部地区外贸发展潜力,提高中西部地区开放发展水平,支持有条件的中西部地区承接外向型产业转移,支持中西部地区设立自贸区,提高中西部地区贸易便利化条件和水平,将沿海地区外贸成功经验向有条件的中西部地区复制和推广,推动陆海内外联动,逐步实现东中西部地区对外贸易的协调发展。

（2）深入推进和实施外资"引进来"和中资"走出去"

随着中国经济发展的内外部环境变化,"引进来和走出去"必然成为中国对外贸易发展的必由之路,同量也是中国融入国际分工体系的重要方面,深度融入全球化发展的重要一环。外资"引进来"是中国改革开放之初的既定方针,四十余来外商投资规模投资持续扩大,2018年外商直接投资额达到1 349.7亿美元,成为全球第二大外资流入国。巨额的外资流入不仅支持了中国的产业发展,同时也是中国稳定出口、增加外汇收入的重要力量。据统计,2018年全国外商独资企业、中外合作经营企业、中外合资经营企业、外商投资企业进出口总额为39 361.41亿美元,占全部进出口总额为85.2%[①]。由此可见,稳外资实际上就是稳外贸、稳出口。稳定外资关键是对涉外经济体制进行深度改革,包括对外资管理方式、外资准入管理、法律法规等调整和改革,全面推行负面清单管理模式,降低引进外资环境准入门槛,进一步提升外资引入水平,优化外资结构。中资"走出去"是在中国

---

① 数据来源于中国海关和华经产业研究院整理,见https://baijiahao.baidu.com/s?id=163023 6839329248002&wfr=spider&for=pc。

经济全球竞争力逐步上升、部分产业国内产能过剩以及国内劳动力、物流运输等成本逐步上升背景下，中国企业主动走出去寻找海外市场，加强对外经济合作，扩大企业产品世界市场占有率的经济行为。中资"走出去"对外建厂经营，利用当地资源生产产品并在当地市场销售，其实质相当于出口外销，但又同时避免了在国内市场占用资源、与同类产品竞争，以及贸易壁垒等弊端。因此，未来应进一步鼓励中资企业"走出去"，进一步修订完善《境外投资管理办法》，确立"备案为主、核准为辅"的审核模式，简化中资企业"走出去"流程，加强对外投资服务，扩大投资领域和覆盖地区。

（3）逐步提升出口贸易产品全球产业链价值链地位

长期以来，中国出口产品多以矿产品、农产品的初级产品和劳动密集型低端工业制成品为主，而高附加值、资本和技术密集型产品的贸易出口相对薄弱。这一方面消耗了本国过多的资源能源，不可避免地加剧环境污染问题，另一方面出口贸易获得的经济效益价值却十分有限，更多的是"替他人做嫁衣裳"。因此，必须加快外贸产业转型升级，优化出口产品结构，推出一批具备高技术含量、高附加值、高品质、高性能和自主品牌的优质产品。一是培育一批创新能力和国际竞争力强的龙头企业和跨国公司。持续完善财税政策，激发市场活力，鼓励外贸企业在技术、工艺、管理、模式、业态等方面大力创新。二是注重提升服务贸易份额。服务贸易是技术贸易，体现贸易层次和水平，充分发挥生产性服务、技术服务、文化服务、服务外包在促进货物贸易增长中的作用，实现服务贸易与货物贸易同步协调增长。三是加大运用大数据、区块链、云计算、人工智能等先进信息技术对传统外贸产业结构的改造，提高产品的技术含量，逐步将产业优势领域从产品制造环节向产品设计、研发、品牌、营销等环节转变，实现微笑曲线向两端的延伸，提高外贸国际竞争力，由"中国制造"转为"中国智造"，实现外贸出口高质量增长。

参考文献

[1]邓磊,杜爽.我国供给侧结构性改革:新动力与新挑战[J].价格理论与实践,2015(12):18-20.

[2]肖林,王沛.中国宏观调控新方向:供给侧改革与需求侧管理协同:新供给经济学的视角[J].科学发展,2016(8):5-11.

[3]林毅夫.供给侧改革的短期冲击与问题研究[J].河南社会科学,2016,24(1):1-4.

[4]周志太,程恩富.新常态下中国经济驱动转换:供求辩证关系研究[J].当代经济研究,2016(3):54-64.

[5]刘世锦,刘培林,何建武.我国未来生产率提升潜力与经济增长前景[J].管理世界,2015(3):1-5.

[6]吴敬琏.不能把"供给侧结构性改革"和"调结构"混为一谈[J].中国经贸导刊,2016(10):33-34.

[7]迟福林.转型闯关:"十三五"结构性改革历史挑战[M].北京:中国工人出版社,2016.

[8]王一鸣,陈昌盛,李承健.正确理解供给侧结构性改革[N].人民日报,2016-03-29(7).

[9]李佐军.引领经济新常态 走向好的新常态[J].国家行政学院学报,2015(1):21-25.

[10]胡鞍钢,程文银,鄢一龙.中国社会主要矛盾转化与供给侧结构性改革[J].南京大学学报(哲学·人文科学·社会科学),2018,55(1):5-16.

[11]李月,郑晓雪.结构性改革对经济增长的影响效应研究[J].宏观经济研究,2019(12):12-24.

[12] 吕健. 产业结构调整、结构性减速与经济增长分化 [J]. 中国工业经济, 2012 (9): 31-43.

[13] 李扬. 中国经济发展的新阶段 [J]. 财贸经济, 2013 (11): 5-12.

[14] 刘尚希, 樊轶侠. 宏观经济政策应以结构性改革为主 [J]. 中国金融, 2012 (20): 71-73.

[15] 简新华, 余江. 马克思主义经济学视角下的供求关系分析 [J]. 马克思主义研究, 2016 (4): 68-76.

[16] 李扬, 张晓晶. "新常态": 经济发展的逻辑与前景 [J]. 经济研究, 2015, 50 (5): 4-19.

[17] 项俊波. 中国经济结构失衡的测度与分析 [J]. 管理世界, 2008 (9): 1-11.

[18] 林毅夫. 新常态下中国经济的转型和升级: 新结构经济学的视角 [J]. 新金融, 2015 (6): 4-8.

[19] 迟福林. 走向服务业大国: 2020: 中国经济转型升级的大趋势 [J]. 经济体制改革, 2015 (1): 30-33.

[20] 刘燕妮, 安立仁, 金田林. 经济结构失衡背景下的中国经济增长质量 [J]. 数量经济技术经济研究, 2014, 31 (2): 20-35.

[21] 贾康, 张斌. 供给侧改革: 现实挑战、国际经验借鉴与路径选择 [J]. 价格理论与实践, 2016 (4): 5-9.

[22] 谢世清, 许弘毅. 日本供给侧结构性改革及对中国的启示 [J]. 国际贸易, 2017 (7): 24-28.

[23] 李稻葵, 胡思佳, 厉克奥博. 特朗普税改和中美贸易摩擦 [J]. 经济学动态, 2019 (2): 17-30.

[24] 李计广, 黄宁. 新兴经济体增长趋缓中的周期性和结构性问题及启示 [J]. 华中师范大学学报 (人文社会科学版), 2014, 53 (3): 44-50.

[25] 吕洋. 拉美国家结构性经济改革的经验及启示 [J]. 沈阳师范大学学报 (社会科学版), 2015, 39 (6): 76-79.

[26] 程文君. 改革如何得以维系?: 拉美结构性改革中执政领袖的策略选择与改革

命运 [J]. 经济社会体制比较, 2020（2）: 151-162.

[27] 吴敬琏. 中国经济面临的挑战与选择 [J]. 中共浙江省委党校学报, 2016, 32（1）: 5-11.

[28] 李翀. 论供给侧改革的理论依据和政策选择 [J]. 经济社会体制比较, 2016（1）: 9-18.

[29] 沈坤荣. 供给侧结构性改革是经济治理思路的重大调整 [J]. 南京社会科学, 2016（2）: 1-3.

[30] 滕泰, 冯磊. 新供给主义经济理论和改革思想 [J]. 经济研究参考, 2014（1）: 75-83.

[31] 李稻葵. 关于供给侧结构性改革 [J]. 理论视野, 2015（12）: 16-19.

[32] 许小年. 寻求经济增长新动力: 以供给侧改革开拓创新空间 [J]. 新金融, 2016（1）: 11-13.

[33] 李扬, 武力. 从供求管理政策的演变历史看"供给侧改革" [J]. 开发研究, 2016（1）: 33-38.

[34] 邵宇. 供给侧改革: 新常态下的中国经济增长 [J]. 新金融, 2015（12）: 15-19.

[35] 陈小亮, 陈彦斌. 供给侧结构性改革与总需求管理的关系探析 [J]. 中国高校社会科学, 2016（3）: 67-78.

[36] 王海军, 冯乾. 供给侧结构性改革的经济学理论内涵: 基于总供给总需求的分析框架 [J]. 西安交通大学学报（社会科学版）, 2016, 36（6）: 9-15.

[37] 袁富华. 中国经济结构性减速、转型风险与供给面改革 [J]. 中国党政干部论坛, 2015（2）: 63-65.

[38] 胡若痴. "供给侧结构改革": 湖南怎么干 [J]. 湖南日报, 2015（12）.

[39] 喻颖杰, 彭新永. 以科技创新支撑引领广西供给侧结构性改革 [J]. 广西经济, 2016（9）: 19-20.

[40] 陈锡文. 论农业供给侧结构性改革 [J]. 中国农业大学学报（社会科学版）, 2017, 34（2）: 5-13.

[41] 杨蕾, 杨兆廷. 农村金融供给侧改革的主要任务及侧重点分析 [J]. 农村金融研

究，2016（2）：60-62.

[42]赵瑾璐，朱文哲.论我国汽车产业的供给侧结构性改革[J].管理学刊，2016，29（6）：25-33.

[43]董藩，董文婷.发达国家房地产业发展经验及其对我国供给侧改革的启示[J].人文杂志，2017（4）：29-36.

[44]李建强，高宏.结构性货币政策能降低中小企业融资约束吗？：基于异质性动态随机一般均衡模型的分析[J].经济科学，2019（6）：17-29.

[45]郑志来.严监管背景下金融供给侧改革、经济高质量发展的逻辑与路径选择[J].现代经济探讨，2020（2）：17-24.

[46]贾康，苏京春.论供给侧改革[J].管理世界，2016（3）：1-24.

[47]李平，段思淞.供给侧结构性改革与有效需求理论的关系研究[J].学习与探索，2017（2）：88-92.

[48]滕泰，刘哲.供给侧结构性改革的经济学逻辑：新供给主义经济学的理论探索[J].兰州大学学报（社会科学版），2018，46（1）：1-12.

[49]邱海平.供给侧结构性改革必须坚持以马克思主义政治经济学为指导[J].政治经济学评论，2016，7（2）：204-207.

[50]刘伟，顾海良，张宇，等.当代马克思主义政治经济学十五讲[J].出版发行研究，2016（4）：2.

[51]丁任重，李标.供给侧结构性改革的马克思主义政治经济学分析[J].中国经济问题，2017（1）：3-10.

[52]邱乘光.论习近平新时代中国特色社会主义思想[J].新疆师范大学学报（哲学社会科学版），2018，39（2）：7-21.

[53]周跃辉.习近平新时代中国特色社会主义经济思想的理论特征与逻辑框架研究[J].经济社会体制比较，2018（3）：12-18.

[54]罗润东，滕宽，李超.2018年中国经济学研究热点分析[J].经济学动态，2019（4）：80-98.

[55]刘伟，苏剑.中国特色宏观调控体系与宏观调控政策：2018年中国宏观经济展

望[J].经济学动态,2018(3):4-12.

[56]苏剑.从一维空间到二维空间:供给管理与宏观调控体系的新突破[N].光明日报,2015-12-13(7).

[57]任保平,张文亮.以供给管理与需求管理相结合来加快经济发展方式转变[J].经济纵横,2013(2):43-47.

[58]刘伟,蔡志洲.经济增长新常态与供给侧结构性改革[J].求是学刊,2016,43(1):56-65.

[59]周文.建设现代化经济体系的几个重要理论问题[J].中国经济问题,2019(5):3-14.

[60]孙大鹏,王玉霞.需求侧管理与供给侧管理的比较及启迪[J].经济研究参考,2016(48):29.

[61]贺娜.需求管理在供给侧改革中的重要作用探讨[J].商业经济研究,2017(13):180-183.

[62]刘立峰.未来一段时期中国供求体系动态平衡问题研究[J].宏观经济研究,2019(8):5-14.

[63]吕冰洋.中国财政政策的需求与供给管理:历史比较分析[J].财政研究,2017(4):38-47.

[64]苏剑,陈阳.中国特色的宏观调控政策体系及其应用[J].经济学家,2019(6):15-22.

[65]徐策,王元.改善供给需求双侧调控方式 促进经济持续健康发展[J].宏观经济管理,2015(1):22-25.

[66]BARTH R C, ROE A R, WONG C H.Coordinating stabilization and structural reform[M].Washington: International Monetary Fund, 1994.

[67]李双双.结构性改革的内涵、演变与国际经验[J].现代经济探讨,2017(4):15-20.

[68]杨盼盼.G20结构性改革的进展与评述[J].国际经济评论,2016(5):48-67.

[69]RODRIK D.The elusive promise of structural reform[M]//Political Economy

Perspectives on the Greek Crisis.Cham: Springer International Publishing, 2017: 61-70.

[70]PUTTERMAN L.Institutional boundaries, structural change, and economic reform in China[J].Modern China, 1992, 18(1): 3-13.

[71]GARNAUT R, CAI F, SONG L. China: A new model for growth and development [M]. Canberra: ANU E Press, 2013.

[72]MARGIT MOLNAR. Reaping efficiency gains through product market reforms in China[R].OECD Economic Department Working Papers. Paris, May 12, 2022.

[73]CACCIATORE M, DUVAL R A, FIORI G. Short-term Gain or Pain? A DSGE Model-based Analysis of the Short-term Effects of Structural Reforms in Labor and Product Markets[C]. OECD Economics Department Working Papers 2012, No. 948. OECD Publishing.

[74]ANDERSON D,BARKBU B, LUSINYAN L, et al. Assessing the gains from structural reforms for jobs and growth[M]. IMF, 2013.

[75]VARGA J, ROEGER W, VELD J I. Growth effects of structural reforms in Southern Europe: the case of Greece, Italy, Spain and Portugal[J].Empirica, 2014, 41(2): 323-363.

[76]DABLA-NORRIS E, HO G, KYOBE A, et al.Structural reforms and productivity growth in emerging market and developing economies[J].IMF Working Papers, 2016, 16(15): 1.

[77]DABLA-NORRIS E, HO G, KOCHHAR K, et al.Anchoring growth: the importance of productivity-enhancing reforms in emerging market and developing economies[J]. Journal of International Commerce, Economics and Policy, 2014, 5(2): 1450001.

[78]ROSTOW W W, KUZNETS S.Economic growth of nations.total output and production structure[J].Political Science Quarterly, 1971, 86(4): 654.

[79]SYRQUIN M, CHENERY H.Three decades of industrialization[J].The World Bank Economic Review, 1989, 3(2): 145-181.

[80]CHENERY H, ROBINSON S, SYRQUIN M.Industrialization and Growth: A Comparative Study[M].washington: Oxford University Press, 1986.

· 参考文献 ·

[81]VALLI V, SACCONE D.Structural change, globalization and economic growth in China and India[J].European Journal of Comparative Economics, 2015, 12: 133-163.

[82]TELLO M D.Inequality, economic growth and structural change: theoretical links and evidence from Latin American countries[J].Documentos De Trabajo, 2015.

[83]TREGENNA F.Deindustrialisation, structural change and sustainable economic growth[R].Merit Working Papers, 2015.

[84]FURTADO C.Development and underdevelopment[M].Berkeley: University of California Press, 1964.

[85]FURTADO C, MACEDO S.Economic development of Latin America: historical background and contemporary problems[M].London: Cambridge University Press, 1970.

[86]TAYLOR L.Structuralist macroeconomics: applicable models for the Third World [M].New York: Basic Books, 1983

[87]DARITY W Jr.Income distribution, inflation and growth: lectures on structuralist macroeconomic theory[J].Journal of Development Economics, 1994, 45(1): 172-174.

[88]JUSTMAN M, TEUBAL M.A structuralist perspective on the role of technology in economic growth and development[J].World Development, 1991, 19(9): 1167-1183.

[89]LIN J Y.New structural economics: a framework for rethinking development[J].The World Bank Research Observer, 2011, 26(2): 193-221.

[90]LIN J Y.Industrial policy revisited: a new structural economics perspective[J].China Economic Journal, 2014, 7(3): 382-396.

[91]BERGLOF E, FORAY D, LANDESMANN M, et al.Transition economics meets new structural economics[J].Journal of Economic Policy Reform, 2015, 18(3): 191-220.

[92]亚当·斯密.国民财富的性质和原因的研究：上[M].郭大力，王亚南，译.北京：商务印书馆，1974.

[93]穆勒.政治经济学原理：及其在社会哲学上的若干应用：上[M].赵荣潜，桑丙

彦，朱泱，等，译. 北京：商务印书馆，1991.

[94]凯恩斯. 就业、利息和货币通论：重译本[M]. 高鸿业，译. 北京：商务印书馆，1999.

[95]库兹涅茨. 现代经济增长：速度、结构与扩展[M]. 戴睿，易诚，译. 北京：北京经济学院出版社，1989.

[96]格罗斯曼，赫尔普曼. 全球经济中的创新与增长[M]. 何帆，牛勇平，唐迪，译. 北京：中国人民大学出版社，2003.

[97]CRESPI F, PIANTA M.Demand and innovation in productivity growth[J]. International Review of Applied Economics, 2008, 22(6): 655-672.

[98]TSEN W H.Exports, domestic demand, and economic growth in China: granger causality analysis[J].Review of Development Economics, 2010, 14(3): 625-639.

[99]CHEUNG Y, DOOLEY M, SUSHKO V.Investment and growth in rich and poor countries[R].NBER working paper series, 2012.

[100]MAH J S.Export expansion and economic growth in Tanzania[J].Global Economy Journal, 2015, 15(1): 173-185.

[101]LORENTZ A, CIARLI T, SAVONA M, et al.The effect of demand-driven structural transformations on growth and technological change[J].Journal of Evolutionary Economics, 2016, 26(1): 219-246.

[102]CANTO V A, JOINES D H, LAFFER A B.Tax rates, factor employment, and market production[M]//The Supply-Side Effects of Economic Policy.Dordrecht: Springer Netherlands, 1981: 3-32.

[103]IRELAND P N. Two perspectives on growth and taxes[J]. social science electronic publishing, 1994, 44(Supplement s6): 1-18.

[104]HUNGERFORD T L, DIVISION G F. The Effects of Government Expenditures and Revenues on the Economy and Economic Well-Being: A Cross-National Analysis[J]. Congressional Research Service Reports. Library of Congress. Congressional Research Service, 2006.

· 参考文献 ·

[105]FEREDE E, DAHLBY B.The impact of tax cuts on economic growth: evidence from the Canadian Provinces[J].National Tax Journal, 2012, 65(3): 563-594.

[106]OLUWASEYI A A.Human capital investment and economic growth in Nigeria: a long-Run path[J].Pakistan Journal of Social Sciences, 2012, 9(4): 188-194.

[107]DEKLE R, VANDENBROUCKE G.A quantitative analysis of China's structural transformation[J].Federal Reserve Bank of San Francisco, Working Paper Series, 2006: 1.000-38.000.

[108]BOULTER J.China's supply-side structural reform[R].Sydney: Reserve bank of Australia, 2018.

[109]YOSHINO N, TAGHIZADEH HESARY F.Three arrows of 'abenomics' and the structural reform of Japan: inflation targeting policy of the central bank, fiscal consolidation, and growth strategy[J].SSRN Electronic Journal, 2014, 492(8): 1-19.

[110]AGRAWAL N, MEAGHER G A.Structural reform, macro policies and income distribution[J].The Australian Economic Review, 1988, 21(3): 42-52.

[111]SMITH H.Structural reform and macroeconomic policy in Korea[J].Kerea economy briefing paperss, 1999, 2: 1-4.

[112]刘易斯.二元经济论[M].施炜，谢兵，苏玉宏，译.北京：北京经济学院出版社，1989.

[113]钱纳里，鲁宾逊，赛尔奎因.工业化和经济增长的比较研究[M].吴奇，王松宝，译.上海：上海三联书店，1989.

[114]BUCKLEY P J, DUNNING J H.Multinational enterprises, economic structure and international competitiveness[J].The Economic Journal, 1986, 96(384): 1122.

[115]孙尚清.谈谈经济结构问题[J].经济科学，1980（1）：6-13.

[116]张曙光.关于经济结构的概念和分类[J].经济与管理研究，1981，2（2）：19-25.

[117]马克思.资本论[M].中共中央马克思恩格斯列宁斯大林著作编译局，译.北京：中国社会科学出版社，1983.

[118]YOUNO A A.Increasing returns and economic progress[J].The Economic Journal, 1928, 38(152): 527-542.

[119]杨小凯, 黄有光. 专业化与经济组织 [M]. 张玉纲, 译. 北京：经济科学出版社, 1999.

[120]熊彼特. 经济发展理论：对于利润、资本、信贷、利息和经济周期的考察 [M]. 何畏, 易家详, 译. 北京：商务印书馆, 1990.

[121]BAKSI A K.Exploring the relationship between entrepreneurship, innovation and economic progress: a case of India with evidences from GEM data and world bank enterprise surveys[J].Journal of Entrepreneurship & Management, 2014, 3(1): 23-32.

[122]周彬. 经济结构、技术创新与经济危机 [J]. 经济与管理研究, 2016, 37（4）：3-9.

[123]邢菁华, 张洵君. 创新与产业动态变化及演化关系：以中国体外诊断产业为例 [J]. 中国科技论坛, 2018, 5: 23-31.

[124]诺思. 经济史上的结构和变革 [M]. 厉以平, 译. 北京：商务印书馆, 1992.

[125]库兹涅茨. 各国的经济增长 [M]. 常勋, 译. 2版. 北京：商务印书馆, 1999.

[126]奥斯特罗姆, 菲尼, 皮希特. 制度分析与发展的反思：问题与抉择 [M]. 王诚, 译. 北京：商务印书馆, 1992.

[127]林毅夫, 姜烨. 发展战略、经济结构与银行业结构：来自中国的经验 [J]. 管理世界, 2006（1）：29-40.

[128]李传健. 分工、技术创新对产业结构变迁的影响 [J]. 北京工业大学学报（社会科学版）, 2010, 10（6）：27-30.

[129]干春晖, 郑若谷, 余典范. 中国产业结构变迁对经济增长和波动的影响 [J]. 经济研究, 2011, 46（5）：4-16.

[130]林毅夫. 新结构经济学：反思经济发展与政策的理论框架 [M]. 苏剑, 译. 北京：北京大学出版社, 2012.

[131]周天勇. 消费需求不足型经济下行的成因及其治理的供给侧方案：新供给经济学理论与政策的一种逻辑框架 [J]. 宏观经济研究, 2017（12）：3-21.

参考文献

[132]陈伟雄，杨婷.中国区域经济发展70年演进的历程及其走向[J].区域经济评论，2019（5）：28-38.

[133]刘保中，邱晔.新中国成立70年我国城乡结构的历史演变与现实挑战[J].长白学刊，2019（5）：39-47.

[134]沈坤荣，滕永乐."结构性"减速下的中国经济增长[J].经济学家，2013（8）：29-38.

[135]郎丽华，周明生.结构性改革与宏观经济稳定：中国经济增长与周期（2012）国际高峰论坛综述[J].经济研究，2012，47（8）：152-160.

[136]袁富华.中国经济"结构双重性"问题分析[J].经济与管理评论，2014，30（3）：9-17.

[137]于斌斌.产业结构调整与生产率提升的经济增长效应：基于中国城市动态空间面板模型的分析[J].中国工业经济，2015（12）：83-98.

[138]中国经济增长前沿课题组，张平，刘霞辉，等.中国经济转型的结构性特征、风险与效率提升路径[J].经济研究，2013，48（10）：4-17.

[139]DENISON E F.United states economic growth[J].The Journal of Business, 1962, 35(2): 109.

[140]PENEDER M.Industrial structure and aggregate growth[J].Structural Change and Economic Dynamics, 2003, 14(4): 427-448.

[141]KUZNETS S.Economic Growth of Nations: Total Output and Production Structure [M].Cambridge: Harvard University Press, 1971.

[142]NUTAHARA K.Structural changes and economic growth: evidence from Japan[J]. Economics Bulletin, 2008, 15: 1-11.

[143]CORTUK O, SINGH N.Analyzing the structural change and growth relationship in India: state-level evidence[J].SSRN Electronic Journal, 2013, (1): 1-21.

[144]FAN C C.Rural-urban migration and gender division of labor in transitional China [J].International Journal of Urban and Regional Research, 2003, 27(1): 24-47.

[145]CAO K H, BIRCHENALL J A. Agricultural productivity, structural change, and

economic growth in post-reform China[J].Journal of Development Economics, 2013, 104: 165-180.

[146]刘伟,张辉.中国经济增长中的产业结构变迁和技术进步[J].经济研究, 2008, 43（11）: 4-15.

[147]周少甫,王伟,董登新.人力资本与产业结构转化对经济增长的效应分析: 来自中国省级面板数据的经验证据[J].数量经济技术经济研究,2013,30（8）: 65-77.

[148]KUMAR N.Globalization and the quality of foreign direct investment[M].New Delhi: Oxford University Press, 2002.

[149]GONZALO J, PITARAKIS J Y.Threshold effects in cointegrating relationships[J]. Oxford Bulletin of Economics and Statistics, 2006, 68: 813-833.

[150]TERÄSVIRTA T.Specification, estimation, and evaluation of smooth transition autoregressive models[J].Journal of the American Statistical Association, 1994, 89(425): 208-218.

[151]CHOI I, SAIKKONEN P.Tests for nonlinear cointegration[J].Econometric Theory, 2010, 26(3): 682-709.

[152]方军雄.市场化进程与资本配置效率的改善[J].经济研究,2006,41（5）: 50-61.

[153]樊纲,王小鲁,马光荣.中国市场化进程对经济增长的贡献[J].经济研究, 2011, 46（9）: 4-16.

[154]成力为,孙玮.市场化程度对自主创新配置效率的影响:基于Cost-Malmquist指数的高技术产业行业面板数据分析[J].中国软科学, 2012（5）: 128-137.

[155]韩剑,郑秋玲.政府干预如何导致地区资源错配:基于行业内和行业间错配的分解[J].中国工业经济, 2014（11）: 69-81.

[156]左晶晶,唐跃军,季志成.政府干预、市场化改革与公司研发创新[J].研究与发展管理, 2016, 28（6）: 80-90.

[157]弗里德曼.资本主义与自由[M].张瑞玉,译.北京:商务印书馆, 2009.

[158]LUCAS R E Jr.Expectations and the neutrality of money[J].Journal of Economic Theory, 1972, 4(2): 103-124.

[159]LUCAS R E Jr.Econometric policy evaluation: a critique[J].Carnegie-Rochester Conference Series on Public Policy, 1976, 1: 19-46.

[160]哈耶克.通往奴役之路[M].王明毅，冯兴元，等，译.北京：中国社会科学出版社，1997.

[161]HAYEK F A V. The Use of Knowledge in Society[J]. American Economic Review, 1945, 35(4): 519-530.

[162]斯蒂格利茨.政府为什么干预经济：政府在市场经济中的角色[M].郑秉文，译.北京：中国物资出版社，1998.

[163]胡代光，高鸿业.现代西方经济学辞典[Z].北京：中国社会科学出版社，1996.

[164]李其庆.比利时学者艾蒂安·加拉特谈国家干预问题[J].国外理论动态，1993（34）：1-6.

[165]BATOR F M.The anatomy of market failure[J].The Quarterly Journal of Economics, 1958, 72(3): 351-379.

[166]刘国光.关于政府和市场在资源配置中的作用[J].当代经济研究，2014（3）：5-8.

[167]洪银兴.论市场对资源配置起决定性作用后的政府作用[J].经济研究，2014，49（1）：14-16.

[168]丁为民.市场性质、市场效率与政府调控[J].政治经济学评论，2019，10（5）：3-18.

[169]BOYREAU-DEBRAY G, WEI S J.Pitfalls of a State-Dominated Financial System: The Case of China[J].Social Science Electronic Publishing, 2004.

[170]孙铮，刘凤委，李增泉.市场化程度、政府干预与企业债务期限结构：来自我国上市公司的经验证据[J].经济研究，2005，40（5）：52-63.

[171]黎凯，叶建芳.财政分权下政府干预对债务融资的影响：基于转轨经济制度背景的实证分析[J].管理世界，2007（8）：23-34.

[172]徐一民,张志宏.产品市场竞争、政府控制与投资效率[J].软科学,2010,24(12):19-23.

[173]强国令,闫杰,李刚,等.资源配置效率:市场还是政府?:来自中国上市公司的经验证据[J].上海经济研究,2015,27(6):53-60.

[174]梁毕明,张枫炎.政府补贴影响上市公司投资效率了吗?[J].当代经济研究,2019(6):95-104.

[175]THOMSON R, JENSEN P.The effects of government subsidies on business r&d employment: evidence from oecd countries[J].National Tax Journal, 2013, 66(2): 281-309.

[176]叶祥松,刘敬.政府支持、技术市场发展与科技创新效率[J].经济学动态,2018(7):67-81.

[177]夏清华,黄剑.市场竞争、政府资源配置方式与企业创新投入:中国高新技术企业的证据[J].经济管理,2019,41(8):5-20.

[178]简泽.市场扭曲、跨企业的资源配置与制造业部门的生产率[J].中国工业经济,2011(1):58-68.

[179]HSIEH C T, KLENOW P J.Misallocation and manufacturing TFP in China and India[J].The Quarterly Journal of Economics, 2009, 124(4): 1403-1448.

[180]袁志刚,解栋栋.中国劳动力错配对TFP的影响分析[J].经济研究,2011,46(7):4-17.

[181]罗德明,李晔,史晋川.要素市场扭曲、资源错置与生产率[J].经济研究,2012,47(3):4-14.

[182]尹恒,李世刚.资源配置效率改善的空间有多大?:基于中国制造业的结构估计[J].管理世界,2019,35(12):28-44.

[183]舒元.中国经济增长分析[M].上海:复旦大学出版社,1993.

[184]王小鲁.中国经济增长的可持续性与制度变革[J].经济研究,2000,35(7):3-15.

[185]聂辉华,谭松涛,王宇锋.创新、企业规模和市场竞争:基于中国企业层面

的面板数据分析 [J]. 世界经济，2008，31（7）：57-66.

[186]徐晓萍，张顺晨，许庆. 市场竞争下国有企业与民营企业的创新性差异研究 [J]. 财贸经济，2017，38（2）：141-155.

[187]胡鞍钢，才利民. 从"六普"看中国人力资源变化：从人口红利到人力资源红利 [J]. 清华大学教育研究，2011，32（4）：1-8.

[188]车士义，陈卫，郭琳. 中国经济增长中的人口红利 [J]. 人口与经济，2011（3）：16-23.

[189]张同斌. 从数量型"人口红利"到质量型"人力资本红利"：兼论中国经济增长的动力转换机制 [J]. 经济科学，2016（5）：5-17.

[190]BECKER G S.Investment in human capital: a theoretical analysis[J].Journal of Political Economy, 1962, 70: 9-49.

[191]NELSON R R, PHELPS E S.Investment in humans, technological diffusion, and economic growth[J]. The American Economic Review, 1966, 56(3): 69-75.

[192]LUCAS R E JR.On the mechanics of economic development[J].Journal of Monetary Economics, 1988, 22(1): 3-42.

[193]MANKIW N G, ROMER D, WELL D N.A contribution to the empirics of economic growth[J].The Quarterly Journal of Economics, 1992, 107(2): 407-437.

[194]李建民，王金营. 人才资源在经济增长中的作用研究：来自京津沪三城市的实证结果 [J]. 人口与经济，1999（5）：13-17.

[195]赖明勇，张新，彭水军，等. 经济增长的源泉：人力资本、研究开发与技术外溢 [J]. 中国社会科学，2005（2）：32-46.

[196]ROMER P M.Endogenous technological change[J].Journal of Political Economy, 1990, 98(5, Part 2): S71-S102.

[197]BENHABIB J, SPIEGEL M M.The role of human capital in economic development evidence from aggregate cross-country data[J].Journal of Monetary Economics, 1994, 34(2): 143-173.

[198]VANDENBUSSCHE J, AGHION P, MEGHIR C.Growth, distance to frontier and

composition of human capital[J].Journal of Economic Growth, 2006, 11(2): 97-127.

[199]赵冉,杜育红.高等教育、人力资本质量对"本地-邻地"经济增长的影响[J].高等教育研究,2020,41(8):52-62.

[200]桂昭明.人才资本对经济增长贡献率的理论研究[J].中国人才,2009(23):10-13.

[201]刘忠艳,赵永乐,王斌.1978—2017年中国科技人才政策变迁研究[J].中国科技论坛,2018(2):136-144.

[202]卡马耶夫.经济增长的速度和质量[M].陈华山,译.武汉:湖北人民出版社,1983.

[203]王积业.关于提高经济增长质量的宏观思考[J].宏观经济研究,2000(1):11-17.

[204]刘亚建.我国经济增长效率分析[J].思想战线,2002,28(4):30-33.

[205]刘海英,张纯洪.中国经济增长质量提高和规模扩张的非一致性实证研究[J].经济科学,2006(2):13-22.

[206]托马斯,王燕.增长的质量[M].张绘,唐仲,林渊,译.2版.北京:中国财政经济出版社,2017.

[207]刘树成.论又好又快发展[J].经济研究,2007,42(6):4-13.

[208]王君磊,王兆凯,杨晓明.基于层次分析法的经济增长质量评价模型[J].统计与决策,2007(12):49-51.

[209]马建新,申世军.中国经济增长质量问题的初步研究[J].财经问题研究,2007(3):18-23.

[210]钞小静,惠康.中国经济增长质量的测度[J].数量经济技术经济研究,2009,26(6):75-86.

[211]钞小静,任保平.城乡收入差距与中国经济增长质量[J].财贸研究,2014,25(5):1-9.

[212]AGHION P, CAROLI E, GARCÍA-PEÑALOSA C.Inequality and economic growth: the perspective of the new growth theories[J].Journal of Economic Literature, 1999,

37(4): 1615-1660.

[213] 童百利. 城乡收入差距会影响贸易开放对经济增长的贡献吗：基于省际动态面板数据的 GMM 估计 [J]. 经济问题, 2016（12）: 57-64.

[214] 韩宸. 城市化、城乡收入差距和经济增长的影响关系研究 [J]. 南方农村, 2020, 36（4）: 10-17.

[215] GALOR O, ZEIRA J.Income distribution and macroeconomics[J].The Review of Economic Studies, 1993, 60(1): 35-52.

[216] FISHMAN A, SIMHON A.The division of labor, inequality and growth[J].Journal of Economic Growth, 2002, 7(2): 117-136.

[217] 曹裕, 陈晓红, 马跃如. 城市化、城乡收入差距与经济增长：基于我国省级面板数据的实证研究 [J]. 统计研究, 2010, 27（3）: 29-36.

[218] 王少平, 欧阳志刚. 中国城乡收入差距对实际经济增长的阈值效应 [J]. 中国社会科学, 2008（2）: 54-66.

[219] 陈安平. 城乡收入差距与经济增长的关系研究 [J]. 中央财经大学学报, 2009（6）: 54-58.

[220] 齐明珠. 中国农村劳动力转移对经济增长贡献的量化研究 [J]. 中国人口·资源与环境, 2014, 24（4）: 127-135.

[221] 程名望, 贾晓佳, 俞宁. 农村劳动力转移对中国经济增长的贡献（1978—2015年）：模型与实证 [J]. 管理世界, 2018, 34（10）: 161-172.

[222] 蔡昉, 王美艳. 为什么劳动力流动没有缩小城乡收入差距 [J]. 经济学动态, 2009（8）: 4-10.

[223] 张志新, 杨琬琨, 何双良. 农村劳动力流动对城乡收入差距的影响：基于山东省17地市的面板数据分析 [J]. 华东经济管理, 2018, 32（5）: 27-31.

[224] 杨子帆, 王栋. 人口流动、不完全城市化与城乡收入差距 [J]. 统计与信息论坛, 2015, 30（9）: 55-59.

[225] 蔡武. 农村劳动力流动缩小城乡收入差距的可行性研究 [J]. 上海经济, 2018（4）: 56-70.

[226]陶源.城镇化与城乡劳动收入差距:基于中国省级面板数据的实证研究[J].经济问题探索,2020(8):87-96.

[227]高帆,汪亚楠.城乡收入差距是如何影响全要素生产率的?[J].数量经济技术经济研究,2016,33(1):92-109.

[228]钞小静,沈坤荣.城乡收入差距、劳动力质量与中国经济增长[J].经济研究,2014,49(6):30-43.

[229]ALESINA A, PEROTTI R.Income distribution, political instability, and investment[J].European Economic Review, 1996, 40(6): 1203-1228.

[230]尹恒,龚六堂,邹恒甫.收入分配不平等与经济增长:回到库兹涅茨假说[J].经济研究,2005,40(4):17-22.

[231]范建双,虞晓芬,周琳.城镇化、城乡差距与中国经济的包容性增长[J].数量经济技术经济研究,2018,35(4):41-60.

[232]孙玉阳,宋有涛,杨春获.环境规制对经济增长质量的影响:促进还是抑制?:基于全要素生产率视角[J].当代经济管理,2019,41(10):11-17.

[233]余泳泽,杨晓章,张少辉.中国经济由高速增长向高质量发展的时空转换特征研究[J].数量经济技术经济研究,2019,36(6):3-21.

[234]詹新宇,崔培培.中国省际经济增长质量的测度与评价:基于"五大发展理念"的实证分析[J].财政研究,2016(8):40-53.

[235]魏敏,李书昊.新常态下中国经济增长质量的评价体系构建与测度[J].经济学家,2018(4):19-26.

[236]郑玉歆.全要素生产率的再认识:用TFP分析经济增长质量存在的若干局限[J].数量经济技术经济研究,2007,24(9):3-11.

[237]郭亚军.综合评价理论、方法及应用[M].北京:科学出版社,2007.

[238]王小鲁,樊纲,胡李鹏.中国分省份市场化指数报告(2018)[M].北京:社会科学文献出版社,2019.

[239]谢晓芳.技术进步与经济增长质量耦合协调度研究:以京津冀区域为例[J].工业技术经济,2020,39(2):134-140.

参考文献

[240] 范柏乃, 段忠贤, 江蕾. 中国科技投入的经济发展效应区域差异分析 [J]. 经济地理, 2013, 33（12）: 10-15.

[241] 何雄浪, 胡运禄, 杨林. 市场规模、要素禀赋与中国区域经济非均衡发展 [J]. 财贸研究, 2013, 24（1）: 40-48.

[242] 贺珍瑞, 洪梅香, 牛芳兵. 产业结构优化和经济增长路径的区域差异研究: 以山东省为例 [J]. 东岳论丛, 2017, 38（11）: 144-150.

[243] 洪名勇. 科技创新能力与区域经济实力差异的实证研究 [J]. 经济地理, 2003, 23（5）: 606-610.

[244] 朱勇, 陶雪飞. 技术创新能力与经济增长的区域性差异研究 [J]. 科技进步与对策, 2006, 23（4）: 85-87.

[245] 白嘉. 中国区域技术创新能力的评价与比较 [J]. 科学管理研究, 2012, 30（1）: 15-18.

[246] 唐兆涵, 陈璋. 我国经济增长与区域不平衡发展结构的关系及演变: 基于技术进步方式转型视角的研究 [J]. 当代经济管理, 2020, 42（2）: 43-52.

[247] 郭金龙, 王宏伟. 中国区域间资本流动与区域经济差距研究 [J]. 管理世界, 2003（7）: 45-58.

[248] 裴怀娟. 东中西部经济增长中要素作用的比较分析 [J]. 经济问题探索, 2004（9）: 11-14.

[249] 王小鲁, 樊纲. 中国地区差距的变动趋势和影响因素 [J]. 经济研究, 2004, 39（1）: 33-44.

[250] 楚尔鸣, 曹策. 人才流动缩小了区域经济差距吗: 来自技术转移的经验证据 [J]. 财经科学, 2019（9）: 99-112.

[251] 李兴江, 褚清华. 论我国区域发展差距的形成、扩大和缩小 [J]. 甘肃省经济管理干部学院学报, 2003（3）: 24-27.

[252] 彭文斌, 刘友金. 我国东中西三大区域经济差距的时空演变特征 [J]. 经济地理, 2010, 30（4）: 574-578.

[253] 苗建军, 张林辉. 投资与区域经济增长及其误差修正 [J]. 软科学, 2007, 21

（1）：17-21.

[254]熊杨，葛建军.贵州省投资结构与经济增长关系的实证检验[J].统计与决策，2009（2）：99-101.

[255]崔宏凯，魏晓.民间投资、产业结构与经济增长：基于我国省级动态面板数据的实证分析[J].经济问题，2018（1）：15-19.

[256]薛俭，吉小琴，朱清叶.环境规制、FDI对我国区域经济增长的影响：基于"两控区"政策的实证分析[J].生态经济，2019，35（3）：140-145.

[257]张永鹏.投资主体结构与东西部经济差距关系的实证研究[J].经济纵横，2009（8）：39-41.

[258]逯进，苏妍.人力资本、经济增长与区域经济发展差异：基于半参数可加模型的实证研究[J].人口学刊，2017，39（1）：89-101.

[259]文荣光，王江波.人力资本、产业结构与经济增长：基于中国省级面板数据的实证[J].经济问题，2020（7）：76-81.

[260]陈杰.交通基础设施建设、环境污染与地区经济增长[J].华东经济管理，2020，34（9）：72-79.

[261]胡鞍钢，周绍杰，任皓.供给侧结构性改革：适应和引领中国经济新常态[J].清华大学学报（哲学社会科学版），2016，31（2）：17-22.

[262]黄凌翔，陈学会.土地政策作为宏观调控手段的理论和实践探讨[J].经济问题，2005（2）：17-19.

[263]林毅夫.中国经验：经济发展和转型中有效市场与有为政府缺一不可[J].行政管理改革，2017（10）：12-14.